地理脈絡下的中國

從地理的邏輯看歷史的另一面原來如此

韓茂莉 著

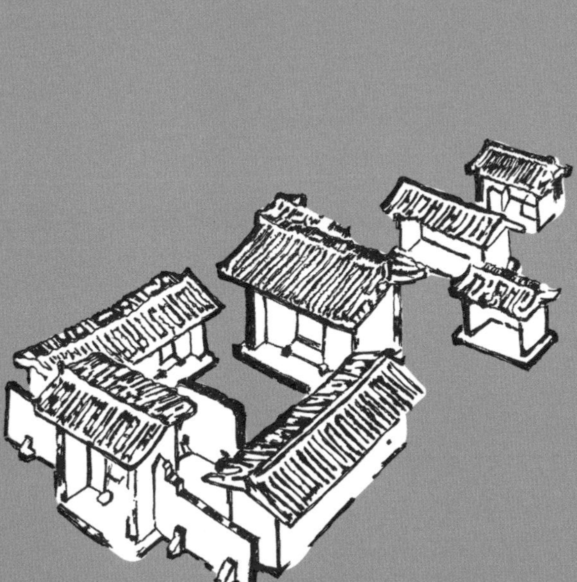

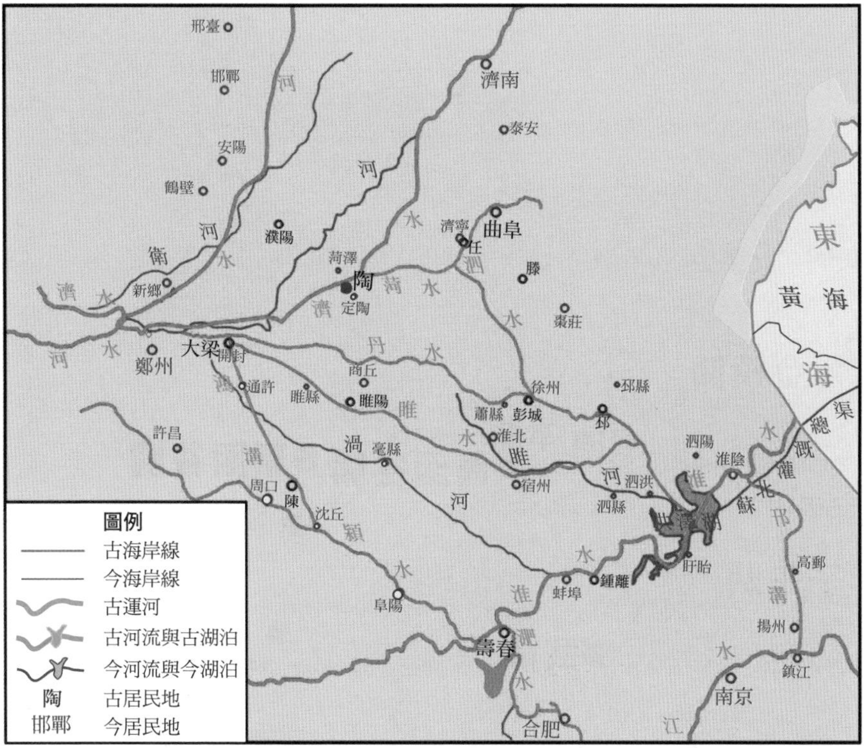

邢臺
邯鄲
安陽
鶴壁
濮陽
新鄉
衛
河
水
濟
河
水
鄭州
大梁
開封
通許
許昌
周口
陳
沈丘
鴻
溝
潁
水
阜陽
壽春
淝
水
合肥
淮
水
蚌埠
鍾離
盱眙
濟南
泰安
河
水
濟寧
曲阜
任
菏澤
陶
定陶
濟
菏
水
泗
水
滕
棗莊
丹
水
商丘
睢縣
睢陽
睢
水
蕭縣
彭城
徐州
淮北
睢
渦
亳縣
河
宿州
邳縣
邳
泗陽
淮陰
泗洪
泗縣
河
蘇
北
灌
溉
總
渠
邗
溝
高郵
揚州
鎮江
南京
江
東
黃
海
海
圖例
古海岸線
今海岸線
古運河
古河流與古湖泊
今河流與今湖泊
陶
古居民地
邯鄲
今居民地

彩圖 1：陶與菏水

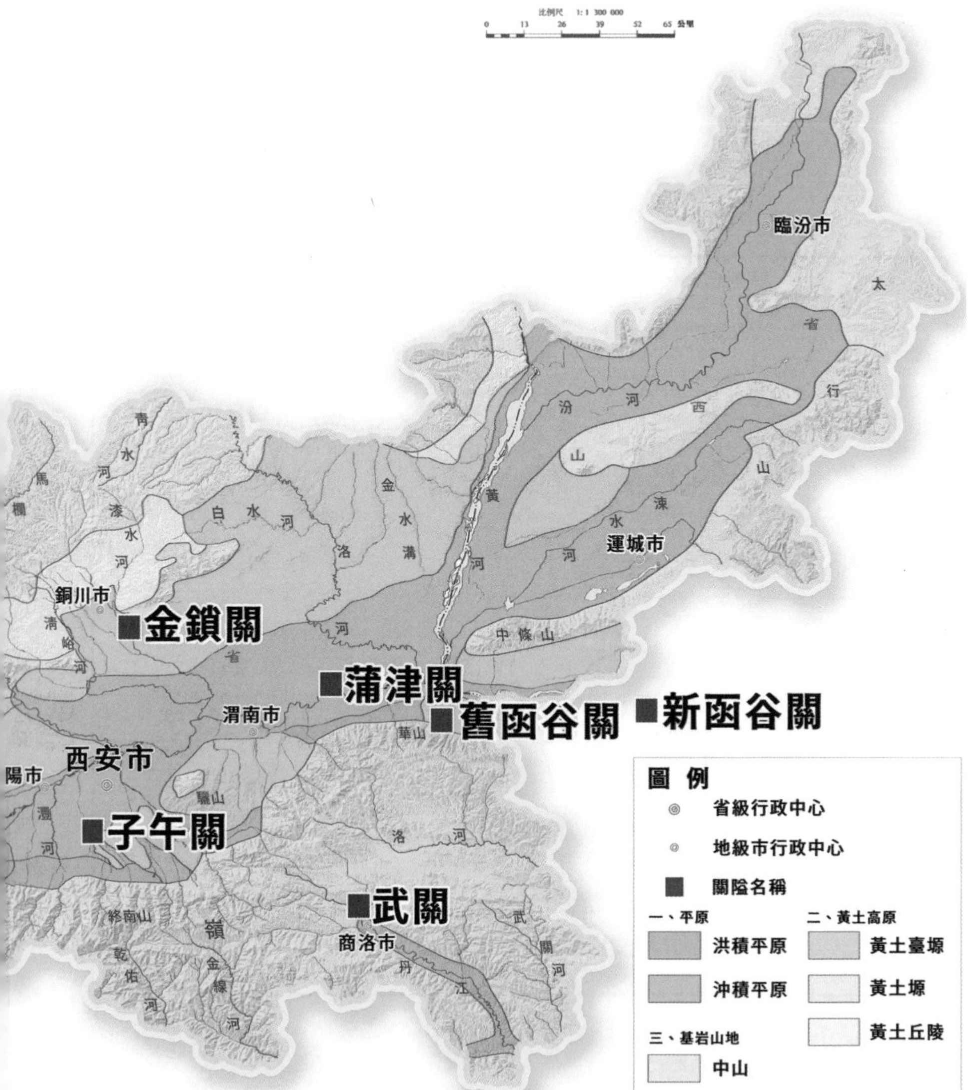
比例尺 1: 1 300 000
0 13 26 39 52 65 公里
臨汾市
太
省
行
山
汾
河
西
山
黃
河
涑
水
河
運城市
中條山
青
水
河
馬
欄
漆
水
河
白水河
金
水
溝
洛
河
銅川市
清
峪
河
省
金鎖關
蒲津關
舊函谷關
新函谷關
渭南市
華山
西安市
陽市
驪山
灃
河
子午關
洛河
武關
終南山
嶺
商洛市
丹
江
武
關
河
乾
佑
河
金
線
河
圖例
省級行政中心
地級市行政中心
關隘名稱
一、平原
洪積平原
沖積平原
二、黃土高原
黃土臺塬
黃土塬
黃土丘陵
三、基岩山地
中山
低山

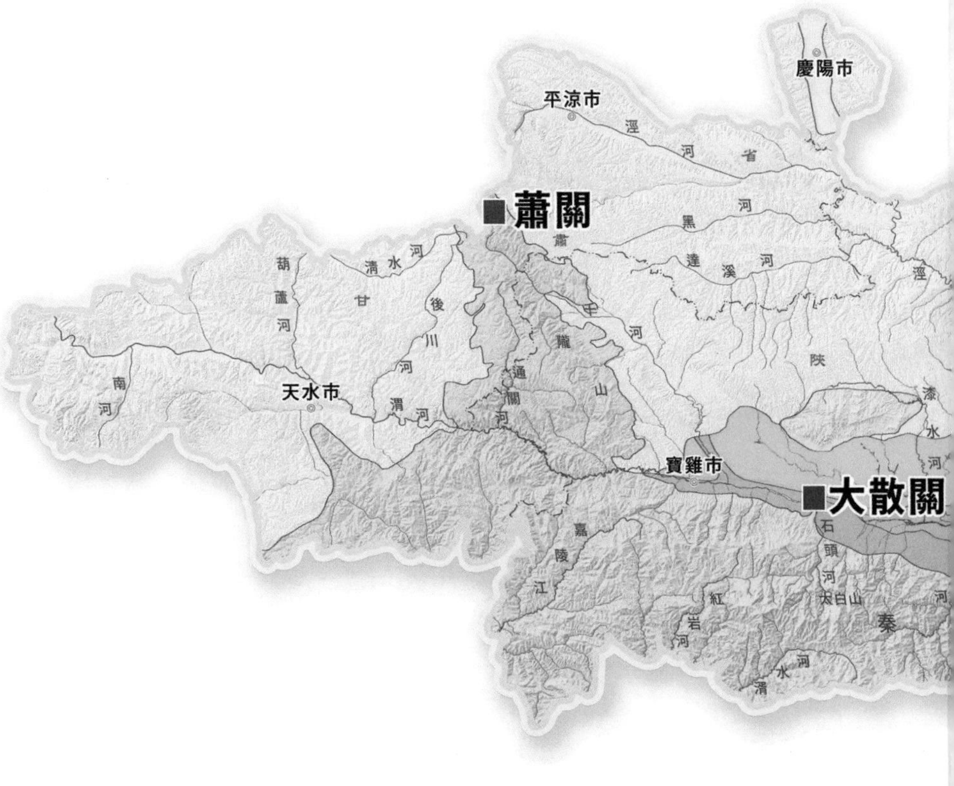
慶陽市
平涼市
涇河
省
蕭關
黑河
蕭
達溪河
千河
葫蘆河
清水河
甘
後川河
隴山
通關河
陝
天水市
渭河
南河
漆水河
涇
寶雞市
大散關
石頭河
嘉陵江
紅岩河
太白山
秦
清水河

彩圖 2：關中地形圖

彩圖 3：耕作圖

彩圖 4：射獵

彩圖 5：殺雞

彩圖 6：宰豬

彩圖 8：犁地

彩圖 7：耙地

彩圖 9：《張議潮統軍出行圖》（敦煌莫高窟 156 窟）

彩圖 10：插秧，清，陳枚《耕織圖》局部（現藏於臺北故宮博物院）

彩圖 11：渦紋彩陶罐，首次發現於甘肅省臨洮縣馬家窯遺址
（現藏於中國國家博物館）

彩圖 14：《千里江山圖》局部（現藏於北京故宮博物院）

彩圖 12：清院本《清明上河圖》局部（現藏於北京故宮博物院）

彩圖 13：《千里江山圖》局部（現藏於北京故宮博物院）

彩圖 15：黃河歷次重大改道圖

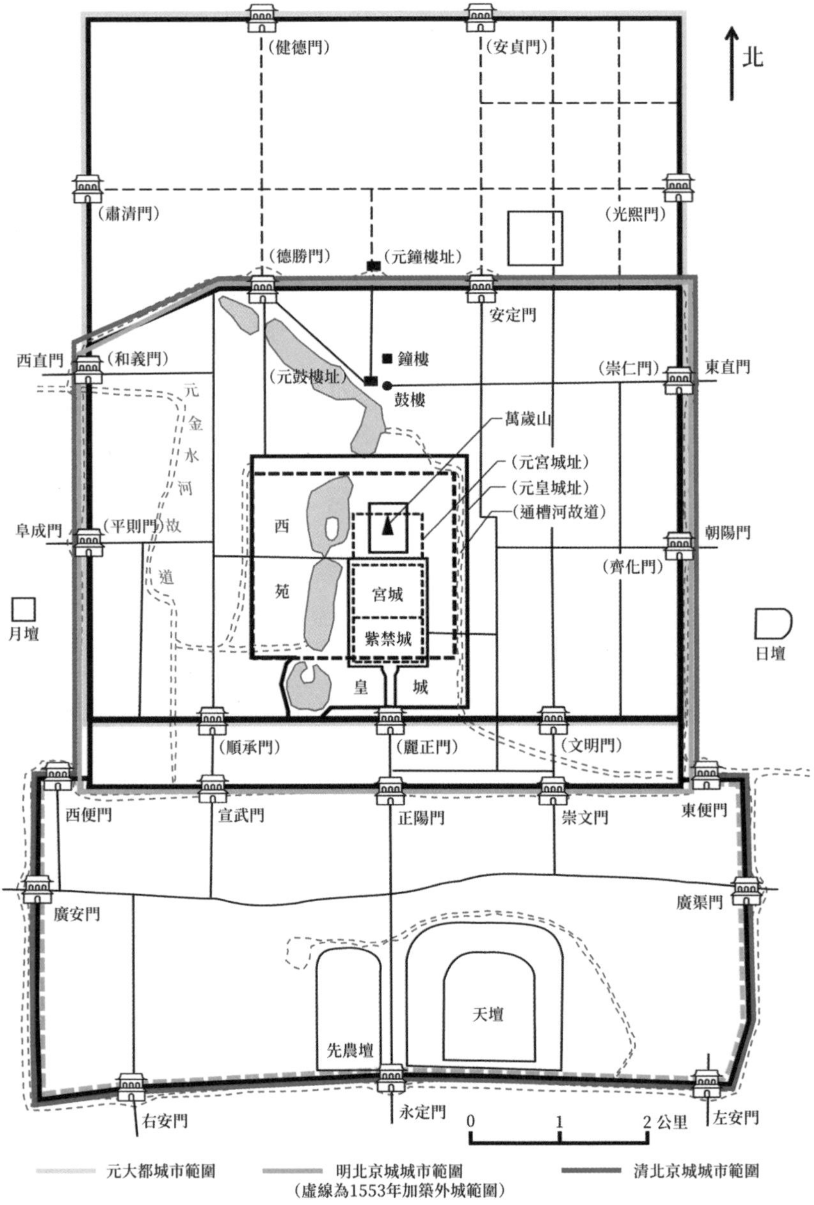
北
（健德門）
（安貞門）
（肅清門）
（光熙門）
（德勝門）
（元鐘樓址）
安定門
西直門
（和義門）
鐘樓
（元鼓樓址）
鼓樓
（崇仁門）
東直門
元金水河故道
萬歲山
（元宮城址）
（元皇城址）
（通槽河故道）
阜成門
（平則門）
西苑
宮城
紫禁城
皇城
朝陽門
（齊化門）
月壇
日壇
（順承門）
（麗正門）
（文明門）
西便門
宣武門
正陽門
崇文門
東便門
廣安門
廣渠門
天壇
先農壇
右安門
永定門
左安門
0
1
2 公里
元大都城市範圍
明北京城城市範圍
（虛線為1553年加築外城範圍）
清北京城城市範圍

彩圖 16：元明清北京城

目錄

彩色圖 3
前言 26
後記 416
附注 418

第一章 新石器時代

1 一萬年前的世界與中國 32

為何農業的起源並非遍布全世界？農業的起步之地通常並非自然環境最優之處，往往是土地和資源匱乏的壓力，才能迫使人類從採集狩獵轉為發展穩定的農業。

2 第一次浪潮與中國 46

世界上為何只有中國在水鄉之地完成農作物馴化？水稻適宜亞熱帶濕熱的沼澤之地，長江中下游的人們在嘗試種植水稻的過程中，順勢利用了天然水生環境，成功辟為稻田。

第四章 三國兩晉南北朝

第六章　宋元

前言

大地上有什麼，除了我們平日觀望的風景，還遍布了人類的足跡，從往古到今天，走過了漫長的歷史。

回顧人類印在大地上的那些足跡，幾乎涵蓋了歷史中的所有場景。大地是我們的立足之地，也為我們提供了衣食之源。其實人類所有的活動都沒有離開過大地，從每一項具體的生產活動到抽象的哲學思考，即使今天我們已經走向太空，但最終服務的仍是腳下的大地。正因如此，以大地為落點，我們看到的不僅有謀求衣食之需的生產行為、推動社會進步的技術創造，還有交融在歷史天空之下的政治和軍事。大地上的故事就發生在你我周圍，每一段過往都印在大地之上，形成一道道色彩斑塊，而許許多多的斑塊構成了大地萬花筒。

中國是一個文明古國，置身其中的我們，也許面對浩瀚的歷史文獻、考古發掘的各類器物不覺稀奇，因為那是從小就已知並伴隨我們一生的國家文化底蘊，這些事情聽多了、看多了，就會覺得天經地義，本該如此。豈不知世界上只有四個文明古國，並不是所有國家都能夠將自己國家的文明追溯至一萬年前。正是如此，言必稱希臘成為很多西方人的習慣，那也許是企圖在文化的光環下獲得一些歷史的慰藉。歷史不能再造，過去沒有的就意味著永遠不會有；未來卻是可創造的，誰也無法預知未來誰將成為世界的主角。面對中國的過往，我們再次搖動大地萬花筒，在歷史的積澱中提取幾種顏色。

在大地萬花筒的多元色彩中，我選擇了「歷史地理」，並將二十六個主題彙集在本書中。中國歷史地理學家侯仁之先生告訴我們，歷史地理是「昨天、前天的地理」，今天大地上所有的一切都存在「過去時」，無論是山川湖泊，還是城市鄉村，都在時光的流程中從過去走向現在。

地理學成為一個獨立的學科並不是從來如此，但毫無疑問的是，納入地理學的知識是最古老的。兩百多萬年前，人類的遠祖立足在大地上，他們尋找食物，選擇住所……，在所有一切維繫生存的活動中首先獲得的是地理知識——山在哪兒、水在哪兒，就這樣，人們踏出一條條道路，有了原始聚落，有了農業，大地上原本就有的山川湖泊間，又添加了許多屬於人類創造的聚落、農田，於是古代地理學就在埃及人、兩河流域的古巴比倫人、希臘人、中國人、印度人、波斯人，以及阿拉伯人手中成為體系。此後經歷地理大發現、工業革命，到了十九世紀，近代地理學終以科學的姿態立於學術之林。

大地上的一切通常歸為地理學的研究範疇，而地理學又分為「自然地理」與「人文地理」兩大分支。無論學科如何劃分，其實真正研究的內容大致是以下這幾類的地理問題：第一，大地上原本就有的，如：山地、河流、湖泊、沙漠、冰川等；第二，由人類創造的地理景觀，如：城市、聚落、道路、工礦、農田等；第三，在人類對於山川地貌應用中所產生的地理，落在大地上卻並無清楚的標識，如政治、軍事地理均具有這樣的特徵；第四，透過人類自身行為所構成的地理現象，最為典型的是社會地理、文化地理。無論哪一種地理問題，均具有無形或有形的空間，它們的形成、發展與變化規律，無疑是大地上最值得關注的現象。

歷史地理將地理學的研究拉向過去，這門帶著「時間」與「空間」雙重屬性的學科將歷史的每一個瞬間落在大地上。收入在本書的二十六個主題，涉及歷史地理各個領域，將用不同的視角講述著大地上的故事。

第一章

新石器時代

1 一萬年前的世界與中國

爲何農業的起源並非遍布全世界？

農業的起步之地通常並非自然環境最優之處，往往是土地和資源匱乏的壓力，才能迫使人類從採集狩獵轉爲發展穩定的農業。

一萬年前，那是一個遙遠的時代，以尋常人生而論，其間不知經歷了多少生離死別、悲歡離合，但從更宏觀的視角來看，相對於四十六億年的地球歷史、兩百多萬年的人類演化進程，一萬年只是短暫的一刻，而就在這一刻，農業出現了，從此改變了世界，也改變了人類。

古人類學提供的成果告訴我們，至少在二、三百萬年以前，人類已經站立在大地上了。然而，那時不僅沒有農業，也沒有人類主動從事的任何生產活動，人類獲取食物的方式與動物十分相近，大地上有什麼就拿來吃什麼——這就是考古學提到的採集、狩獵。透過這兩種途徑，聚落周圍野生的果實和草籽、河裡的魚、草叢中的動物，都成為人類的食物。戰國時期，韓非子〈五蠹〉一文中的「古者丈夫不耕，草木之實足食也；婦人不織，禽獸之皮足衣也」，講的大致就是依靠漁獵採集的生活場景。若以人類手中的工具而論，這個時代屬於舊石器時代。舊石器時代的人類住在山洞裡或樹上，採集植物果實、根莖的同時，也集體捕獵野獸、捕撈河湖中的魚蚌。至舊石器時代中晚期，人們已經學會了摩擦生火，並發明了弓箭。有了火之後，人類便擺脫了茹毛飲血的生活，逐漸走出野蠻的狀態。

幾百萬年，無疑是一個漫長的階段，人類在發展，地球也在變化。地球的變化不僅導致氣候發生冷暖乾濕的波動，也帶動了人類體質與獲取食物方式的改變。大量考古成果證明，農業大約在距今一萬年前出現了，這也正是新石器時代的開端。農業的出現不但使人類不再單純依靠大自然的恩賜存活，也推動了人類社會邁進文明的門檻。

也許，一萬年前最早將種子埋在土地中並看到這顆種子帶來的收穫，進而在下一年重複此前過程的先民，並沒有意識到這一切為後世帶來了什麼影響，但這不經意的舉動為人類鋪墊了後世的歷史。也正是由於農業具有重要意義，因而當代人始終在探討究竟是什麼原因推動了農業起源。

一九五〇年代，英國考古學家戈登．柴爾德（Gordon Childe）提出「新石器革命」的論斷之後，農業起源成為各國考古學界納入討論的重要命題，其中具有影響的觀點提出者均來自西方。他們在解讀農業起源的原因之前，首先提出採集、漁獵屬於「利用型經濟」，農業則為「生產型經濟」，並強調從利用型經濟到生產型經濟完全出於迫不得已；其中最關鍵之處在於，農業需要人類付出比採集、狩獵高得多的勞動代價，而收穫的穀類卻屬於僅含有碳水化合物的低檔食品，與此相對，利用型經濟時期捕獵的大型動物則為高蛋白、高能量的高檔食品。顯然，這樣的轉變具有從「高回報、低付出」到「低回報、高付出」的特點——說穿了，這樣真的有點不划算。

雖然遠古時代還沒有後世「投入—產出比」之類的概念，但出了多少力，獲得了什麼樣的回報，古人是清楚的。那麼，人類為什麼做出這樣的選擇，且將這一選擇穩定地持續下去呢？幾乎所有的討論都將答案落在「資源」這一我們並不陌生的概念上。要放棄勞動代價較小的利用型經濟，轉向勞動代價較高的生產型經濟，在我看來，若沒有「外界壓力」導致自然資源失去直接索取的保證，這樣的轉化不可能完成。

那麼，外界壓力又是什麼？如果說利用型經濟與生產型經濟的界定獲得了學術界的共識，那麼以下問題則引發了熱烈的討論。

其中，「人口壓力說」認為，處於石器時代的人們透過不斷遷徙解決食物不足，那情景就如同遊牧者的轉場，今年在一地採集野生果實，來年又轉向另一地，年復一年在流動中獲取食物。但是隨著人口數量增加，沒有更多的土地與資源滿足遷移需要的時候，人們便被迫定居下來，改由透過收穫自己種植的莊稼養活自己。當然，主動性的生產活動不僅推動了技術與工具的發明，人類占用土地的比例也減少了很多。根據西方學者貝廷傑（Bettinger R. L.）的計算[1]，以採集、捕獵的方式為生，每平方公里可以養活 0.001 ~ 0.05 人；按照這樣計算，五口之家至少需要一百平方公里的資源。但農業社會就不同了，那些年我們常用「三十畝地，一頭牛」形容中國小農的基本溫飽需求，就用這個數字來推算一下，一畝地等於 0.0006667 平方公里，三十畝地大約 0.02 平方公里，這就是中國傳統五口之家的基本土地需求。一百平方公里與 0.02 平方公里，都是五口人需要的土地，這兩個資料擺在我們面前，無須更多解釋，人們放棄了採集、漁獵，轉向農業生產的道理就在其中。農業不僅成為解決資源與土地不足這個問題的方法，也可以藉由耕作為人們提供穩定的食物來源。

另外，「氣候變化說」指出，氣候變冷、變乾導致人類原本依賴的動物消失或遷移，也使那些具有經濟價值的植物數量減少，乃至淡出人們的活動空間，這一切都迫使人們放棄採集、捕獵，從而將獲取食物的方式轉向自行生產。

最後，「競爭宴享說」認為，農業馴化的植物種類，不是由食物短缺決定的，而是出於擴大食物品種、增加美食的需要，有了美食，部落首領可以透過舉辦宴饗而獲得威望。

當然，有關農業起源的學說不止這些，另外還有「富裕採集說」、「社會結構變遷說」等等。仔細推敲，每一種學說都有一定的說服力，但也沒有一種理論適用於全世界。這樣看來，我們一直享用著農業的成果，卻始終未能真正揭開蒙在農業源頭的面紗。正是如此，相關的探索曾經有過，今後還會不斷地持續下去。

二十世紀中期，衛星遙感技術告訴我們，農業用地約占全世界陸地總面積（不包括南極洲）的六十四·七%，這就是說地球上沒有比農業規模更大的產業了。然而，農業並非一開始就擁有這樣的規模，大量考古與遺傳學研究成果告訴我們，農業起源中心只有三處，就是西亞與北非、中國、自墨西哥至南美安地斯山區三個地區（見圖1-1）。

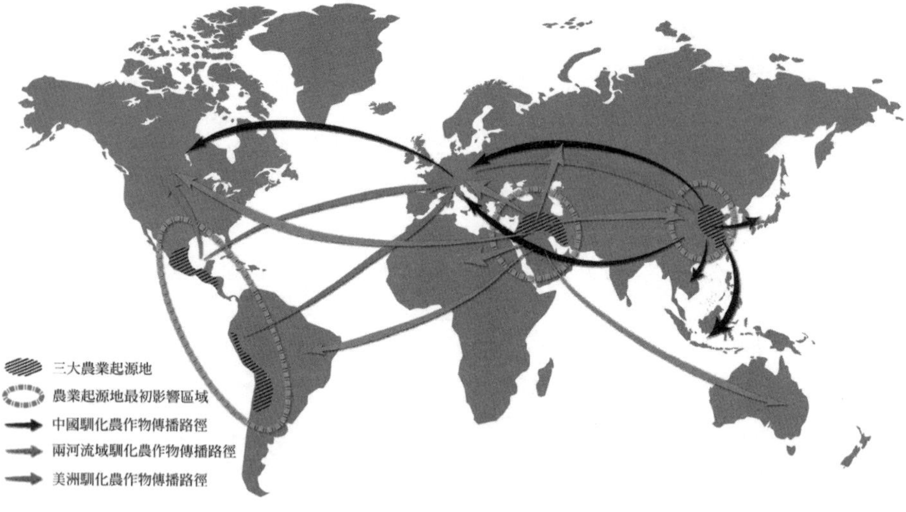

圖 1-1：世界農業起源地

農業起源中心，也可以視作農業起步的地方，根據地圖上顯示，它們只是地球上幾處小小的斑塊，被分隔在幼發拉底河、底格里斯河、尼羅河、黃河、長江，以及墨西哥的巴爾薩斯地區與南美安地斯山區。面對這些曾經引領人類走向文明的土地，我們不禁產生這樣的疑問：世界這麼大，難道其他地方的人們就沒有馴化動植物嗎？事實上，動植物的馴化存在於任何自然條件合適的地方——植物種子落在地上就可以萌生並帶來收穫，捕獲的動物可以馴養，對於古人類而言不算是陌生，甚至還相當熟悉，但是農業起源地並非遍布世界，僅限於不多的幾處，這又是為什麼呢？

若對世界農業起源地的地理環境進行推敲，就會發現有一個共同點：無論西亞、北非，還是中國黃河流域、墨西哥，以及南美安地斯山區，都屬於半濕潤、半乾旱地區。半濕潤、半乾旱意味著降雨量不多，這對於植物生長不能算是理想的條件，因此植物種群的密度與種類並不豐富，與此對應的動物數量必然也不多，而所有動植物都是人類採集、捕獵的對象。經末次冰期（Last Glacial Period）後氣候轉冷轉乾，本來就不豐富的資源，更不易滿足人類需求。既然靠天靠地不再是牢靠的出路，人類自然會將獲取食物的途徑投向原本從屬於採集、捕獵的動植物培育。

正如關於農業起源討論過的，憑藉生產勞動所獲得的食物其實並不是人們欣然主動的選擇，只有食物短缺的壓力，才會迫使人們停止在流動中搜尋食物，轉向腳下的土地，並在播種之後等待收穫。藉由生產獲得的回報，其種類與營養固然不如採集、捕獵所獲，但是能夠讓人們就此「持續不斷」地進行下去。農業生產一直延續到今天的原因，便是收穫物的穩定且可靠。

世界上很多地方，都會受到氣候變化導致的動植物資源減少的影響，但幼發拉底河、底格里斯河、尼羅河以及黃河這些乾旱的大河流域更加敏感，由此帶來的結果就是更難以滿足人們的需求。大自然的賞賜越欠缺，人類越需要透過勞動、透過技術探索與發明創造，來彌補資源稟賦的不足，也許正是出於這樣的原因，農業起源中心不在雨量充沛、綠野青山的西歐、中歐等地，而是在這些乾旱的大河流域與美洲高原。農業生產活動不是簡單的體力付出，創造與發明伴隨生產中的每一個環節，例如：築堤挖渠興修水利，扶犁耕作打造工具……，所有這一切都一步步地推動著人類社會從蒙昧走向文明。文明滋潤了歷史，點亮了人類前行的路徑，而其自身卻起步於上蒼賞賜不多、並不被今人看好的乾旱的大河流域。

與乾旱的大河流域不同，北緯四十度以北，從大西洋沿岸一路向東至烏拉山西麓，西風源源不斷地將大西洋的水氣吹送到歐洲各地。所謂「雨露滋潤禾苗壯」，雨露不僅滋潤禾苗，也為歐洲大地鋪滿了綠色，儘管地球上的一切氣候波動都會影響到這裡，但西風帶來的海洋水氣卻從未間斷。無論生活在草原還是林緣地帶，這裡的人們不必從事生產性的勞動，單靠摘採、捕獵取得的食物不但能夠滿足生存且賦予了他們強壯的體魄。生活在這裡的人幾乎不必發明、不必創造，依憑大自然的稟賦就一切都有了。也許正因為這樣，當西亞、北非以及地中海沿岸已經從古巴比倫、古埃及進入到希臘、羅馬時代，生活在阿爾卑斯山以北地帶的人們仍然被稱為「蠻族」。「蠻族」意味著落後，而落後的原因卻是他們的存身之地太富足了。「蠻族」在世界歷史上是一個並不陌生的詞語，當年的「蠻族」，即今日的法國、德國、俄羅斯這些歐洲強國。面對「蠻族」與強國這樣定義的轉換，幾乎沒有學者想到需要做出解釋，為什麼今日的強國在歷史上長期處於「蠻族」狀態？正因如此，我希望我看到的問題以及做出的解釋，就是歷史的本來面貌。

強國的地位由多種因素決定，資源稟賦的優越自在其中，優越的資源稟賦為今日的法國、德國等強國奠定了物質基礎，卻成為在過去的歷史時期擺脫蒙昧、步入文明的障礙。其中的關鍵在於，他們幾乎不存在用勞動來生產食物的需求——到處都有動植物，採集、捕獵，拿來食用就可以了，有現成的，誰還會去生產呢？採集、捕獵這類利用型的食物獲取方式，固然也存在製作工具的需求，但與農業生產相比要簡單得多，文明發展程度自然也就不在同一個層面上。正因如此，從農業起步，到希臘、羅馬時代，當地中海沿岸文明已經發展到很高程度，歐洲大陸腹地的日耳曼人仍然被視作「蠻族」。

日耳曼人蠻族標識的淡化，是從五世紀攻入羅馬之後開始的，他們不但獲取了羅馬人的土地與財富，也接受了這裡的文明。農業文明沒有在歐洲腹地起源，不是因為那裡土壤貧瘠，而是自然環境太好了。當然，太好的自然環境不會永遠寂靜，當人們從利用型的獲取食物方式轉向生產型的方式之後，阿爾卑斯山以北的人一步一步走出了「蠻族」狀態，憑藉藍天綠水、平原沃土，不但贏得了先進工業國家的地位，並且成為了農業大國。當年的「蠻族」，今日的法國、德國以及俄羅斯，既是產糧大國，也是糧食出口大國。

無論是農業起步之時，還是今日，農業背後的推動力與自然環境息息相關。幾萬年前古人埋下幾顆種子，並拿到了結出的果實，還算不上農業，只有當播種、收穫不再是偶然的發現或嘗試，而是在年復一年的重複性勞動中形成一連串技術，發明與之配套的生產工具，並將生產、收穫融為完整的生產過程，農產品成為人們維持生命的基本食物來源，這時農業才算成型了。

農業乃至文明起步之地，均不屬於自然資源豐富的地帶，人們需要透過「技術探索」與「發明創造」來彌補自然賞賜的不足。儘管世界三大農業起源地互不銜接，且相距遙遠，但這三塊土地上的人們幾乎不約而同地著手馴化農作物。其中，西亞、北非的土地將野生小麥、大麥、扁豆、豌豆、葡萄、橄欖等成功地馴化為農作物；中國的黃河、長江中下游地區分別馴化了穀子、黍子、大豆、水稻等；墨西哥至南美洲安地斯山區則馴化了玉米、甘藷、馬鈴薯、花生、菸草、辣椒等。三大農業起源地之外，印度馴化了棉花，東南亞馴化了芋頭等塊莖類作物。

放在歷史的長河中考察農業與環境，結論也許出乎意料，農業的初起步之地並非自然環境最優之處，由此發散並走向世界的農業生產不僅是一種生產方式，亦是全世界人類繁衍的根本，並由此揭開了文明的帷幕。生存之本與文明之光，成就了歷史舞臺上的宏基偉業。

從戈登．柴爾德稱為「新石器革命」的時代開始，人類逐步參與世界上動植物的進化，並順應自己的需要，將野生植物引向人工栽培作物；將野生動物馴化為家畜，進而推動整個世界步入農業社會。一九八〇年代初，美國社會思想家艾文．托佛勒（Alvin Toffler）的《第三波》（*The Third Wave*）提出，人類文明進程已經歷了農業革命、工業革命兩次浪潮，即將進入以科技革命為主導的第三次浪潮。今天，我們不僅置身於第三次浪潮之中，且正在享用科技革命帶來的成果。現代與傳統不僅代表兩個時代，之間的不同又是那麼鮮明，這讓今天的我們不僅與祖先的生活漸行漸遠，而且在以當代科技產品為樂時，幾乎忽略了第一次浪潮中中國大地所做出的貢獻。然而，正是那遙遠的時代，奠定了後世的一切。

2 第一次浪潮與中國

世界上爲何只有中國在水鄉之地完成農作物馴化？

水稻適宜亞熱帶濕熱的沼澤之地，長江中下游的人們在嘗試種植水稻的過程中，順勢利用了天然水生環境，成功辟爲稻田。

現在，「三級產業」的概念通行於經濟學界，也時常出現在媒體中。所謂的「三級產業」也稱為三次產業，這是依據人類社會生產發展順序形成的產業部門。數字順序標示著先後早晚，以農業為核心的人類生產活動被稱為「第一級產業」，意味著這是人類最早從事的生產，它誕生在距今大約一萬年前。

縱觀世界歷史，兩條線索貫穿始終，一條為繫之權力的政治鬥爭，另一條就是維繫民生的物質生產，而物質生產是一切文明乃至政治的基礎，農業則是人類從事物質生產的第一步。

美國社會思想家艾文・托佛勒將農業起源稱為人類文明發展中的第一次浪潮，無疑，在第一次浪潮中，中國擁有主角地位。

農業開啟了文明的大門，不僅引導人類步入文明的殿堂，也成就了四大文明古國的輝煌——無論是古巴比倫、古埃及、古印度，還是中國，孕育文明的土壤都是農業。於是，一個令人關注的問題呈現在我們面前：作為文明古國，中國奉獻給世界最大的禮物究竟是什麼？四大發明還是儒家文化？仔細推敲，兩者都不是，農業才是中國送給世界最大的禮物。

每當談起中國悠久且燦爛的歷史時，多會脫口說出「上下五千年」的文明古國。但是，話音落地立即引起質疑，上下五千年，一前一後就是一萬年，若依「夏商周斷代工程」二〇〇〇年十一月九日正式公布的《夏商周年表》，夏朝約始於西元前二〇七〇年，這樣至二〇二〇年也只有四、五千年，相距一萬年之數還少了一半。於是有了各種解釋，有人說「上下五千年」不過是個約數，千萬別當真；有人說，早在夏王朝出現之前，就有了三皇五帝這類中國自己的「創世紀」傳說；也有人說，考古發掘證明，史前時期中國境內東西南北均留下了大量切實可靠的人類遺址……，這些解釋說明了一些問題，又似乎沒說什麼，因為還是沒有道明那一半文明的出處。

其實真正的答案只有一個：農業。農業是文明滋生的土壤，也是文明的一部分。中國「上下五千年」的文明進程不僅源於農業，且農業登上歷史舞臺的年代正合「上下五千年」之數。一萬年前，穀子、黍子、水稻已經在中國的土地上完成了從野生植物到人工栽培作物的轉化，此後大豆、纖維類大麻、油用大麻、白菜……，陸續被納入中國農作物的行列，換言之，農業與農業文明在國家誕生之前就已經存在五千多年了，而那時，正是人類文明發展第一次浪潮的開端。

中國北方馴化的旱地作物——粟、黍

二十一世紀的今天，大家對農業的關注多限於餐桌，而餐桌上的主食又以米飯、麵食為主，以致很多年輕人對於穀子、黍子及用其製作的食物十分陌生，即使端上餐桌，也鮮少去想原材料長在地裡的樣子，屬於哪種作物。

古人將穀子稱為粟或稷，最初「粟」之稱通行於民間，而「稷，祭也」，故「稷」為穀子之名則用於廟堂祭祀。穀子加工後的糧食即為小米；黍子即黍，加工後為黃米，黃米因澱粉含量高低不同，在中國西北一帶有軟糜子、硬糜子之分。小米與黃米外觀均為黃色，小米顆粒小於黃米，澱粉含量也低於黃米，故加工為食品以粥、飯為多，黃米中的軟糜子則多製成年糕、油糕，陝北民歌《山丹丹花開紅豔豔》中「熱騰騰的油糕，擺上桌哎」，歌中的油糕指得就是黃米糕。

今日，無論小米飯、小米粥，還是黃米油糕，均不再是飯桌上的主餐，但稷在歷史上的地位卻非同尋常。古人常用「社稷」一詞比喻天下，「社」為土地之神，代表國家疆土；「稷」則是穀神，是國家的根本。土地上有了糧食，國則可以為國，民則可以為生。天下萬物，古人唯獨用稷，即穀子，代表國之根本，原因只有一個——那時普天之下的土地上種植的是穀子，率土之濱的百姓以為主食的也是穀子，五穀之中，稷居首位。

農業是維持民生的底線，民以食為天，是不變真理。正因如此，世界上幾乎所有民族的「創世紀」傳說中都有農神，例如：希臘神話中的農神是狄蜜特（Demeter），中國的農神是神農和后稷。神話經千百年傳頌，幾乎成為我們歷史的一部分，然而神話並不是事實，既然農業的產生並非起源於傳說中的神農遍嘗百草、教民耕種，那麼，這些支撐民生的農作物究竟是如何扎根在我們的土地之上？

穀子、黍子，就是我們討論的起點，它們不僅是中國歷史早期北方黃河流域糧食作物的重中之重，也是中國人最早馴化的糧食作物，而那個時代，距今大約一萬年。

那是一個遙遠的時代，誰都無法親自見證那時的一切，唯有考古成果為我們揭開了時間的面紗。當然，先民在地下都留下了什麼我們並不清楚，所以很多重大考古發現都出自偶然。一九七二年秋末，河北省武安市磁山村二街的一個生產大隊，為了把旱地變為水地，決定將附近冶金礦的廢水由低向高引向村東一公里處的南崗地；這正是「農業學大寨」的年代，戰天鬥地是那個時代的時尚。磁山二街八十多名青年民兵組成「青年修渠突擊隊」在大南崗上開溝挖渠，他們往工地上一钁頭下去，從土中刨出了一塊長四十五公分、寬二十公分、形狀像鞋底一樣的石板，隨後又挖出幾件類似的石器，以及石棒、石棍。在場的青年人都覺得好奇，其中有人說：「會不會是文物？」這句話提醒了大家，於是隊裡馬上保護現場，派人日夜守護，同時把挖出的石器、陶片都存放在大隊倉庫並逐級上報至邯鄲市、河北省文研所等單位。

一九七四年初，河北省文管處授權邯鄲文保所的孫德海、陳光唐兩位專家對這裡進行了調查性的試掘，在兩個九平方公尺的探方內，他們發現了兩個窖穴，數件石器、骨器，還有一些破碎的陶器碎片。一九七七年，孫德海等人帶著第一批出土的文物來到北京。考古學家蘇秉琦端詳著他們送去的小陶盂，驚喜地說，這批石器肯定比仰韶文化（距今七千至五千多年前）要早，很可能是中國半個世紀以來新石器考古工作的突破口。隨後的發掘，不僅證實了蘇先生的推測，同時讓一個令中國考古學界驚嘆、吸引了世界考古界的文化遺址出現在我們面前（圖1-2）。

武安市磁山村的考古發現，被命名為「磁山文化遺址」。自一九七二年發現後，考古學家進行了調查式試掘，此後在一九七六至一九九八年的二十餘年中，該遺址經歷了三個考古發掘階段，共發現數百個窖穴，其中糧窖有一百八十九個，僅第一發掘階段發現的八十八個糧窖內，當中的糧食體積就達一〇九立方公尺，折合成重量約是十三萬八千兩百斤，若再加上此後兩個階段發現的糧窖，糧食存量十分驚人。

面對如此重大發現，測年與弄清這些糧食究竟是什麼，成為考古學最關鍵的兩步。一九七六年，中國社會科學院考古研究所利用C^{14}對磁山文化遺址測年的結果為：西元前五四〇五±一〇〇年和五二八五±一〇五年，後經樹輪校正，推斷結果為距今八千多年。二〇〇九年，中國科學院地質與地球物理研究所呂厚遠所帶領的研究小組，重新進行測年並得出結

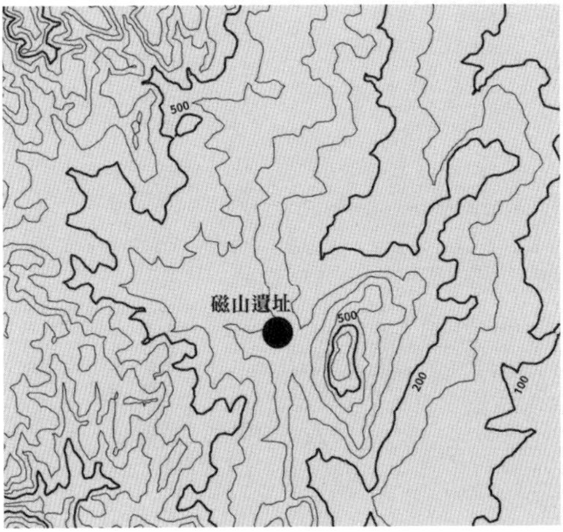

圖 1-2：磁山文化遺址及其周圍地區的地形圖

論，遺址中的糧食距今約一萬至八千七百年[2]，這是中國北方年代最早的糧窖。經中國科學院植物研究所與北京農業大學鑑定，這些窖藏糧食為粟與黍，即穀子與黍子。在與其他遺址的年代比較中，磁山文化遺址中發現的馴化穀子、黍子其年代最為久遠。

這一發現意味著什麼？磁山文化遺址粟、黍的發現，不僅將中國旱地糧食作物的馴化時間推到距今一萬年前後，且證明了中國是世界上最早出現人工栽培粟、黍的國家。在此之前，國外主流觀點認為，埃及、印度是世界上最早出現人工栽培粟的國家，而磁山文化遺址的發現推翻了以往的結論，改寫了世界農業歷史。

粟由野生狗尾草馴化而成，野生黍則是黍的祖本，粟、黍都屬於北方旱地作物，之所以能在河北武安市一帶完成早期人工馴化，與這裡的環境有著密切關係。一萬年前的古人還處於農業生產的發展階段，換句話說，還沒有擺脫對大自然的依賴，為此，人們嘗試著播種並等待收穫的同時，仍然需要採集、漁獵獲得的食材，因此農業發端之地，應同時具備滿足耕作與捕獵需求的環境條件。磁山遺址位於南洺河北岸臺地上，地處太行山東麓山前的沖積扇地帶。

那時黃河掃過華北平原，導致平原上屢屢洪水，湖沼密布，人類難以立足，而沖積扇地帶卻因地勢高亢、土壤肥沃，成為古人類的家園；這裡不僅可以耕種，且處於山地與平原交匯之處，兼得林地、草地不同屬性的動植物資源。這一切既保證了維持漁獵、採集的需要，

圖 1-3：穀子，即粟

又具備拓展農業的自然條件，於是古人在摸索與探求中，逐漸從對野生動植物的依賴，轉向農業生產。正是如此，在磁山文化遺址中，不僅能看到大量的糧食，石鏟、石斧、石鐮等農業生產工具，還有石磨盤、石磨棒等糧食加工工具，以及還可以看到鹿、野豬、白鼻心、金錢豹、梅花鹿、四不像、魚類、鱉類、河蚌等野生動物骨骸，核桃、榛子、小葉朴等喬木樹種，同時還出土了骨鏃、魚鰾這些獵具、

圖 1-4：黍子

漁具[3]。採集漁獵與播種收穫並存的環境，是農業生產起源之地必備的條件，前者是探求中的保障，後者則是未來的依靠。磁山文化遺址是中國北方唯一距今一萬年前的農作物馴化地，以此為中心，其他與粟、黍相關的遺址年代，由早及晚具有鮮明的「圈層」特徵。陝西、山東一帶構成的圈層其所處年代大約距今七千至六千年；繼續向西、向北，甘肅、青海、遼寧一帶又形成距今五千至四千年的圈層；由此往四周擴展，則是距今三千年左右的黑龍江、內蒙古東部以及臺灣等地區構成的圈層。這些年代圈層既非猜測也非臆斷，而是來自實實在在的考古成果。粟（圖1-3）、黍（圖1-4）最早馴化地應該就在磁山文化遺址一帶，這些作物由此完成馴化並逐步傳向各地，養育眾生，成為民生之本。

農業尚未出現之前，人們採集的野生植物種類很多，將一顆種子埋在泥土中或許是偶然，但並不是所有植物都能帶來令人滿意的結果，顯然，只有狗尾草、野生黍在諸多植物中最具優勢，人們因此將其投入到年復一年的持續性種植中。當代農學家在討論栽培作物的起源時，總會提及作物在野生狀態的母本與父本，其實，無論作物的母本、父本是什麼，它們都是由風、水、動物等自然媒介促成傳播，為此所謂人工馴化，關鍵在於「選擇」。

那時，人們並不會進行人工雜交育種，卻懂得選擇。不僅籽粒飽滿、穗大苗壯的植株籽粒被留作種子，且成熟後籽粒不易自動脫落、便於收穫的植株，也是人們關注的對象。經過這樣的選擇，作為下一次播種的種子攜帶了利於收穫、產量理想的基因，在反覆擇優之後，含有最佳基因的種子不僅被人們認可，且種植成習、種植成片，以某類種子為核心的種植業就這樣起步了。野生植物與人工馴化的農作物之間最大的區別在於，透過反覆的選擇，最佳基因保留在人工栽培作物的體內了。粟、黍耐貧瘠、耐乾旱，對旱地生態環境有良好的適應性，憑藉這些優勢，這兩種作物從馴化中心傳到北方各地，又繼續傳入南方的山地丘陵地區。若穿越是一種可能，那麼從三千年前、五千年前，直至秦皇、漢武所在的時代，北方餐桌上幾乎沒有大米、白麵，無論是貴族還是奴隸，賴以為生的糧食都是粟、黍，而兩者之中粟又占有絕對優勢。正因如此，傳說中的農神乃有「后稷」之稱，因為稷就是粟。

粟、黍傳向域外的歷史十分悠久，在《劍橋歐洲經濟史》第一卷《中世紀的農業生活》談到，黍本是遠東的土生植物；歐洲人話語中的遠東是指如今的中國、日本、朝鮮、韓國等地，而遠東各國中只有中國是黍的馴化地。大約在新石器時代，東南歐和西伯利亞平原上的遊牧民族把黍帶到了西方。古羅馬時代，黍在英國、高盧（今法國、比利時、義大利北部、德國南部等地），以及義大利波河平原（Po Plain）等地已成為重要作物。到了中世紀，義大利北部、庇里牛斯山、法國西南部，只要是不利於小麥種植的地方，都能以黍為糧[4]。黍根據品種可分兩類，一類澱粉含量高且黏性大，北方人稱為軟糜子，另一類澱粉含量低的為硬糜子。硬糜子環境適應性很強，傳入歐洲並廣有種植的應是硬糜子。那是一個距離我們十分遙遠的年代，不過粟、黍這些旱地作物已經走出國門，融入他鄉的民生之中。

中國南方馴化的農作物——水稻

距今一萬年前是栽培作物在中國大地上落地生根的年代，幾乎與北方旱地作物粟、黍的起源同時，甚至更早一些，在南方的長江流域，人們也將野生水稻馴化成了人工栽培水稻（圖1-5）。

先民將野生植物馴化為栽培作物，並沒有留下發展過程的紀錄，於是邁過漫長的時間隧道，後世要瞭解歷史的真相必然有一番周折。水稻起源，是中國農史甚至是世界農史研究中分歧最多的問題。

水稻與冬小麥、玉米並列為三大糧食作物，當今世界，二分之一以上的人口以稻米為生，正是如此，人們不僅關注當下水稻的生產，同時也將視線投向了水稻的起源。中國上海辰山植物園知名科普作家劉夙告訴我們，首先關注這一問題的西方學者注意到，西方語言中「稻」的詞源來自印度梵語，且印度也是野生水稻分布比較集中的地方，於是印度為水稻起源地的說法就此流行起來[5]。此後，隨著東南亞以及中國發現了大量野生水稻，人們的視線與討論重點隨之轉移，新的觀點也相伴而生。一九五二年，美國地理學家卡爾・邵爾（Carl O.Sauer）在《農業的起源與傳播》（*Agricultural Origins and Dispersals*）中提出水稻的初始馴化中心在東南亞，其依據為那是動植物種類繁多的區域，有大量物種可供選擇並進行雜交。邵爾這一觀點問世不久，西方學者即提出質疑並加以否定。東南亞豐富的動植物資源，使得人

圖 1-5：水稻

們沒有馴化農作物的迫切需求，那裡也沒有發現古老的稻作遺址，這些都是否定這一觀點的理由。

時至一九五〇年代，中國還沒有在這場討論中成為主角，儘管早在一九二〇年代，中國水稻專家丁穎即根據中國古代文獻記載，提出中國是世界水稻起源地的觀點，但在長江中下游陸續發現距今七千年的稻作遺址之前，國際學術界始終認為中國水稻是從境外傳入的，自然忽略了丁穎的研究[6]。

扭轉局面的關鍵在於考古發現。一九五〇年代，湖北京山屈家嶺、重慶巫山大溪發現了水稻遺存，此後的二十多年中，中國各地陸續發現的水稻遺存達九十處，其中長江中下游地區有近七十處，其中距今七千年前的浙江河姆渡遺址、浙江桐鄉市羅家角遺址中的稻作遺存，更是震撼了整個學術界。然而，就在中國發現這些稻作遺存的那些年，印度、泰國也有據說距今七千年以前的稻作遺存被發現。面對這些發現，學術界不再否認中國為水稻起源地，但也沒有放棄舊有的說法。於是，國外一些學者又做了一番折中，提出印度奧里薩邦、印度支那的湄公河三角洲或中國南方的珠江三角洲等低濕平原沼澤地帶，可能是最初栽培稻作的培育地，而日本農學家渡部忠世則主張水稻起源於印度阿薩姆至中國雲南的山丘地帶[7]。

一九七〇年代以後的考古發現，讓中國的水稻起源地地位得到了肯定。這時，原本被認為形成於距今七千年前的印度、泰國稻作遺址，因測年有誤失去了作為水稻起源地的意義，與此相對，中國境內則陸續發現了其他稻作遺存。一九八〇年代，發現了距今九千至七千五百年的湖北宜昌城背溪遺址、湖南澧縣彭頭山遺址，且兩處遺址均有稻穀遺存。一九九〇年代，湖南常德市澧縣發現城頭山遺址，距離城頭山遺址一公里處，還發現了距今約八千年的人工栽培稻；在距離城頭山遺址十多公里處，則發現了大量距今八千年的稻田實物標本，其中四十%有人工栽培痕跡，有水坑、水溝等原始灌溉系統，是現存世界最早且最完備的水稻田灌溉設施。此外，江西萬年縣發現了仙人洞、吊桶環遺址，遺址中發現一·二萬年前的野生稻植矽石和一萬年前的栽培稻植矽石。二〇〇四年，湖南道縣玉蟾岩遺址發現了距今一・八萬至一・四萬年前的人工栽培稻，這是目前發現世界上最早的稻穀遺存。面對這些稻作遺存的發現，東南亞說、印度說以及雲南山地說逐漸淡出，長江中下游說成為國內外學術界共同認定的事實。

然而，有關水稻起源地的爭論是否到此終結了呢？水稻起源於中國已經成為共識，但由於中國各地稻作遺存的年代不同，一些學者認為水稻起源於長江中游地區，另一些學者則認為起源於長江下游地區。

面對這一分歧，北京大學的嚴文明教授主張「長江中下游共同起源說」，並強調確定稻作起源地，遺址年代並不是絕對條件。城背溪、彭頭山等長江中游地段的遺址雖然比河姆渡早，但稻作水準也比河姆渡低得多，依照稻作發展規律，河姆渡之前也應該存在一個類似彭頭山稻作農業的低階發展階段，「這樣長江中下游有很大可能就是稻作農業的起源地，它們可能是互相聯繫、互相影響、統一而不可分割的稻作起源中心[8]」。這其中包括著兩層含義：其一，河姆渡文化之前應有更低階的稻作農業，其時間必然早於距今七千年前，這就如同我們上大學之前都有中小學階段；其二，若存在這樣一個文化層，長江中下游不應因年代而有早晚之分，無論是城背溪、彭頭山等長江中游稻作文化順江傳向下游，還是自下游逆江傳向中游，總之長江中下游稻作文化處於同一體系之中。除此之外，中國農史學家游修齡也提出了相近的觀點：「考古發掘不可能一次全面鋪開，其遺址的發現有很大的偶然性，光憑這種比較，很可能出現甲處比乙處、丙處早；說不定下次乙處又有更早的稻穀出土，則變成乙處比甲處、丙處早。[9]」

上述技術論與另一派的時間論，在各執一詞的討論中，又等到了新的考古發現。二〇〇一年前後，浙江蕭山境內發現了距今八千年的跨湖橋遺址，遺址中的稻穀「是從當地野生稻馴化起來的原始性古栽培稻」[10]。同年，在浙江餘姚發現了距今七千至五千五百年的田螺山遺址；還是這一年，浙江省浦江縣黃宅鎮發現了距今一萬一千至九千年的上山遺址，遺址出土的夾碳陶片的表面，有較多稻殼印痕，胎土中夾雜著大量的稻殼。對陶片取樣進行植物矽酸體分析顯示，這是經過人類選擇的早期栽培稻。這些遺址年代都在河姆渡文化遺址之前，它們的發現拉平了長江中下游之間稻作時間與稻作發展水準的差距，不僅證實了嚴文明的觀點，也從空間上將長江中下游與錢塘江流域劃入水稻起源地的共同體之中。

世界上農作物的原始馴化地不止一處，而在水鄉完成農作物馴化的只有中國。水稻的初始馴化地，無論是長江中下游，還是錢塘江流域，都是水鄉——傍河濱湖，這樣的環境與世界其他農業起源地都位於乾旱的大河流域相悖，對此如何解釋呢？其實，它們的共通之處在於，依靠單純的採集漁獵方式生存，無論乾旱的大河流域還是水鄉，環境都不理想。一萬年前的水鄉，河湖縱橫，沼澤密布，水多了蚊蟲小咬也少不了，泥濘的土地被河湖分割成並不寬廣的種植面積，這樣的環境對於單純依靠採集漁獵的先民，有著與乾旱的大河流域不一樣的艱辛。時至漢代，在司馬遷筆下仍然能看到「江南卑濕，丈夫早夭」這樣的描述，而正是「卑濕」的環境制約了利用型經濟的發展，進而推動人們改變生存方式，踏出馴化農作物的道路。

水稻喜溫喜濕，最適宜亞熱帶濕熱環境，最初人們嘗試種植水稻，多選擇沼澤之地，利用天然水生環境，辟為稻田。眾多出土稻作遺存的遺址中，河姆渡遺址的文化內涵最豐富，遺址南依四明山、北臨湖沼，山上森林茂密，丘陵緩坡雜草、灌木叢生，平原臨水地帶密布蘆葦、水草，適應濕熱氣候的人們不僅選擇了懸空架屋的干欄式建築為居舍，也將稻田辟在湖沼邊緣。從遺址中稻穀、稻葉、稻殼相互混雜形成的〇．二至一公尺厚的堆積層來看，這一時期不僅稻田已有規模，稻作技術也走出了最原始階段。

與此對應，遺址中出土了骨耜、木耜、穿孔石斧、雙孔石刀、舂米木杵等農業生產和穀物加工工具。水稻只是河姆渡人部分的食物來源，人們並非僅以植稻為生，漁獵採集仍然沒有離開他們的生活。複雜多樣的自然環境，孕育了各種動植物資源，在將野生水稻馴化為人工栽培稻的漫長歲月中，遺址中整坑、成堆的麻櫟果、橡子、酸棗、菱角等植物果實，大量陸生、水生動物遺骸，以及石球、石彈丸、陶彈丸、木矛、骨鐵、骨哨等漁獵工具，揭示了河姆渡人謀生的另一個途徑[11]。河姆渡是人類早期農作物馴化中心，由此及彼，透過河姆渡人對環境做出的選擇利用與培育水稻的技術水準，可以綜覽長江中下游水稻起源地的基本面貌（圖1-6）。

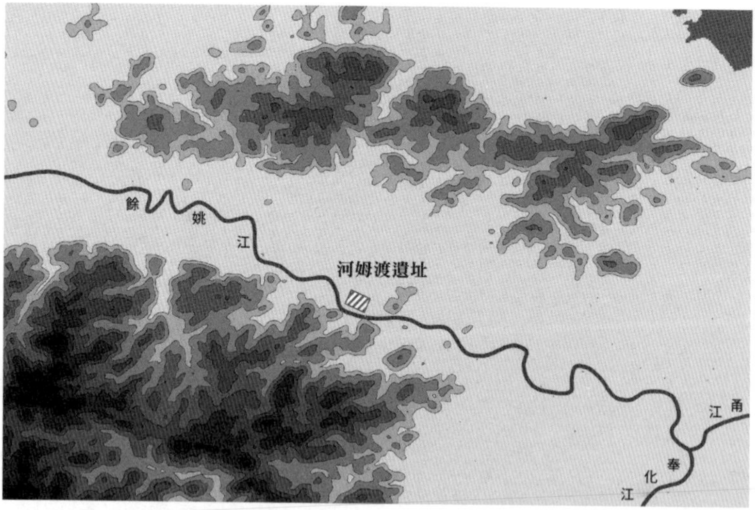

圖 1-6：河姆渡遺址及其周邊地區地形圖

水稻在長江中下游與錢塘江流域完成馴化後，逐漸北上、南下，傳入中國各地，又從中國傳向境外，向東渡海至日本列島與朝鮮半島，向南傳入東南亞、南亞等地。《植物傳奇》（*Flora Mirabilis*）一書作者、美國學者凱薩琳・赫伯特・豪威爾（Catherine Herbert Howell）這樣談到水稻走向歐美的經歷：「大約西元前三世紀，希臘人剛剛聽說水稻，但對他們而言這是一種昂貴的進口糧食，還不能作為餐桌上的食物，正是如此，《聖經》中沒有提到水稻。伊斯蘭教的先知穆罕默德很喜歡稻米飯，於是隨著伊斯蘭教在中東、北非以及歐洲的傳播，水稻也踏上了這片土地。英國人第一次接觸稻子是在十五世紀，十七世紀水稻傳入北美洲，從這以後，大約一個世紀內，水稻在卡羅萊納州以及美國南部、南美洲的沼澤地帶迅速生長起來。經過數千年，如今水稻不僅在東亞、東南亞、南亞形成分布優勢，而且流向世界各地，成為全世界近一半以上人口的基本食糧[12]。」

正是經歷了這樣的傳播，今天，我們在地球的任一個角落捧起一碗大米飯，它的根都在中國。

回顧中國農史，無論北方旱地作物粟、黍，還是南方水稻，無疑都證明了農業是中國送給世界最大的禮物。浪潮濺起的不僅是幾朵水花，大潮湧來將世界帶入了一個時代。第一次浪潮引導人類步入農業社會，從距今一萬年前一直持續到十八世紀，這是人類社會持續最長的發展階段，在這漫長的時空中，從起步到整個過程，中國人都是舞臺上的主角。

第二章

西周與春秋戰國

3 何以中國？

中國的含意究竟是什麼？

數千年的歷史中，「中國」擁有的內涵始終與地理相關，其代表的空間起步於中原，最終擁有這個國家。

中國是我們的國家，我們是中國人，這是我們有生以來就知道的政治歸屬，然而若回顧歷史，用「中國」來代表我們的國家，並非從來如此。這幾千年，「中國」一詞經歷著從「標示地域」到「涵蓋整個國家」的變化，因此「何以中國」成為考古學界展示中國悠久文化的命題。

藉由當代媒體，考古成果從專家的發掘走進千家萬戶，那些埋在地下的器物一次次為我們帶來驚喜與困惑，也一次次喚起我們揭祕與探源的心願。就在這些見證中國璀璨歷史的器物中，一件被稱為「何尊」（圖2-1）的西周青銅器，鐫刻著最早的「中國」兩字，因此何尊自然而然成為討論「中國」的起點。

一九六三年，「何尊」出土於陝西省寶雞市陳倉區賈村鎮賈村，而距離這裡不遠，寶雞市扶風、岐山兩縣

圖2-1：何尊（現藏於中國寶雞青銅器博物院）

交界處就是著名的「周原」，以「周」命名，足以表明那片土地久遠的歷史。幾十年來，考古學界在周原遺址內，先後完成了先周與西周時期重大發現的發掘工作，並根據發掘出的大型建築與城址遺跡證明，那是周人先祖古公亶父率領族人立足關中、營建城邑的地方。關於三千多年前的周原，《詩經》中留下了這樣的詩句：「周原膴膴，堇荼如飴」，原上肥沃的土壤，帶來一片勃勃生機。

追隨《詩經》中的周原，我們幾乎可以看到黃土地上的蒼茫與在蒼茫中平地崛起的大城。這樣看來，無論周原還是賈村，都是刻印著周人足跡的地方，在周人祖先所居之處發現何尊，可以說是再正常不過的事了。

何尊高三十八．八公分，口徑二十八．八公分，重十四．六公斤。尊為圓口棱方體，長頸，腹微鼓，高圈足，內底鑄有銘文十二行，共計一百二十二字：

唯王初遷宅於成周。復稟武王禮，福自天。在四月丙戌，王誥宗小

子於京室，曰：昔在爾考公氏克逑文王，肆文王受茲大命。唯武王既克大邑商，則廷告於天，曰：余其宅茲中國，自茲乂民。嗚呼！爾有唯小子無識，視於公氏，有勞於天，徹命。敬享哉！唯王恭德裕天，訓我不敏。王咸誥。何錫貝卅朋，用作□公寶尊彝。唯王五祀。

「宅茲中國」就出現在這篇銘文中，這是「中國」二字首次見於文字記載[1]，其時代早於任何傳世歷史文獻。正是這篇銘文的發現，讓何尊引起了考古學、歷史學、古文字學界的一致關注，同時也留下許多問題：何尊鑄於什麼年代？此時「中國」的含義是什麼？對此，中國古文字學家唐蘭是這樣解釋何尊銘文大意：

周成王開始遷都成周，還按照武王的禮，舉行福祭。祭禮是從天室開始的。四月丙戌，成王在京室誥訓「宗小子」們說：「過去你們的父親能為文王效勞，文王接受了大命，武王戰勝了『大邑商』，就向天卜告，

說：『我要住在中央地區，從這裡來治理民眾』。嗚呼！你們或者還是小子，沒有知識，要看公氏的樣子，有功勞於天，完成使命，敬受享祀啊！」王是有恭德，能夠順天的，教訓我們這些不聽敏的人。王的誥訓講完後，何被賞賜貝三十串，何用來□公的祭器。這時是成王五年[2]。

讀了這篇釋文，問題的答案就在其中。何尊屬於西周初周成王時期，此時的「中國」並不代表國家，也不是國家所領有的空間，而僅表示位居中部方位的一個區域（圖2-2）。

除了唐蘭，張政烺、馬承源等中國歷史學家、古文字學家對何尊銘文中「中國」的詮釋也大致相同。當代學者詮釋「中國」二字並非出於自己的創意，而是有所根據。中國古文字學家于省吾指出，「中國」一詞由「中」和「國」兩字組成，「中」在甲骨文中形狀如有旒旗幟，商王有事立旗幟以召集士眾，士眾圍繞周圍聽命，故「中」的含義由旗幟引申為中央；「國」字的含義則與「邑」相同。「中」與「國」合為一體，自然有中央區域之意。正因如此，先秦文獻中含有「中國」的記載，均表示了這個意思，只不過那時視為中央區域的，或為殷商乃至後來西周的核心區域——黃河中下游地帶，或為京師所在之地。

例如，在《詩經・大

圖 2-2：何尊銘文

雅．蕩》中所說：「文王曰咨，咨女殷商。女炰烋於中國，斂怨以為德……文王曰咨，咨女殷商。如蜩如螗，如沸如羹。小大近喪，人尚乎由行。內奰於中國，覃及鬼方。」這裡的「中國」是指商都或商的基本控制區。另外，在《尚書．梓材》：「皇天既付中國民越厥疆土於先王，肆王惟德用，和懌先後為迷民，用懌先王受命。」這裡的「中國」是指文王、武王伐商及商屬國所在的地區。武王克殷，以周代商，周人所在核心區域就被視為「中國」。在《詩經．大雅．民勞》中：「民亦勞止，汔可小康。惠此中國，以綏四方。」而根據《毛詩注疏》中的解釋為：「中國，京師也。四方，諸夏也」。此處的「中國」指周人國都豐鎬及毗鄰地區。商人居東，周人居西，隨著由西周進入東周，周人的政治中心也由位於豐鎬的宗周移向位於雒邑的成周，伴隨這一遷移，「中國」再次回到殷商時期的位置，即黃河中下游地區。

入周以後，有關「中國」的記載越來越偏重於黃河中下游地帶，即後世所稱的中原地區。《詩經．小雅．六月》序云：「小雅盡廢，則四夷交侵，中國微矣。」《左傳．僖公二十五年》云：「德以柔中國，刑以威四夷。」在這些文獻提到的「中國」均指中原地區，不僅如此，何尊銘文所及「中國」也指中原。在《尚書大傳》中提到：「周公攝政，一年救亂，二年克殷，三年踐奄，四年建侯衛，五年營成周，六年制禮作樂，七年致政成王。」位於雒邑的成周是周公輔佐成王時期營建的，故唐蘭等學者均認為，「余其宅茲中國」為中央之地，即中原地區。

早期「中國」一詞的內涵還擁有一個重要的資訊，無論「中國」代表中央之地還是京師，都不是政治空間，而是具有鮮明的文化區域特徵。凡被視作「中國」的區域，都有著與周邊地區完全不同的風範，這種文化風範就是華夏文化。唐朝經學家孔穎達如此解讀華夏：「夏，大也，中國有禮儀之大，故稱夏；有服章之美，謂之華，華夏一也。[3]」他用禮儀與服章的宏大與華美概括華夏文化的基本特徵，而「中國」所在區域盛行的正是華夏文化，反之沒有這樣文化風範的區域，均不屬於

「中國」。《左傳・魯成公七年》講到吳伐郯事件，對此魯國季文子說「中國不振旅，蠻夷入伐」，就是這樣的事例。吳國先祖本為泰伯、仲雍，均是古公亶父的兒子、周文王的伯父，他們不但不是外人，而且與周天子同為姬姓[4]，但遠在長江下游，全失華夏風範，竟被魯人視作蠻夷，而郯國位於今山東臨沂一帶，深受華夏文化影響，自然被納於「中國」。此時的「中國」不僅代表中央之地，且屬於華夏文化的核心區。

西周時期，人口不多，開發程度也不高，地區之間不僅存在明顯的文化差異，且華夏之風也沒有可能為普天之下效仿，於是，不僅吳、楚不在「中國」之列，位於今四川的蜀也是如此，故西漢經學家孔安國稱：「蜀，叟也，春秋之時不與中國通。[5]」「叟」是那個時代對蜀地民族的稱呼，限於地理條件，叟人至春秋之時與中原地區仍來往不多。文化風範與社會經濟生活方式關係密切，同處於農耕生活背景下的吳、楚、蜀尚不被視為「中國」，生活在中原周邊地帶的非農耕民族，更無法納入到「中國」這一文化空間，而被稱為戎狄、蠻夷。

上古時期，「中國」一詞具有的內涵對後世影響很大，故以後的歷史時期仍然用「中國」表述域間文化屬性的差異，如《新唐書》載：「……姚州，地險瘴，到屯輒死。柬之論其弊曰，臣按姚州，古哀牢國，域土荒外，山岨水深。漢世未與中國通，唐蒙開夜郎、滇、筰，而哀牢不附，東漢光武末，始請內屬，置永昌郡統之。」《宋史》載：「禁掠賣生口入蠻夷嵠峒及以銅錢出中國。」《三朝北盟會編》載：「恐兵革一動，中國昆蟲草木皆不得而休息矣。」南宋學者程大昌的《禹貢山川地理圖》載：「華陰，河行華山之北，故曰華陰，河自北狄入中國皆南行，至此而極。」《乾道臨安志》載：「錢塘自五代時知尊中國，効臣順及其亡也，頓首請命，不煩干戈，今其民幸，富足安樂。」

以上所列，涉及的內容完全不同，但其中「中國」具有的含義卻十分相似，其所指均非政權空間而是文化區域。其中《新唐書》所書姚州，東漢時已經歸為永昌郡統轄，與中原內地有著完全相同的管轄方式，但在唐朝人理念中它仍不在「中國」或「中土」之列。《乾道臨安志》為南宋時期杭州的地方志，其中涉及五代十國時期立國於江浙一帶的吳越。那時南北政權對峙，並無正統與非正統之分，且早已打破了上古時代文化地域隔絕的現象，吳越國不僅擁有與中原地區同樣的禮儀風範，且經濟發展也達到了不凡的水準。儘管如此，上古時期形成的「中國」空間理念並未消退，人們仍然將設在中原的政權視為「中國」。

無論如何可以肯定的是，時至唐宋時期，華夏文化已經傳布到東南西北各地，但將中原地區視作「中國」的理念卻仍然沿承下來，無論涉及政治、經濟，還是自然山川，只要言及「中國」其地理方位均不離商周時期「中國」所在的黃河中下游地區，這一地區或指建立在中原的地方政權，或指中原政權的核心區域。

而在中國歷史的長河中，中原地區並非一直是漢民族政權所在地，那麼，非漢民族建立的政權是否自認為「中國」？其關鍵仍在於政權的政治核心是否位於中原。《金史・食貨志》載：「泰和八年七月，言事者以茶乃宋土草芽，而易中國絲、綿、錦、絹有益之物，不可也」。金王朝的建立者為女真人，金章宗泰和年間已是金人遷都南京（今北京）五十年之後了，隨著政治中心位居中原一帶，金人憑藉擁有華夏文化的核心區而以「中國」自居，反過來對於地處江南、由漢人建立的南宋政權，卻以宋人相稱。《金史》的記載說明了在古人的理念中，判斷是否為「中國」，並不在於政權建立者的民族歸屬，「政權政治核心的位置」與「文化風範」可能更為重要。故金人雖為女真人，但只要擁有了中原之地，仍然不妨礙成為「中國」的代表者。

回顧中國歷史，將華夏文化核心區視作「中國」由來已久，「中國」二字的內涵改變，從文化區轉為政治區，從中原地區到代表我們的國家，始自一六八九年簽訂的中俄《尼布楚條約》。對此我們將《尼布楚條約》中有關內容展示如下：

……康熙二十八年七月二十四日，兩國使臣會於尼布楚城附近，為約束兩國獵者越境縱獵、互殺、劫奪，滋生事端，並明定中俄兩國邊界，以期永久和好起見，特協議條款如左：

一、以流入黑龍江之綽爾河，即韃靼語所稱烏倫穆河附近之格爾必齊河為兩國之界。格爾必齊河發源處為石大興安嶺，此嶺直達於海，亦為兩國之界；凡嶺南一帶土地及流入黑龍江大小諸川，應歸中國管轄；其嶺北一帶土地及川流，應歸俄國管轄。惟界於興安嶺與烏第河之間諸川流及土地應如何分劃，今尚未決，此事須待兩國使臣各歸本國，詳細查明之後，或遣專使，或用文牘，始能定之。又流入黑龍江之額爾古納河亦為兩國之界：河以南諸地盡屬中國，河以北諸地盡屬俄國。凡在額爾古納河南岸之黑里勒克河口諸房舍，應悉遷移於北岸。

「中國」一詞出現在《尼布楚條約》中，但用在這裡的「中國」不再是文化區，而代表的是大清帝國。一六八九年，「中國」第一次被賦予了代表主權國家的含義。值得關注的是，在中國數千年的歷史中，「中國」始終代表華夏文化的核心區，此時清朝簽約大臣使用的是「中國」，而不是大清，其原因仍歸於文化。顯然，清人在國際條約中使用「中國」，明顯含有西洋為化外之邦之意，化外意味著野蠻、落後。儘管用意如此，但此後「中國」一詞逐漸擺脫了標示中心之地與華夏文化核心區的初意，而成為國家全部領土、全部主權、全體人民的代表。

回顧「中國」二字詞義的變化，其意義並不在詞語自身，它象徵著中國歷史進入了一個不同以往的時期，這正是從「家天下」走向「天下為公」的時代，故梁啟超《少年中國》稱：

> 我中國疇昔，豈嘗有國家哉，不過有朝廷耳。我黃帝子孫，聚族而

居，立於此地球之上者既數千年，而問其國之為何名，則無有也。夫所謂唐、虞、夏、商、周、秦、漢、魏、晉、宋、齊、梁、陳、隋、唐、宋、元、明、清者，則皆朝名耳。朝也者，一家之私產也；國也者，人民之公產也。

上下五千年，中國歷史綿長久遠，但以「中國」作為主權國家的代表僅數百年，以數百年之短比萬年之長，真可謂少年中國。

何以中國，從何尊到中俄《尼布楚條約》，涉及數千年的歷史，在這數千年中「中國」擁有的內涵始終與地理相關，不僅如此，其代表的空間起步於中原，最終擁有了整個國家。

4 從「三河為天下之中」到「陶，天下之中」

天下之中是何處？

地理大發現之前，人們認爲所居之地就是天下之中，但司馬遷筆下的天下之中所關注的是「經濟之中」而非「地理之中」。

地理大發現之前，幾乎全世界人都在思考哪裡是「天下之中」，但是在那個時代，所有人對世界的認識都是有限的，最終無論哪裡的人都得出了一個結論：自己的家鄉就是天下之中。於是，我們在秘魯的馬丘比丘，看到了當地人視為天下中心

的那塊大石頭；在烏茲別克的希瓦（Khiva），看到了那裡的天下中心；在屬於智利的復活節島，也有所謂的天下中心……，全世界都有當地人認定的天下中心，想當然耳，中國古人自然也思考過這個問題。兩千年前，司馬遷的《史記》提到了「天下之中」，但他所說的「天下之中」不是地理之中，而是經濟之中。

「昔唐人都河東，殷人都河內，周人都河南，夫三河在天下之中。」、「陶，天下之中。」從「三河」為「天下之中」到「陶」為天下之中，司馬遷在《史記》中兩次提到「天下之中」，雖都位於黃河中下游地區，但兩個「天下之中」並不相同。「三河」為天下的農業之中，而「陶」則為商業之中——從農業之中到商業之中，黃河中下游地區經歷了怎樣的發展歷程？

黃河中下游有著久遠的農業歷史，早在九千多年前，先民就在這裡完成了粟、黍的馴化，自此之後，農業就在沿河兩岸的沖積沃土上落腳生根。地理學評價黃河中下游地區的平原地帶，地勢平坦、氣候溫和，以及疏鬆易耕的黃土沖積層，以上這一切皆是適宜經營農業的自然條件，進而成為一種優勢，故從農業起源至仰韶文化、龍山文化，大河兩岸留下了一連串人類農業活動的軌跡。但是那時人口稀少，生產工具原始落後，被開墾出來的土地只是在聚落周圍狹小的一塊，因此在此形成的農田，只是散布在莽原中的小片點狀區域。

夏、商、周是中國歷史上最早的三個朝代，這時農業雖然擺脫了原始階段，但土地開發能力仍很薄弱，農耕區主要分布在汾河、伊河、洛河、沁河下游一帶。中國古人將黃河支流匯入主河道的三角地帶稱為「汭」，「洛汭」就是伊河、洛河與黃河相匯的地帶；汾河、渭河與黃河相匯之處也同樣會形成「汭」。「汭」在今天是十分陌生的詞彙，但「汭」這樣的三角地帶既有肥腴的沖積沃土，又可依託黃河各條支流發展灌溉，卻沒有黃河主河道的洪水所引發的災難，進而能發展農業，條件得天獨厚。此外，「汭」所在之處又可憑借地形之勢，形成相對封閉的獨立小區域，因此無論是發展農業生產，還是人居安全，都可憑借自然條件獲得保障，自然成為早期農業的首選之地。

司馬遷《史記》中論及天下經濟時稱：「昔唐人都河東，殷人都河內，周人都河南，夫三河在天下之中。」在此司馬遷所說的河東，大致屬於今山西南部，汾河、涑河與黃河主要河道所形成的三角地帶。唐人，是指唐堯統領的部落，而唐堯，就是傳說中三皇五帝之一的堯。唐堯的部落曾以平陽為都，平陽即今日山西臨汾，主要活動區域就在汾河、涑河下游地帶。河內，則指黃河北岸由沁水與黃河形成的三角地帶，大致包括今日的河南沁陽、濟源、安陽等地，這裡是殷商先祖活動的地帶，被稱為「殷墟」的商王朝都城遺址就在今安陽。河南，並非今天的河南省，而是指黃河南岸，伊河、洛河與黃河構成的三角地帶，即今洛陽及周鄰地區，這裡是周人滅商之後，周成王設立成周之都的地方。

唐人、殷人、周人所都的三河地帶，都在大河主、支流相匯的諸「汭」，得益於這樣的自然條件，這裡曾是當時農業經濟最發達的地區。「三河在天下之中」，此時既是司馬遷認定的天下地理中心，也是憑藉農業而贏得的經濟中心。司馬遷用「天下之中」強調「三河」的經濟地位，而這個地位是建立在農業基礎之上（圖2-3）。

「三河」地帶之所以被司馬遷視作「天下之中」，諸「汭」自身的農業基礎是先決條件，此外地區間的對比也是其中的緣由。那時人口稀少，勞動力不足，「三河」範圍並不大，天下

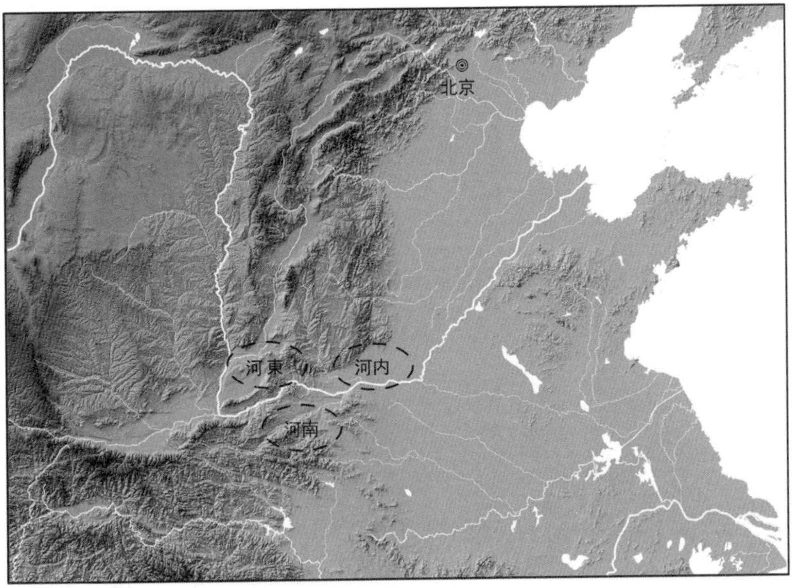

圖 2-3：「三河」爲天下之中

農耕區也沒有相連成片，農田主要分布在城邑附近，遠離城邑的地方或為遊牧民族活動區域，或保持自然界的原生態面貌。《左傳》中有這樣一個故事，春秋時期，晉獻公的兩個兒子重耳和夷吾的封地分別在「蒲」與「屈」——蒲在今山西隰縣西北，屈在今山西吉縣東北。由於權位之爭，兩位公子為父所迫，都打算離開封地逃到白狄那裡，後來重耳確實去了。狄人，應屬於持畜牧生產方式為主的族群，他們就活動在蒲與屈附近，城邑以外的空間更多是他們的活動區域。這種農牧混雜、華夷混居的狀況，不僅山西如此，河洛一帶城邑控制圈以外的地方，也同樣是大片荒野。正因為這時農耕區或人們的農業活動區域還沒有連成片，因此經常出現敵國軍隊深入境土很遠，卻還沒有被國人發現的情形。

鄭國商人弦高以勞軍之名，擋住了入侵的秦國軍隊，這是為人所熟知的一段故事。秦國位在關中，鄭國地處今河南西部，敵國大軍遠道入境，若不是巧遇弦高，竟無人得知，可見這時遠離都邑的地方還是草莽原荒。這一時期地廣人稀，無論是為人稱著的三河地帶，還是其他支流環抱的河「汭」，農耕區都呈島狀分布。

島狀農耕區的消失與黃河中下游地區被成片地開發，發生在春秋末、戰國時期。在以大併小、以強淩弱的兼併戰爭中，春秋時期的齊、魯、宋、鄭、秦、晉等國及戰國七雄中的魏、齊、秦、趙相繼強大起來，這些國家大多在獎勵軍功的同時，積極鼓勵人口生育，發展農業生產，這一切大幅促進了黃河中下游地區的經濟發展。隨著人口增加，島狀農耕區逐漸消失，許多未被人類活動擾動的地區及遊牧民族活動區域，相繼被開發成農田。整個黃河流域經濟發達區也不再限於「三河」一帶，各諸侯國國都周圍都形成了區域性的經濟中心。例如，以秦都咸陽為中心的關中地區，以齊都臨淄為中心的山東中部，以魏都大梁為中心的豫中平原，以趙都邯鄲為中心的太行山東麓地帶，都以發達的經濟而著稱於史。

司馬遷筆下「三河」為天下之中的時代屬於夏、商、周三代，從那時又過了五百多年，進入戰國時期，此時司馬遷又提出「陶，天下之中」。陶，在那裡？這是春秋時期曹國的都城，今天的山東定陶。春秋時期，在天下諸侯中，曹國並不是一個強國，並在西元前四八七年被宋所滅。後人對於曹國能夠記得住的事大概就是《左傳》所載：晉公子重耳逃亡至曹國，「曹共公聞其駢脅，欲觀其裸。浴，薄而觀之」。據說，重耳肋骨相連為一體，曹共公為一睹以證其實，乃乘人淋浴而觀之，無論如何這都不是一個體面的舉動。然而，就是這樣一個在春秋時期並非以其強而載入史冊的國家，其都城卻在司馬遷筆下被再次納入「天下之中」，這其中有著怎樣的歷史過程？

說到曹國都城「陶」，從默默無聞到一鳴驚人，其中的緣由要歸於「運河」。提起運河，恐怕人們首先想到的是隋唐運河、元明清京杭大運河，那麼與陶相關的運河是什麼時代？這段運河的開鑿者是吳王夫差，開鑿的時間自然也是春秋晚期。春秋時期，吳、越是兩個江南大國，且為爭霸戰爭不斷。西元前四九四年，吳王夫差率領吳國擊敗越國，並令越王勾踐入吳為奴，這是一段大家並不陌生的歷史。然而，僅在江南稱霸，吳王夫差並不過癮，他決定赴「黃池之會」，與中原霸主晉定公爭霸天下。會盟之期在西元前四八二年，會盟之地在今河南封丘。吳國位於江南，吳王為了隨行一併北上，採用南方水鄉習慣，憑舟楫以通天下，從長江起步，首先開鑿了連接長江、淮河的運河邗溝，從江至淮，循淮河北岸支流泗水繼續北上，至中原水路斷絕，吳王繼續在泗水與黃河南岸支流濟水之間，開鑿了「菏水」這條運河，再由濟水進入黃河抵達封丘，順利完成會盟。吳王開鑿的運河菏水與濟水相交之處，就是陶（見彩圖1）。

自從運河與陶相連接之後，就改變了陶的交通區位。陶原本並無重要道路經過，有了菏水之後，透過水路交通，西北方向通過濟水進入黃河，東南由菏水、泗水進入淮河，繼續向南就是長江下游，這樣的交通區位可謂四通八達，而這樣的水路交通，為陶聚攏了天下物資、天下商機。司馬遷《史記》中記載了這樣一個人物——范蠡，這是當年追隨越王勾踐赴吳國為奴的大夫，後來勾踐成功復國後，范蠡認為勾踐屬於只能共患難、不能共用太平的君主，為了避難，他駕輕舟，下五湖，一路北上，來到了陶。司馬遷文中的「朱公」就是范蠡，「朱公以為陶天下之中，諸侯四通，貨物所交易也。乃治產積居，與時逐，而不責於人」。由於善於經營，「十九年之中三致千金」，因范蠡這番成功的經商業績，後世以陶朱公相稱，並將其奉為商業業主。范蠡的成功在於個人能力，陶的交通區位優勢自然功不可沒。陶成就了范蠡，也成就了自身「天下之中」的地位。

范蠡的成功告訴我們，「陶，天下之中」，是為天下的商業中心。司馬遷所在的時代，正是討論農、商何為重的時代，諸多主張之中，司馬遷屬於重商一派，他曾用讚賞的口吻寫道：「用貧求富，農不如工，工不如商。」司馬遷強調致富、致大富，靠的就是「奇巧」，而不是本業。從商不但致富快，且很重要，「農而食之，虞而出之，工而成之，商而通之」，這是說，各行各業缺一不可，商業與其他行業具有同等地位。正由於司馬遷認為商業在社會中擁有不可替代的作用，因而在討論天下經濟時，敏銳地將視角投向了「陶」這一在運河帶動下獲得商機的「天下之中」。

從「三河」為天下之中，到「陶」為天下之中，從農業帶來的繁榮到商業煥發的昌盛，兩個天下之中詮釋的是黃河中下游地區幾百年內經濟發展走過的路徑。春秋戰國是一個百家爭鳴的時期，正是如此，經濟發展沒有既定方針，也不存在一定的規則，有「重農抑商」的秦國，也有「五業並舉」的齊國，陶則是因菏水帶來的機遇而興起的商業中心。反觀中國歷史，建立在農業基礎上的經濟中心代代皆有，但憑借商業而崛起的天下之中卻不多見，也許，這樣的輝煌只有在春秋戰國這樣的時代才會產生。

若說後話，陶可謂成也運河，敗也運河。漢武帝時期黃河於瓠子決口，大河南下，淹沒了菏水，陶失去了促其繁華一時的交通條件，自此再度回歸平凡。

5 都江堰與天府寶地

都江堰存在什麼奧祕？

兩千年前古人就已知河流彎道會產生離心力，遂利用各種工程措施，達到排砂減淤的作用，使都江堰可以長期爲後人所用。

都江堰是中國著名的水利工程，兩千多年來這項水利工程潤澤天府，造福民生，久遠不衰，不但使成都平原成為沃野千里、旱澇無虞的天府寶地，而且工程本身也無愧於被稱為中華文化的瑰寶。

都江堰位於四川省灌縣境內，相傳為秦昭王時（西元前二七六至西元前二五一年）蜀郡太守李冰父子，在蜀人治水經驗的基礎上所興修的水利灌溉工程。

成都平原位於四川盆地西部，由岷江、沱江等河流沖積而成。岷江在灌縣以上河段流經山區，因此至灌縣時落差大、距離短，江水從山區進入平原流速高且夾砂帶石。在都江堰水利工程修建之前，平原上河網密布，川流交錯，這些聽起來都是十分優越的農業生產條件，卻因岷江的洪水無拘無束、洶湧無羈而年年成災；可以想像，那時的成都平原並非今天的面貌。

「江水初蕩潏，蜀人幾為魚。向無爾石犀，安得有邑居？」這是唐人岑參《石犀》一詩中描述的景象，雖然岑參不是戰國人，但是唐朝留下的關於成都平原的記載比我們這個時代多，而岑參的詩作是有感而發。「江水初蕩潏，蜀人幾為魚」描寫的就是當年蜀人的困境，水患頻繁，人的日子過的和魚也差不多了。這樣的水患，在李冰任蜀郡太守時徹底改變了，這就是《史記》所載：「蜀守冰，鑿離碓，辟沫水之害，穿二江成都之中，此渠皆可行舟，有餘則用溉浸，百姓享其利。」沫水就是岷江的正源。《華陽國志》載：「冰乃壅江作堋，穿郫江、檢江，別支流，雙過郡下，以行舟船……又溉灌三郡，開稻田，於是蜀沃野千里，號為陸海，旱則引水浸潤，雨則杜塞水門，故記曰：水旱從人，不知饑饉，時無荒年，天下謂之天府也。」

中國歷史上從來不乏興建水利工程的事例，其中與都江堰齊名的水利工程，如芍陂、漳河引水渠、鄭國渠等，都曾憑藉造福一方的成就而在歷史上留名，但它們的輝煌只停留在歷史時期，隨著時間的流逝、歲月的推移，或早已淹沒無存，或化為遺跡；留存在古人的記載與考古學界的探索中，唯有都江堰歷經兩千多年，不僅仍然保持著當年的光彩，造福於地方，且日新月異，迭有創新。面對都江堰水利工程創造的奇蹟，我們不禁要問，都江堰工程究竟存在什麼奧祕，且在兩千多年中時進時新？都江堰水利工程沿江自上而下，依次為百丈堤、都江魚嘴、金剛堤、飛沙堰、人字堤、寶瓶口等部分，其中都江魚嘴、飛沙堰、寶瓶口是整個工程中最重要的部分，都江堰所有的奧祕與智慧就在其中。

解讀都江堰的奧祕，就從工程各個組成的功能開始。岷江進入灌縣，都江堰工程透過魚嘴將江水分為內、外二江，這就是《華陽國志》提到的郫江與檢江，其中外江為岷江正流，內江則為灌溉、航運之用。都江魚嘴為塊石砌成的石埂，其形狀與魚嘴相似，因此得名。與魚嘴相連的工程有百丈堤、金剛堤，百丈堤建在都江魚嘴上流，其作用是引導水流和防護江岸；金剛堤緊接魚嘴兩側，分為內金剛堤與外金剛堤兩部分。都江魚嘴以及相接的百丈堤、金剛堤的修建，使外江成為洪水以及砂石的固定排泄通道，內江則直接將人們需要的灌溉用水引向平原上的政治、經濟中心——成都（圖2-4）。

由於內江是輸送到平原的真正水源，所以都江堰工程的核心都作用在內江。岷江發源於萬山之中，山高水急，上源河道平均比降為八．二‰，坡陡流急，徑流與攜帶砂石量都很大。若都江堰工程單引水，不排砂，整個工程就很難持久，然而利用飛沙堰，都江堰成功地解決了溢洪與排砂問題。

飛沙堰是內江分洪減淤入外江的工程，其中溢洪的功能是透過低堰達成的。飛沙堰溢流段長約二八〇公尺，高約兩公尺，為竹籠裝石砌成的低堰，當岷江來水量達每秒六〇〇立方公尺，內江分流為每秒三四〇立方公尺時，江水可全部引入寶瓶口用於灌溉；如內江來水量增大，超過每秒五〇〇立

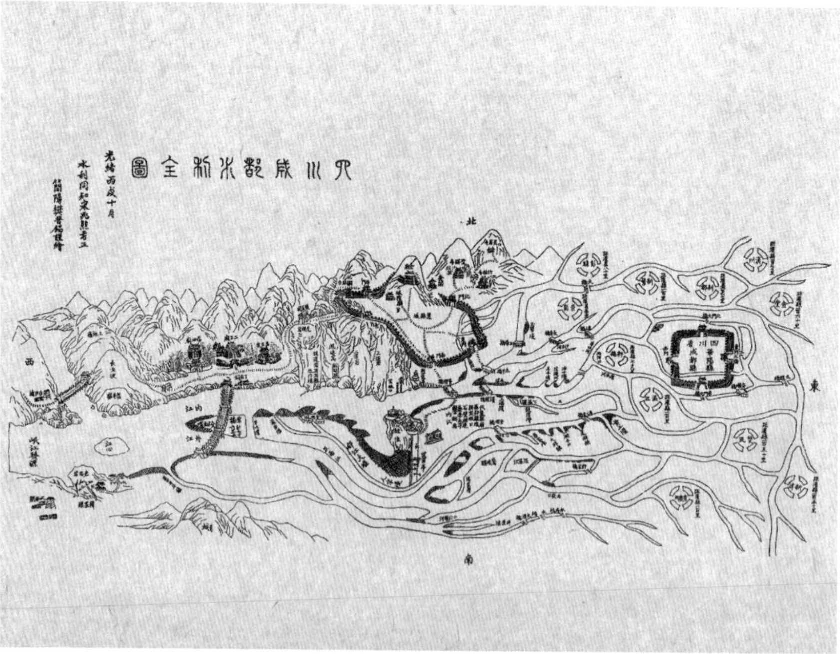

圖 2-4：《四川成都水利全圖》，清光緒年間繪製

方公尺時，即有部分內江水流從堰頂溢入外江，流量特大時，洪水會把堰衝垮，直接泄入外江，確保內江灌區的安全。低堰溢洪的技術，類似於當代的攔水壩，水量正常時，低堰足能發揮作用，保證內江水量；洪水期，多餘的江水則越過低堰進入外江。低堰是進入內江水量的調節器，有了這樣的調節，任何季節，成都平原都不會因洪水而鬧災。

飛沙堰不僅具有溢洪功能，還可以解決排砂問題。一項水利工程能否長期使用，「排砂減淤」是至關重要的作用。飛沙堰的排砂功能之所以成功，與選址有關；水利部門進行的實地勘測告訴我們，飛沙堰的位置選在了河道的凸岸。自然界河道的形成受地球自轉偏向力的影響，都是彎曲的，而彎曲的河道就存在凹岸與凸岸的差別。河水流動過程中水分子運動並非直線，而是呈螺旋形運動，行至河流彎道，在離心力的作用下，底層水流不斷由凹岸流向凸岸，底砂也隨之流向凸岸，當飛沙堰排泄多餘洪水時，泥沙便隨水流一起甩入外江，從而做到排砂減淤的作用。

李冰修建都江堰，保障溢洪、排砂的措施並非僅此而已，他還採取了多次強化溢洪、排砂的工程措施，這一技術措施就表現在寶瓶口。寶瓶口是控制內江流量的咽喉，因形狀像瓶口而得名，口左稱玉壘山，口右稱離堆山。相傳寶瓶口未開鑿之前，離堆是深入江心的山體，那時沒有炸藥，寶瓶口的開鑿主要採取的是古代相沿的燒石開山法，即燒熱石頭，澆上冷水，利用熱脹冷縮原理，製造裂石。「燒石開山法」是一項巨大的工程，透過這項工程開通了寶瓶口。寶瓶口作為都江堰水利工程的重要部分，主要功能在於與飛沙堰配合，增強溢洪減淤的作用。

寶瓶口增強溢洪減淤所採取的技術表現在寶瓶口、離堆與內江水流的位置關係中。從平面上看，岷江上游主流方向正對著離堆，與寶瓶口口門持有一定角度，發生洪水時，江水直沖離堆流瀉而下，由於離堆的阻擋產生壅水效應，江水上漲，隨後江水向左轉，沿垂直方向流向寶瓶口，並在口門形成渦流，再一次產生阻水效應，進而繼續抬高水位。經過兩次抬升的江水，增大了通過飛沙堰的溢洪量，因此洪水期進入內江的水量越大，通過飛沙堰甩入外江的溢洪量也越大，在發生特大洪水時，八十%的水流可以通過飛沙堰溢入外江，發揮「水旱從人」的作用。

都江堰各部分工程在分流之後，最終達到了溢洪、排砂的整體效果，正是這樣的效果，使都江堰在兩千多年中始終發揮著灌溉作用。都江堰水利工程集智慧與科學技術於一體，分流只是工程的前提，「飛沙堰位置」與「離堆位置」的確定是其關鍵，而飛沙堰與離堆位置的確定與這兩項工程的作用是相輔相成的，這意味著兩千多年前中國人已經意識到，河流彎道會產生離心力，當江水與前進方向上的障礙物呈直角相交時會產生壅水效應。而將這些科學原理應用在實踐中，許多工程措施在當代也不過時，其中低堰溢洪排砂在今天的河道工程中依然不乏其例。

自李冰父子主持工程修建之後，幾乎歷代在成都為官的官員都對都江堰的修繕與改進做出過貢獻。都江堰水利工程完成之後，造福於成都平原，讓這裡獲得了「天府之國」的美稱。古人所說的「天府」指天子之府庫，只有物產豐盛、沃野千里之地，才擁有「天府」之實，而所有這一切都得益於都江堰。今天都江堰水利工程進入了一個全新的發展階段，成都平原以灌縣為頂點，以金堂、成都為底，呈三角形，面積達六千五百平方公里，包括灌縣、郫縣、崇慶、崇寧、彭縣、新都、新繁、華陽、成都、金堂、溫江、雙流、新津、廣漢十四縣。

在成都平原上，都江堰的灌溉面積從歷史時期的最高點三百萬畝，擴大到如今的近一千萬畝，為這項古老的水利工程譜寫了宏偉壯麗的一頁。中國歷史上留下的神奇與驕傲太多了，都江堰只是其中之一。都江堰的出現，成就了成都平原「天府之國」的地位，為川西營造了一片沃土。

我相信到過都江堰的人很多，作為遊客關注的重點往往停在二王廟與跨江索橋上，其實這兩處熱門景點與都江堰工程本身無關，二王廟是後人紀念李冰父子之處，跨江索橋的用處只在於過江。工程的偉大與神奇，都在那些看似尋常的石塊與江水所經之處，而這一切恰恰是被我們所忽略的。

6 往日山東、山西與今日山東、山西

山東和山西之間沒有山脈，爲何以山命名？

往日山東、山西確實以山爲界，先是崤山，後爲太行山；今日山東、山西則是從金代以降與地理內涵無關的行政單位。

山東、山西為今日的兩個省，按照地名命名慣例，兩省之間應有一條山脈，就此界分東西。但是翻開地圖會發現山東、山西之間還有河北省，那麼界分兩省的那條山脈呢？既然兩省既不相鄰，又無山為界，為何各稱山東、山西呢？這是很多人都會產生的疑惑。其實今日的山東、山西並非往日的山東、山西，而往日山東、山西確實以山為界，那麼，往日到今日發生的變化有著怎樣的歷史淵源呢？

提及往日的山東、山西，需從關中說起。關中得名於「形勝之區、四塞之國」的地理形勢，八百里秦川，三面為山，一面為河，山河之間形成的交通道路，險要地帶即成關口。關中，就是一處被眾多關口包圍其中的地帶，而在眾多關口之中，通向東方的函谷關最為重要。

函谷關位於今河南靈寶市境內，那是一處夾在黃河與崤山之間的狹窄孔道，南面為崤山，北面是黃河。大約商周時期，這山河之間的險要地帶就設置了關口；函谷關設關之後，不僅成為東西往來的必經關隘，也由此界分出了關東、關西，以及山東、山西。若以函谷關為界，關口以東地帶為關東，關口以西地帶是關西；若以崤山為界，則崤山以東為山東，崤山以西屬山西。就地理範圍而言，函谷關與崤山對應，關東與山東對應，關西與山西對應，因此，在古人話語中或用關東、關西，或用山東、山西，兩者之間對應的地理空間是一樣的。

那麼，那時的山東包括哪些地區呢？以今天各省而論，山西、河南、山東的全部，以及河北的大部分都在其中；而山西則指關中地區，即今天的陝西省中部。那時界分山東、山西的山是崤山，於是我們可以在《史記》中看到這樣的話語：「蘇秦約從山東六國兵攻秦。」《史記》中提及的山東六國，指的就是位於崤山以東、戰國七雄中秦以外的齊、楚、燕、趙、魏、韓。《漢書》中有云：「秦漢已來，山東出相，山西出將。秦將軍白起，郿人。」秦將白起，位列戰國四大名將之首，家鄉在郿縣，而郿縣位在關中，屬於陝西。

崤山與函谷關的對應關係，往往在古人話語中呈現為「崤函」並列使用，賈誼《過秦論》開篇之處的「秦孝公據崤函之固」即是一例。雖然古人話語中，山東、山西在地理空間上成東西並列的兩片，但事實上這兩片土地大小差異懸殊，山西所在的關中只有三萬多平方公里，而山東則是天下的核心所在，正是如此，從關中通向東部的函谷關在眾關之中最為重要，發生在這裡的故事也最多。

在那些故事中，當屬「雞鳴狗盜」最為著名，相關的人物和內容就記載在《史記》中。戰國時期著名的四公子分別是齊國的孟嘗君、趙國的平原君、魏國的信陵君、楚國的春申君，他們都有顯赫的家世、智慧、才華、為人信譽等，由此被稱為「四公子」，而「雞鳴狗盜」的故事就與齊國的孟嘗君有關。

我們不妨回顧一下故事的主要情節。孟嘗君是齊國頗負盛名的貴公子，一次他奉命作為外交使者出使秦國，秦昭王和手下早就聽說過孟嘗君是個賢才，他們見到孟嘗君後立刻確認，傳說都是真的，孟嘗君確實是一個極富才華與智慧、卓爾不群的人物。於是有人就對秦昭王說，這樣一個人物若輕易把他放回去，對秦國來講豈不是一個重大的威脅嗎？我們能不能設法把孟嘗君留在我們秦國呢？昭王一想，有道理，如果他回到齊國，為齊王所用，一定會對秦造成威脅。孟嘗君聽到這樣的消息，當然不想留在秦國，那他怎麼辦呢？

戰國時代，貴公子們有一種習慣——養很多門客，門客們有各式各樣的技能，比如有人善武，有人善文，如此一來，在這些貴公子或政治人物有需求的時候便能發揮他們的作用。那時，被困在關中咸陽的孟嘗君就面臨著這樣的需要，於是門客告訴他，秦昭王身邊有一個寵姬，如果能說服她，給昭王吹吹枕邊風，問題就解決了。孟嘗君就去拜會這位寵姬，女子很快就答應了，但是有一個條件，她說，你見秦王的時候，送給他那件白狐袍子我很喜歡，你再給我一件，我就幫你說好話。然而孟嘗君就只帶了一件白狐袍子，沒有第二件，該怎麼辦呢？這時，門客中的一位挺身而出說，這事兒包在我身上。這個門客沒有文韜武略，但擅長偷竊，於是悄悄潛入秦宮，把袍子偷了出來，再由孟嘗君獻給那位寵姬。果然，一切如願，秦王決定放孟嘗君回齊國。

孟嘗君得到這個消息後非常高興，趕緊取得了出關公文，連夜奔向東邊的函谷關。走到函谷關的時候天還黑著，按規定守關將士要天亮雞叫時才能開門，但孟嘗君很著急，因為他怕秦王反悔。這時，手下門客中又有一人站出來，此人會學雞叫，相當於今天的口技。果然，他那幾聲雞叫學得著實逼真，周圍的雞也紛紛隨之齊聲高唱，守門的將士聽到雞叫以為即將天明，就把城門打開了。孟嘗君一行衝出關門，一路狂奔。不出所料，孟嘗君離開函谷關不久，秦王便反悔了，但孟嘗君已經離開秦國地界，這時再追也沒有用了。孟嘗君用雞鳴狗盜之技，成功逃脫秦國。由此，雞鳴狗盜這微末之技被載入史冊，函谷關的存在也因而深入人心。

戰國時期，崤山成為山東、山西之界，到了西漢中期，界分山東、山西或關東、關西的界限有了改變，這件事起於楊僕。對此，《漢書》中有這樣的記載：漢武帝元鼎「三年冬徙函谷關於新安」。針對這件事，東漢人應劭注曰：「樓船將軍楊僕，數有大功，恥為關外民，上書乞徙東關，以家財給其用度。武帝意亦好廣闊，於是徙關於新安，去弘農三百里。」原來，將軍楊僕擁有大功，漢武帝決定封他為關外侯，但是他「恥為關外民」，請求皇帝移關，他好做個關內人。最不可思議的是，漢武帝竟然答應了楊僕的要求，將函谷關從今靈寶市向東遷移至一百四十多公里外的新安縣（圖2-5）。

冷兵器時代的「關口」事關軍國大事，尤其函谷關這樣的險關要地，豈能隨便移動！然而仔細推敲，移關恰恰在漢武帝的計畫之中。這一問題在歷史學界的研究中已經有了結論：漢武帝為了加強中央政府直接控制區的實力與空間，於元鼎年間推行「廣關」政策。「廣關」就是將關中的傳統空間向四方擴展，透過這一舉措不僅函谷關東移，同時關中的東北界

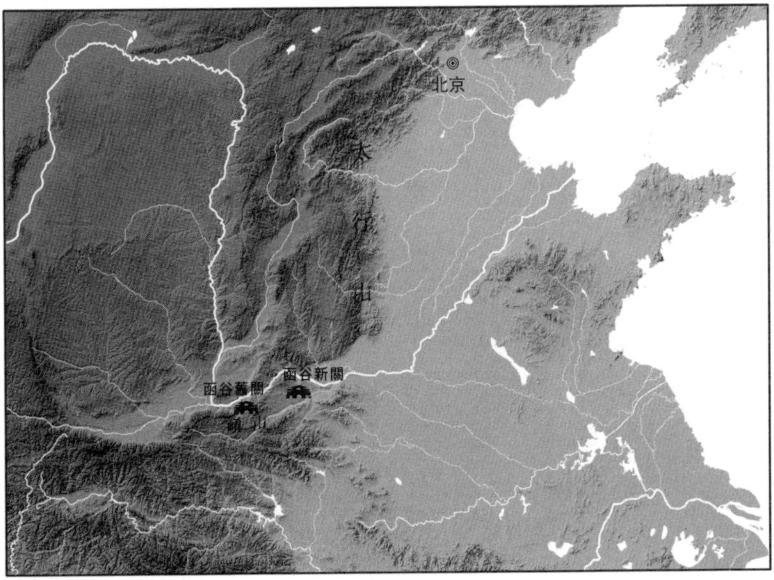

圖 2-5：山東與山西

也由以臨晉關（即蒲津關）為標誌的黃河一線，向東推進至太行山一線。與關中東界的移動同步，其他關口位置也都做了移動[6]。瞭解了移關的真相，再回到楊僕不願意做關外人的請求，我們不免懷疑，楊僕就是漢武帝為了實現「廣關」而安排的「托」。

漢武帝「廣關」之後，太行山是否成為山東、山西的分界？《漢書》中的一段記載對於瞭解這一問題十分有意義：「（漢成帝陽朔二年）秋，關東大水，流民欲入函谷、天井、壺口、五阮關者，勿苛留。[7]」此時的函谷關已從今河南靈寶市東遷至新安縣，而天井、壺口、五阮關均位於太行山上，流民從關東入函谷等關。這意味著關東仍指函谷關以東地區，只不過此時的函谷關已經東移，於是函谷新關與太行山構成的共同界限，成為關東、關西，以及山東、山西之界。正是如此，漢武帝之後再談及山東、山西，界分兩地之間的山脈就是太行山了。這一地理界限就此形成，並為後世繼承。宋人文讜為唐人韓愈詩句「銜命山東撫亂師」所作的注曰：

「自太行而東皆謂之山東。[8]」即太行山為山東、山西之界，此時山東屬於太行山以東地區，包括今天的河北、山東，而山西則包括今天的陝西、山西等地。顯然，自漢武帝「廣關」之後，儘管界分山東、山西的山有了變化，但以山為界的實質沒有改變。

何時山東、山西無山為界了？南宋王十朋為北宋蘇軾的詩句「半掩落日先黃昏，削成山東二百郡」所作注稱：「杜牧云：山東王不得不王，霸不得不霸，指今之河北也，謂之山東，蓋太行山之東也。」而「今所謂山東，乃古之齊地，青、齊是也」[9]。這是說，在唐代，山東尚指太行山以東河北一帶，而時至南宋與金南北對峙時期，山東已向東推至青、齊之地，即今山東。既然如此，又是什麼原因令山東、山西無山為界了呢？這樣的變化源於金代設立山東東路、山東西路這兩個以山東為名的一級行政區，這時的山東兩路全與山無關。從金代與山無關的山東，沿承至明清兩代為山東布政使司，再到後來就是今天的山東省，近千年來，山東、山西不僅無山相界，且隔河北相望。

站在歷史的角度回顧山東、山西地理概念的變化，憑藉函谷舊關界分關東、關西或山東、山西，是以關中為「根本之地」，突出軍事戰略的結果；而以函谷新關與太行山劃分山東、山西則更多考慮的是政治控制；至宋、金時期，山東退至青、齊之地，既失戰略根本之地，又失政治控制之意，最終成為與「山東」地理內涵無關的行政單位了。

第三章 秦漢

7 何謂東西？

中國大地上有一條隱形的界限？

這條隱形界限存在了兩千多年，且無論從古至今這條線如何被定義，都與年降雨量四百公釐等值線——農牧交錯帶吻合。

「駿馬秋風冀北，杏花春雨江南」為中國畫家徐悲鴻所作、經中國畫家吳冠中改動的一副對聯，寥寥兩筆就將中國西北、東南大地的風光勾勒得傳神入畫。大約就在這副對聯寫就的那些年，中國地理學家胡煥庸用另一種方式表達了中國的東西之別，就是「胡煥庸線」。

「胡煥庸線」也稱「璦琿—騰衝線」，線的兩端分別對應著黑龍江璦琿（今黑河市）與雲南騰衝。以此線為界，線東南占中國國土面積的四十三・八％，卻生活著九四・一％的人口，這裡的經濟生產以農耕為主；線西北人口密度極低，五六・二％的國土上，人口只在全國占五・九％，遊牧生活是這裡的主旋律。胡煥庸用地理學家的視角，觀察到了與畫家筆下同樣的風光。

如果說「胡煥庸線」是二十世紀三、四十年代，界分中國東西的一條人文地理界限，那麼兩千多年前司馬遷在《史記》中也劃出了一條東西之界。司馬遷同樣以社會經濟為考量標準，將天下劃為山西、山東、江南與龍門—碣石以北四個區域，其中山西、山東、江南均為農耕區，物產或為穀，或為布，或為絲苧，或為魚鹽，唯有龍門—碣石以北所產為「馬、牛、羊、旃裘、筋角」。龍門—碣石一線，就是兩千年前的中國東西之界，龍門位於今陝西韓城市，碣石則在河北昌黎縣。

從司馬遷所在的時代，又過了一千多年，十世紀初契丹人在西拉木倫河流域建立了遼王朝，而在二十四史中的一部《遼史》中，記述了契丹人視角下的地區差異：「長城以南，多雨多暑，其人耕稼以食，桑麻以衣，宮室以居，城郭以治。大漠之間，多寒多風，畜牧畋漁以食，皮毛以衣，轉徙隨時，車馬為家。」這次，遼人用來標定區域的界限是「長城」。遼、宋之間沒有修長城，唐代也沒修長城，因而此處作為界限的長城最有可能是北朝長城。北朝長城從北魏、東魏、北齊陸續修築，若將其聯為一體，大體成Y形分布：一條循陰山山脈經五原、固陽、武川、集寧、張北，連接燕山南麓，抵河北撫寧；另一條沿太行山在居庸附近匯入燕山南麓，長城南北同樣有著「耕稼以食」與「轉徙隨時」的農牧之別。

從司馬遷到胡煥庸，兩千多年來界分東西的這條線無論如何定義，有一個事實是共同的，那就是：在界限東西兩側，農與牧這兩種生產方式始終沒有改變。兩千多年中，歷史舞臺上不知發生了多少驚天動地的巨變，東西兩片土地上的人們卻用不變的生產方式走過了時光歲月。

於是，一個問題呈現在我們面前：東西界限背後是否存在決定性作用的力量？當代地理學告訴我們，中國大地上有一條隱形的界限，就是年降雨量四百公釐等值線。「雨露滋潤禾苗壯」，農作物需要灌溉，年降雨量四百公釐等值線以東、以南的東南之地，降雨能夠滿足農作物生長需要，北方旱地、南方水田都分布在這裡。與此相對，這條降雨量線以西、以北，卻因降雨量稀少而氣候乾旱，除了有水灌溉的黃河河套與祁連山、天山腳下的綠洲，其他地區皆很難發展農業。與農業面對的困境不同，西部成為畜牧業的天堂。當代科學詮釋的理念古人未必明瞭，但置身其間，他們清楚地感覺到了東西之間人與地的差異。若仔細推敲，無論是司馬遷的龍門—碣石一線、《遼史》中的長城南北，或胡煥庸的璦琿—騰衝線，貌似其間有別，但根本都建立在共同的降雨量基礎上。

司馬遷的龍門—碣石一線也好，「胡煥庸線」也罷，界限東西，各為農、為牧，界限本身自然就是農牧交錯帶。「農牧交錯帶」是我們並不陌生的概念，今人透過大量觀測資料劃定了這一地帶，古人則是在生產活動的摸索中意識到它的位置。何以為證？翻開當代地圖我們會看到，明代長城幾乎就落在年降雨量四百公釐等值線上，兩者之間的驚人吻合說明了一個問題：古人清楚地知曉農牧交錯帶的位置，正因如此，他們才將長城這道防禦工程設在這裡（圖3-1）。

當代地理學告訴我們，農牧交錯帶不僅是農牧兩種生產方式

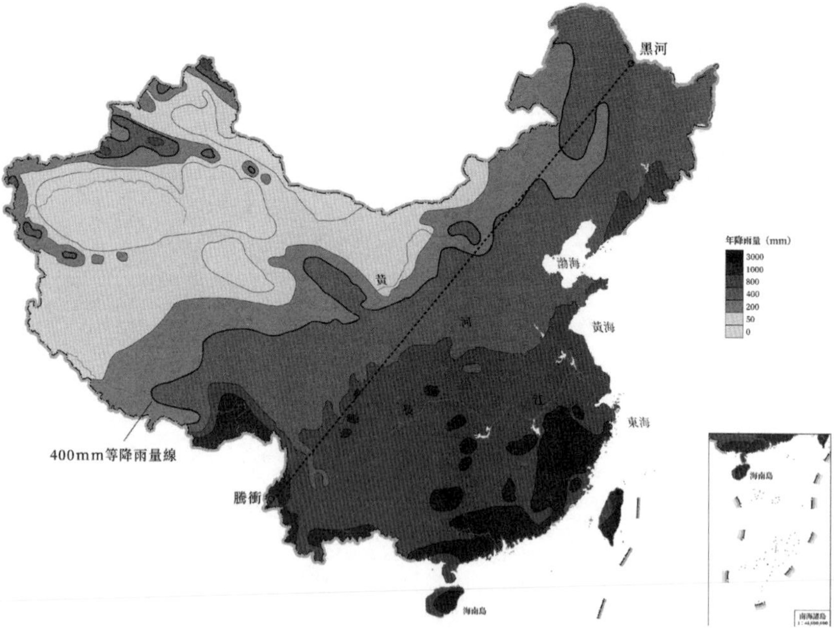

圖 3-1：中國降雨量分布圖與「胡煥庸線」

交錯分布的地帶，也是生態脆弱地區，只要在這一地帶發生非理性的開發，都會引發嚴重的環境後果，同樣地，全球變化導致的任何波動，都會在這裡產生明顯的反應。那麼除了這個共同點之外，農牧交錯帶在中國大地上還有其他的意義嗎？

「青海長雲暗雪山，孤城遙望玉門關。黃沙百戰穿金甲，不破樓蘭終不還。」這是唐代詩人王昌齡的邊塞詩作，千餘年來一直為人所傳誦。儘管歷史上發生在邊塞的那一幕幕戰火硝煙早已遠去，但只要提及與開疆拓土相關的那些人與那些事，仍會讓人熱血沸騰。然而，很少有人注意，為什麼那些烽火狼煙、金戈鐵馬的古戰場總在西部。攤開地圖，一個清楚的地理地帶呈現在我們面前，這就是年降雨量四百公釐等值線所在之處，即中國北方農牧交錯帶。

降雨量制約著人類的經濟生活方式，年降雨量四百公釐是農業生產的底線，從年降雨量四百公釐等值線向西、向北，氣候越來越乾旱。在這片深處歐亞大陸腹心的土地上，僅有小片綠洲地帶可獲得高山冰雪融水的滋潤；廣大的高原山地沒有農耕生產的條件，而成為了畜牧業的基地。在農業與畜牧業之間，耕作在土地上的農民，面對著馳騁在馬背上的草原民族，貌似並不具備優勢的定居生活卻成為守疆固土的法寶，即使在國力最弱的王朝，國家堅守的疆域底線不是軍事要塞與鎖鑰之地，而是農業生產能夠持續進行的地帶——年降雨量四百公釐等值線，這條線既是中原王朝守疆固土的底線，也是新生疆土拓延的起點。

清以前的各個王朝，周邊民族的族屬雖然不同，但中原王朝與周邊民族互有進退的土地之爭與文化交融，始終沒有離開農牧交錯帶。農牧交錯帶既是新生疆土的增長點，也是疆域內縮的終止線。今天我們看到漢唐盛世的版圖，總會激動不已，但理性地看待這個問題就會發現，歷史上多數王朝的版圖，並沒有停留在開疆拓土的盛期，疆域延伸只是一時間的狀態，不能代表整個王朝統治時期的情況。雖說東漢時期對於西域的經營，班超投筆從戎、萬里封侯，是一件為歷代傳頌且彪炳青史的佳話，但從西元七十三年班超出使西域到九十一年任西域都護，以及此後兩任繼任者坐鎮，再至一〇七年西域都護撤任，共三十四年。這三十四年可以看作東漢政權掌控西域的時期，但時長在東漢王朝一百九十五年的歷史中僅占六分之一，隨著西域都護的撤銷，西域再次陷入匈奴人的控制之中。

再看唐代，《新唐書．地理志》載：「開元、天寶之際，東至安東，西至安西，南至日南，北至單于府。」這描繪的是唐代版圖最大時期疆域的四至，此後隨著「安史之亂」爆發，盛極一時的唐王朝江河日落，西域先後為回紇、黠戛斯、吐蕃控制，至張義潮收歸河西之前，河西走廊及其以西地區幾乎不為唐王朝掌控；東北契丹、奚等民族也脫離了唐王朝；至九一六年，契丹首領耶律阿保機建立了遼王朝。十世紀初，交州土著勢力漸大，脫離唐王朝統轄自稱節度使，九三九年，吳權稱王，徹底脫離中原政權。

開元、天寶年間的盛唐版圖至晚唐時期幾乎四邊皆失，《新唐書．地理志》記述的安東、安西、日南以及單于府均不為唐王朝所屬。中原政權疆域的不穩定性主要源於農耕民族與非農耕民族力量的此消彼長，而經濟生活方式不同的兩個民族，其背後是自然環境的差異。正是因為自然環境的差異，無論農耕民族還是非農耕民族，要跨越自身熟悉的生存環境，均需要付出很大的努力，雙方的拉鋸之地就在農牧交錯帶。

清朝面對的疆域形勢不僅與以往中原王朝完全不同，與元朝也不一致。蒙古人進入中原之前已經擁有了西邊、北邊的土地，在此基礎上推行了由外及內的領土路線，而滿洲人只擁有東北，整個內地及其他各邊均不在控制之內，故仍然採取由內及外的領土路徑，但與前朝不同的是，清人在北邊採取了「聯蒙政策」。十六世紀，蒙古分為漠南、漠北（即喀爾喀蒙古）、漠西（即衛拉特蒙古）三大部，清人入關前已經與漠南蒙古建立了連屬關係，漠北喀爾喀蒙古也歸附在清人統轄之下。至十七世紀末，內外蒙古全部歸於清版圖內。南、北兩部蒙古的歸屬，將農牧交錯帶融於境土腹心的同時，也將疆域向北延伸至貝加爾湖南岸，向西抵達西域。西部蒙古即衛拉特蒙古，遊牧於天山南北，其中準噶爾部勢力最強且不斷侵擾漠南、漠北兩部蒙古，並與境外勢力建立了聯繫。針對西北邊疆危機，清廷於康熙、雍正、乾隆三朝陸續發兵，平定了準噶爾與回部大小和卓勢力，統一了西域。就地理意義而言，清王朝針對蒙古準噶爾部以及回部大小和卓的系列戰役，其爭奪的空間早已逾越了農牧交錯帶，推至中亞草原的邊緣。

事實上，中國歷代王朝不乏將境土擴展到中國北方農牧交錯帶以西、以北的事例，其中漢唐兩代拓土西域尤其為歷代稱頌，但在此必須說明一個事實，即清以前的各王朝，對於年降雨量四百公釐等值線以西、以北地區都沒有持續且穩定的獲取，王朝國力強盛時期拓土西北，國力衰微即固守農牧交錯帶。只有清朝的軍事行動不僅突破了這條農耕民族守疆固土的底線，將疆土延伸至中亞草原，而且穩定、持續地擁有了這片土地，並在光緒年間設立新疆巡撫，將其置於與內地等同的管理系統之下。

必須承認，幾乎很少有人意識到清初康、雍、乾三世對西北軍事行動的重大政治地理意義，是法國歷史學家勒內・格魯塞（René Grousset）在他的名著《草原帝國》（*L'Empire des Steppes*）中清楚地指出，這一切對於中國疆土意味著什麼：

乾隆皇帝對伊犁流域和喀什噶爾的吞併，標誌著實現了中國自班超時代以來的十八個世紀中實行的亞洲政策所追隨的目標，即定居民族對遊牧民族、農耕地區對草原的還擊。

格魯塞提及的班超時代，距今一千九百餘年，事實上還可以向前追溯一百多年至漢武帝以及鄭吉時代。近兩千年的歷史進程中，農耕民族以北方農牧交錯帶為基點，將疆土拓展的目標伸向草原。而經歷了多次反復，最終跨過農牧交錯帶，將帝國的疆土實實在在鎖定在伊犁河流域和喀什噶爾地區的，不是漢、唐，而是清朝前期康熙、雍正以及乾隆三位帝王所在的時代，並由此劃定了泱泱大國的基本版圖。

農牧交錯帶界定東西，又以此為核心將東西融為一體。自清朝乾隆年間至今，中國大地上只有自然地理的東西分異，再無政治歸屬的東西之別。無論東西，各個民族的融合，營造了我們腳下的土地與頭頂上的藍天，共鑄中華大地。

8 秦統一的地理基礎——關中

何謂關中？

平原與山地結合之處的山間谷地，往往成爲來往通道並設有關隘，而衆多關口之「中」，就是「關中」的取意。

兩千多年前，秦人完成了天下統一，大秦帝國橫空出世。回顧這段歷史，至今仍然讓人血脈賁張；在兩千年中還有很多關於秦興、秦亡的討論，政治、軍事、法律等方面，都不乏論述，而現在讓我們把視角放在地理上。

賈誼的《過秦論》道：「秦孝公據崤函之固，擁雍州之地……」開篇直指地

理，而雍州之地正是關中。在秦統一的大戰略中，地理不只是山在哪兒、水在哪兒，而幾乎成為決定統一進程的關鍵因素。

討論這一問題前，我們不妨回顧一下起步於關中的那些戰事。當中國歷史進入國家階段，具有真正政治與軍事意義且起步於關中的戰事，不斷進入我們的視線。周人克商、秦始皇統一天下、楚漢之爭、北周滅北齊，乃至隋、唐王朝的建立，這一連串的王朝更迭，均屬於來自關中的政治集團取代東部政治集團的歷史大事件。王朝的更迭與政治集團的交替原本是歷史進程中的常情，然而令後人關注的是，不僅勝者來向均起步於關中，且幾乎都是曾經的弱者。

《史記》中有記載，周武王「率戎車三百乘，虎賁三千人，甲士四萬五千人，以東伐紂。」而「帝紂聞武王來，亦發兵七十萬人距武王。[1]」周武王以少勝多，憑藉不足五萬人進擊商紂王七十萬人馬，進而贏得以周代商的偉業。秦人先祖非子本居於犬丘，因善於養馬而被周孝王封為「附庸」，西元前七七〇年護送周平王東遷，再被封為諸侯，並率部從隴右遷居關中，但由於國弱兵衰，商鞅變法之前始終被關東諸侯視作戎狄。然而，就是這樣一個偏居於西部的國家，後來戰勝了擁有十倍之地、百萬之師的關東諸侯，統一了天下。此後不久，劉邦入關中時屬下不足十萬，而項羽則率諸侯軍四十餘萬入關，如此懸殊的力量對比，楚漢相爭的結果卻是劉邦贏得了最後的勝利。

北周與北齊相比，仍是齊強而周弱，北齊不僅人口眾多、國力強盛，且擁有一支規模遠勝於北周的軍隊，雙方對峙，最後的贏家卻是北周。回顧歷史，固然政治律令、軍事謀略、民心人望始終左右著這些事件的發展，但這些起步於關中的政治力量卻在劣勢之下，最終以弱勝強，贏得了軍事上的勝利，這其中究竟還有什麼力量發揮著作用？

既然所有這些起步於關中的戰事不但獲勝，且是以弱勝強，那麼關中自然成為探討問題的關鍵。普魯士名將及軍事理論家克勞塞維茨（Carl Philip Clausewitz）在

《戰爭論》（*Vom Kriege*）中提到：

一支軍隊出戰，不論是進攻敵人的軍隊或戰區，還是到本國的邊境設防，都必須依賴這個地方，必須和這個地方保持聯繫，因為它是軍隊存在的條件。軍隊人數越多，對它依賴的程度就越深，範圍就越大。

「這個地方」就是指作戰基地，其價值在於為作戰部隊提供後勤補給與兵源。作戰基地與我們熟悉的根據地相似，均具有戰略後方的意義，它不是僅僅服務於一次或幾次戰役，而是面對長久的戰爭，且具備政治穩定立足的條件。但是，一場戰事，無論作戰基地還是根據地，均不止一處，而中國古人提出的「根本之地」則是唯一的。明末清初的文人魏禧在為顧祖禹《讀史方輿紀要》撰寫的總序中，將與軍事有關的地形分為「根本之地」與「起事之地」：

有根本之地，有起事之地。立本者必審天下之勢，而起事者不擇地。

「根本之地」與「起事之地」具備完全不同的軍事價值；「起事之地」隨處可尋，而「根本之地」卻是審度天下後的抉擇。清人曾國藩對「根本之地」有進一步的詮釋：

自古行軍之道不一，而進兵必有根本之地，籌餉必有責成之人。故言謀江南者，必以上游為根本；謀西域者，必以關內為根本[2]。

顯然，「根本之地」與籌餉有關，即具有為作戰部隊提供物資補給的功能。那麼除此之外，就「根本」而論，是否還有更深的含義呢？「根」與「本」最初均指樹木之根，引申出來就是政權、國家的政治立足之地。這樣的地方不僅可以持續不斷地為作戰部隊提供物資保障與兵源，還是政權的核心之地、根本所在，而關中平原就是這樣的地方。

關中擁有的地理優勢，早已出現在古人的討論中。戰國時期，縱橫家遊說列國，蘇秦說秦惠王曰：「大王之國……東有崤、函之固。田肥美，民殷富，戰車萬乘，奮擊百萬，沃野千里，蓄積饒多，地勢形便，此所謂天府，天下之雄國也。」[3]張儀為秦破合縱提倡連橫，說楚王曰：「秦地半天下……被險帶河，四塞以為固。」[4]秦亡，項羽進入關中之後，韓生說羽曰：「關中阻山帶河，四塞之地，肥饒，可都以伯。」而項羽因「秦宮室皆已燒殘，又懷思東歸，曰：富貴不歸故鄉，如衣錦夜行。」捨棄立本之地而東去，故韓生留下如此話語：「人謂楚人沐猴而冠，果然。」[5]

劉邦也是楚人，打出漢中、北定三秦後，贏得楚漢之爭，西漢王朝的國都究竟放在洛陽、滎陽，還是關中，舉棋不定之時，謀士給予劉邦的建議幾乎與韓生所言相同。婁敬對劉邦說：「夫秦地被山帶河，四塞以為固，卒然有急，百萬之眾可具也。因秦之故，資甚美膏腴之地，此所謂天府者也。陛下入關而都之，山東雖亂，秦之故地可全而有也。夫與人鬥，不搤其亢，拊其背，未能全其勝也。今陛下入關而都，案秦之故地，此亦搤天下之亢而拊其背也。[6]」張良也有同樣的話語：「洛陽雖有此固，其中小，不過數百里，田地薄，四面受敵，此非用武之國也。夫關中左崤函，右隴蜀，沃野千里，南有巴蜀之饒，北有胡苑之利，阻三面而守，獨以一面東制諸侯。諸侯安定，河渭漕輓天下，西給京師。諸侯有變，順流而下，足以委輸。此所謂金城千里，天府之國也。[7]」

由此可見，無論是戰國還是秦漢，幾乎所有謀士對於關中地理的認識都是相同的；這些謀士本著謀國、謀天下的立場，對於關中地理重要性的討論集中於兩點：

其一，「被山帶河，四塞以為固」的地形。

關中平原位於陝西省中部、秦嶺以北的渭河沖積平原上，西起寶雞，東至潼關，東西長約三百六十公里，南北長二十至一百公里，這就是古人所說的八百里秦川。關中南有秦嶺，北為黃土丘陵山地，南北山地合攏於西部，東有黃河，中部為平原。冷兵器時代，山地、河流都是天然的軍事屏障，而關中正好擁有得天獨厚的「被山帶河」的地理形勢。

何謂關中？平原與山地結合之處的山間谷地，往往成為來往通道並設有關隘，而眾多關口之「中」，就是「關中」的取意。關中四周的關口，最為重要的有東部的函谷關（今河南省靈寶市）、蒲津關（今山西省永濟市）、武關（今陝西省丹鳳縣），西部的蕭關（今寧夏回族自治區固原市），南部的大散關（今陝西省寶雞市）、子午關（今陝西省西安市長安區），以及北部的金鎖關（今陝西省銅川市）。被如此眾多關口包圍其中，這裡自然獲得了「關中」之稱（見彩圖2）。

關中如此「被山帶河，四塞以為固」的地形，正符合古人理念中「形勝之區、四塞之國」的地理特徵。「形勝」與「四塞」是冷兵器時代的易守難攻之地，「形勝」之地憑藉地形對外出擊、對內自保，均具備優勢。

其二，「金城千里，天府之國」的物產。

何謂「天府之國」？即因土地肥沃、物產豐富，而含天子府庫之意。關中平原堆積著由渭河、涇河沖積而成的深厚沃土，加之渭河、涇河等灌溉之源，在以農業為本的古代社會中極盡地利之勢，故《禹貢》分天下為九州，九州中土壤居於第一的上上等，便是關中所在的雍州。這一得天獨厚的資源特徵，使關中成為古代中國北方難得的沃土，直至晚近，關中一帶仍然流行「姑娘不對外」的習俗，即生在這樣富庶之地的姑娘絕不會外嫁到其他地方。

縱覽天下，在地形與物產方面，同時具備自保與自足雙重優勢的，非關中莫屬，這就是顧祖禹所說的「根本之地」。

關中的地理優勢使其成為中國歷史早期成就天下霸業的起步之地，西漢文帝時期，儒生賈誼的名作《過秦論》開篇即點明：「秦孝公據崤函之固，擁雍州之地。」憑藉這樣的地理基礎，面臨山東諸國「以十倍之地，百萬之眾，叩關而攻秦」的危險局面，儘管「秦人開關延敵」，但「九國之師」卻「逡巡而不敢進」。於是，「秦無亡矢遺鏃之費，而天下諸侯已困矣」，只弄了個「從散約敗，爭割地而賂秦」的結果。隨後，「秦有餘力而制其敝，追亡逐北，伏屍百萬，流血漂櫓；因利乘便，宰割天下，分裂河山，強國請服，弱國入朝」，最後完成了統一天下的偉業。

繼秦之後，劉邦同樣憑藉關中的地理基礎贏得了漢家天下。楚漢之爭的作戰之地雖不在關中，但根據地卻是關中。西漢開國後，論及各路功臣，劉邦認為蕭何功居首位。與那些浴血奮戰、攻城掠地的將軍相比，蕭何雖然無一城一地之功，但在兵源、糧餉供給方面卻做出了重大貢獻。「漢王與諸侯擊楚」，相持五年，損兵折將，多次輕身逃跑，蕭何駐守關中，不等劉邦下令，即從關中派軍隊補充兵源，濟漢王於困境之中。這段話是說，漢與楚在滎陽相守多年，軍中存糧不足，蕭何屢屢從關中轉運糧餉，救劉邦於乏絕之時。雖然劉邦多次丟失山東，但蕭何卻常保全關中，以待劉邦回歸[8]。楚漢相爭中，蕭何的濟困救乏之功成功地表現了他的治國才能，但關中之地「四塞之國、易守難攻」的地勢與「天府之國、物產富足」的物資保障，才是蕭何施展才能的地理基礎。無論秦、漢的發跡，還是起步於關中的其他重大歷史事件，均沒有脫離這裡「根本之地」的地理優勢。

無可否認，關中地區具有「根本之地」應有的地理優勢，但是，是否能夠成為根本之地，自身擁有優勢的同時，「立本者必審天下之勢」，這意味著根本之地還需要具備相對於其他地方的比較優勢。

農業是傳統社會的立國基礎，戰國時期商鞅以「武爵武任」、「粟爵粟任」為核心的變法，使不被山東列國看重的秦國一躍成為強國。然而，這時的秦國要完成統一天下之舉，若僅靠自身的地理優勢，只能做到守本，而起事則需要運用天下之勢。如何運用天下之勢，採取什麼樣的政治、軍事謀略就成為關鍵性的因素。戰國時期伴隨秦人的崛起，兩個立場不同的政治聯盟相繼出現，以蘇秦為代表的一派首倡合縱，繼此之後，張儀再倡連橫。

所謂合縱，即為合眾弱以攻一強，而連橫則為事一強以攻眾弱。結盟的對象與目的不同，結果也大有區別。加入合縱之中的盟國，抗秦只是其中的目的之一，更大的目標在於透過聯盟獲取自己希望求得的利益，一致抗秦僅是暫時之舉，內部爭鬥則處於主流，故那時的謀士曾對山東國君說過這樣的話，若兩隻野獸知道老虎逼近自己，絕不會再繼續廝殺了。如今山東諸國的國君卻沒有意識到秦國威脅到自己，仍然爭鬥不止，且兩敗俱傷，連野獸的智力都不如[9]。

連橫與此不同，聯盟的利益核心是秦國，無論盟友是否更迭，核心利益都不會改變，因此在山東諸國「從散約敗」的時候，連橫始終存在，即秦國從來沒有失去過追隨者，且透過破壞對手的聯合，將自己追隨者的土地變成對手聯盟的障礙，甚至借追隨者之力達到了削弱對手力量的目的，其性質與當代的代理人戰爭十分接近——《戰國策》中名為《秦使趙攻魏》的篇目講的就是這樣的事情[10]。

繼張儀主張「連橫」之後，又一位魏國謀士來到秦國，這就是范睢，他提出了「遠交近攻」之策。無疑，正是范睢的謀略為秦人贏得了統一，贏得了從關中本土到整個山東地區土地相連、人民所屬的結果。范睢針對秦昭王攻齊這一舉措指出：「越韓、魏而攻強齊，非計也。少出師則不足以傷齊，多之則害於秦。」且遠攻即使成功，土地也不能與自己本土聯為一體，反而肥了別國。「王不如遠交而近攻，得寸則王之寸，得尺亦王之尺也。[11]」戰爭的目的在於削弱對手的有生力量並強化自身，遠交近攻是為實現「得寸則王之寸」、「得尺亦王之尺」的目的，秦人遠交齊楚、近攻三晉的同時，也將國土從關中伸向韓、魏、趙三國。從地理視角審度這一切，秦人的遠交近攻不僅僅擴展了國土，且將地理屏障推至太行山一線。

山川是大地上的脊梁，也是用於軍事防禦的屏障。立足於西部，關中作為「根本之地」，並非孤立存在即能成事於天下，於是面向山東，其周邊就是太行山與豫西山地。太行山與豫西山地既是當代地理學家界定東西部的界線，也是古代東西抗衡的戰略重地。太行山在三晉土地上，不但成為關中地區的又一道軍事屏障，且可透過穿行於山中的道路溝通東部平原地帶，利用這一地理形勢成功地保證了秦人走出西部，贏得東部乃至於天下。

秦統一天下，如同一道波瀾壯闊的洪流席捲天下，關中的地理基礎與人的謀略共同成就了這一千古偉業。

回到本文初提及的那些戰事，我們看到依託關中的地理優勢，最後走向成功的不僅是大秦帝國，所有這些歷史為冷兵器時代彰顯了「根本之地」的魅力。

今天的關中和諧安然，歷史上那些戰火硝煙早已遠去，但若追尋歷史的足跡，訪古、探古，那些斑駁的古物上不僅記錄著時光的留痕，也閃爍著往事留下的光環，八百里秦川這一片不大的土地，成就了中國歷史上最光耀的一頁。

9 河西走廊——東西部的咽喉

玉門關所在之處一片平曠、無險可守，為何在此設關？

「春風不度玉門關」在這片乾涸的土地上，水資源比任何東西都寶貴，設置關口、控制水源，就等於控制了這條道路。

甘肅省得名於甘州與肅州——甘州是張掖，肅州是酒泉，而無論甘州還是肅州，都位於河西走廊。偌大一個甘肅省，一省得名全出自河西走廊，可見這裡對於全省有不同凡響的意義。

河西走廊處於南北兩大山體之間——祁連山、烏鞘嶺在南，龍首山、合黎山、馬鬃山在北。一南一北兩道山體構成的走廊地帶，卻是一片廣闊的土地，東西跨度大約九百公里，南北寬達一百多公里，如此寬廣的地帶，因夾在青藏高原與內蒙古高原之間，使得走廊地形的特點十分鮮明。其實，地理學界將這裡稱為走廊，並不僅僅因為地形像走廊，關鍵在於河西走廊在中國的大地上擁有重要地位：這裡不僅地處東西交通的咽喉地帶，且憑藉祁連山冰雪融水形成的綠洲，成為東西交通大道上的物資補給點。

每一個地方都有屬於自己的歷史，有生活在這塊土地上的眾生。無疑，說起河西走廊，留在人們記憶中的，莫過於「秦時明月漢時關」這樣的詩句，蒼涼而激昂，即使跨過了兩千年，後人也不會停止對那段歷史的回顧。兩千多年前造就漢代關城的人物早已遠去，但他們的足跡卻未消失，行行列列，留在邊塞，落在綠洲。

今天的甘肅省，GDP遠遠落後於東部各地，但在歷史上這裡卻有著不凡的戰略地位。河西走廊憑藉自身重要的地理位置，早在兩千多年前即已被納入國家戰略的一部分。漢武帝在經營西域之前，首先在祁連山下的綠洲設立了河西四郡——武威、張掖、酒泉、敦煌，這是中原王朝在河西走廊設立地方行政建制的開端。河西走廊的地形使這裡成為東西交通的必經之地，為了控制這條道路，漢代不但設置了河西四郡，還在衝要地帶修建了關口，即河西走廊西端的陽關、玉門關。與關口連接的是長城，西漢長城西端始於玉門關以西，向東延伸至遼東一帶。如今，從玉門關外遠遠望去，漢塞依然橫臥於沙漠瀚海之中。關口、長城與四郡，相輔相成，共同構成了延伸至西部的軍事防禦系統。

關口是控制河西走廊的要塞，冷兵器時期的關口往往設在山河之間的險要地帶，但當我們打開地圖，在陽關、玉門關所在之處看到的卻是一片平曠之地，無險可守，那麼為何要在這裡設關？古人設置在這裡的關口又在控制什麼呢？一連串的問題，只有踏上陽關、玉門關故址，才能獲得準確的答案。河西走廊地處中國年降雨量四百公釐等值線以西地帶，那是一片乾旱地區，在這片乾涸的土地上，水資源比任何東西都寶貴——河西走廊西端的兩個關口恰恰都與水源相關。玉門關的設置與發源於祁連山的疏勒河有關，這條河流從源頭一路向西流入沙漠，西漢政府在河水所經之處設立關口，控制了水源就等於控制了這條道路，大漠之中無論商人、僧侶，還是軍隊，都必須經過這裡，這就是關口設置在此的緣由。如今，在玉門關附近的方盤城下，依然可以看到古河道留下的遺跡。玉門關如此，陽關的選址也與水源有關，陽關控制的不是河流，而是一片湖泊，那也是沙漠之中稀缺的水源。

漢代關口的位置與水源相關，明代的嘉峪關則成於地形。明代為了防御北方草原民族南下，於永樂年間開始修築長城。明長城東起鴨綠江口，西至嘉峪關，形成了一道軍事防禦屏障。嘉峪關位於河西走廊西端，河西走廊南北方向最寬處超過一百公里，但兩道山體卻在嘉峪關附近逐漸靠攏，利用地形特點，嘉峪關設在兩山距離最窄的地段，一道關城將南北兩山聯為一體，如同一道拉鎖，鎖住了西行之路，成為河西走廊西端的門戶（圖3-2）。

古人設置關口，多出於軍事、交通以及稅收目的，然而，無論關城設在何處，支撐關塞存在的物質基礎都來自綠洲。

河西走廊位於年降雨量四百公釐等值線以西地區，若沒有祁連山冰雪融水形成的綠洲，農業便難以發展。唐朝詩人王之渙有詩云：「黃河遠上白雲間，一片孤城萬仞山。羌笛何須怨楊

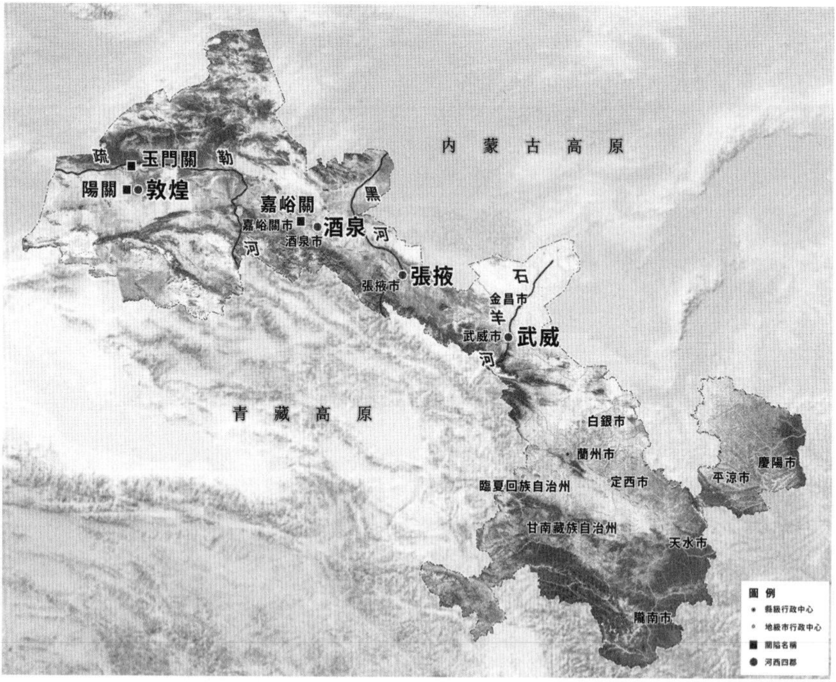

圖 3-2：河西走廊地形

柳，春風不度玉門關。」寫盡了河西的蒼涼與雄闊。「春風不度玉門關」描寫的就是當地的氣候特點，每當春夏，來自太平洋的東南季風會將海洋水氣輸送到內地，中國東部的大地迎來降雨，然而河西走廊地處東南季風可抵達的末端，春風不度，難得甘澤。在年降雨量兩百公釐以下的乾旱氣候區，綠洲之外的地方若失去冰雪融水，就是戈壁與沙地。正是氣候原因，使得河西走廊的景觀呈現為綠洲與戈壁、沙地相間分布的狀態，於是今天的我們出敦煌城不遠，就可以看到沙漠中的月牙泉。

表 3-1：《漢書・地理志》所記載河西四郡的戶口

地名	戶數	人數	轄縣數
敦煌	11,200	38,335	6
酒泉	18,137	76,726	9
武威	17,581	76,419	10
張掖	24,352	88,731	10
總計	**71,270**	**280,211**	**35**

西漢時期設置的河西四郡正處於綠洲之中，為了能在綠洲上紮穩腳跟，漢武帝陸續從內地遷移來約二十八萬人，從此綠洲上有了穩定的農業生產。考古學界在嘉峪關附近發現了幾處魏晉時期的墓葬，墓室中的數百塊畫像磚成為研究河西走廊以及中國農業技術史、物質文化史的珍貴資料。宴飲、伎樂、庖廚、家畜、出行、狩獵、農耕、採桑、畜牧、打場、配種、驛使，畫像磚鉅細靡遺地描繪了生活中的場景，這一幅幅連環畫似的畫面，展示的不再是蒼涼，而是動人的生活。

讓我們先從農業開始看起。農事活動中的耕地、耙地、耢地，以及此後的播種、收穫，幾乎農業生產的各個環節都被記錄在畫面中。畫像磚上那些進行農事的人物，鮮活生動，如在彩圖3中的畫像磚描繪了夫妻二人，丈夫在前面整理土地，妻子在後面播撒種子，嫻熟有默契。再看耙地的農夫，他們或站在耙上，或蹲在耙上，悠然而自如。一幅幅畫面，讓我們幾乎忘記了這裡是乾旱地區的綠洲，彷彿走進了川原膴膴的中原大地。敦煌是一座我們熟悉的世界級藝術寶藏，但敦煌留下的與農業技術有關的畫面，遠不及嘉峪關畫像磚多，且不如嘉峪關畫像磚早，這樣看來，嘉峪關畫像磚的價值更非同尋常。

文化交融，留給人們的印象多表現在藝術、宗教，乃至文學、語言方面，但我們卻在嘉峪關畫像磚中、在耕地的農夫身上看到了文化的軌跡。同樣是耕作的農民，引起我們關注的是畫面中有漢人，也有胡人，如彩圖7、彩圖8中留著鬍子的耕作者，顯然是一位胡人，他熟練操作農具的樣子毫無違和之感。可以想像，當年在這一處處綠洲上持耒耕作的，是一個漢胡共存的群體。那時，河西走廊不僅有來自中原的農民，也有來自草原或更遠的西域各族人民定居，綠洲的農業生產環境使這些原本為農、為牧甚至經商的人們，漸漸融入耕作土地的行列中，成為綠洲上的農民，那一塊塊畫像磚就這樣成為文化融合的記錄者。

然而，河西走廊不只有綠洲，還存在戈壁、沙地。當年的河西走廊，與我們今天看到的景觀相近，綠洲之外，不能耕作的戈壁、沙地往往成為放牧的場所。畫像磚上不乏揮鞭驅趕畜群的牧人、躍馬騎射的獵人，他們展現了河西的另一種生產方式（彩圖4）。

有農、有牧，那時居住在河西走廊的人們，生活的豐富程度一點也不遜於中原。採桑、殺雞、宰豬、蒸饅頭，畫像磚上的各種生活片段生動鮮活，仔細端詳殺雞、宰豬的畫面，不禁會想起《木蘭詩》詩中「磨刀霍霍向豬羊」招待客人的場面，只不過這次場景不再停留在文字中（彩圖5、彩圖6）。

以河西走廊為落腳點，東西之間的文化交融不僅表現在當地人的生活中，也保存在藝術中。武威天梯山石窟、張掖馬蹄寺石窟、瓜州榆林窟、敦煌莫高窟，排列在河西走廊沿線，使這裡成為世界級「石窟藝術走廊」。留在這些石窟中的壁畫、雕塑，主題從佛家世界到世俗生活，技術手法與內容選題融東西方藝術為一體。在感受藝術震撼的同時，我們將視線集中在了敦煌莫高窟一五六窟的《張議潮統軍出行圖》（見彩圖9）上，這幅壁畫講述的是一位河西走廊本地人物的故事。河西走廊地處東西交通咽喉地帶，歷史上因戰事、商貿，乃至西行求法，過往的人物不可勝數，而張議潮卻是河西走廊本地人。

唐中期，西元七五五年「安史之亂」爆發，駐守在西域、河西一帶的軍隊紛紛內遷，吐蕃乘此機會進入河西，設置在這裡的甘州、瓜州等相繼陷落，在近一百年的時間裡，河西一帶脫離了唐王朝的控制。八四八年，沙洲人張議潮發動起義。此後在朝廷的支持下，以沙州（今敦煌）作為根據地，起義軍先後收復了瓜、伊、西、甘、肅、蘭、鄯、河、岷、廓等州。八五一年，張議潮將瓜、沙等十一州版籍獻給朝廷，陷於吐蕃近百年之久的河西地區終於回歸唐朝，張議潮被朝廷任命為歸義軍節度使。《張議潮統軍出行圖》描繪的就是張議潮出行時的儀仗，旌旗飄揚，雄風凜凜。

無論怎樣的人物，無論何樣的往事，都已隨著時光遠去，唯有大地依然存在。若將河西走廊放在整個國家的視角觀察，不難發現這裡正處於絲綢之路的關鍵地段，從河西走廊西出陽關進入西域，向東越過隴山，便是中原王朝的核心地區。因此，九百公里長的河西走廊，可說是萬里山河中不可忽視之地。河西走廊在國家戰略中的地位如此重要，留在這裡的文化寶藏更讓後世驚嘆。也許，當我們真正踏上河西的土地，看到的還不止這些。

第四章
三國兩晉南北朝

10 從雲夢澤變遷看曹操敗走華容道

爲什麼雲夢澤會消失在歷史之中？

長江攜帶的泥沙，促使陸上三角洲面積不斷擴大，慢慢地導致行政建制逐漸向東推移，也造成了雲夢澤湖區的面積不斷地縮小。

「滄海桑田」是一句熟悉的成語，其出自東晉葛洪《神仙傳》，講的是麻姑曾「見東海三為桑田」。故事歸故事，大自然中的滄海桑田之變不止一處，雲夢澤就是其中一例。雲夢澤是在今天地圖上找不到的古湖泊。當年的雲夢澤，就位於今天的江漢平原，現在這裡是中國重要的商品糧基地（Commodity Grain Base），良田千頃，稻浪翻滾，但歷史時期卻是煙波浩渺、霧靄蒼茫的大湖。我們不是神仙，也沒有麻姑的長壽，自然無法親見這番滄海桑田之變，但不妨探討其中變化的原因。

雲夢澤曾為長江中游北岸的大湖，它的存在與消失始終沒有離開人們的關注。據漢書記載，司馬相如《子虛賦》中寫道：「雲夢者，方九百里，其中有山焉。其山則盤紆岪鬱，隆崇嵂崒，岑崟參差，日月蔽虧。交錯糾紛，上干青雲。罷池陂陀，下屬江河。」司馬相如的文辭展現了雲夢地區的基本地貌形態，基於地理學視角審視這一地區，這是包括山地、丘陵、平原、湖泊、沼澤在內的多種地貌綜合體；其範圍非常廣泛，東部起大別山、幕阜山，西至宜昌、宜都，包括松滋、公安一帶，北抵大洪山區，南緣長江。在這一範圍之內，雲夢澤僅占其中的一部分，基本分布在緣長江一帶，即今天的江漢平原[1]。

江漢平原開發的空間進程基本上與雲夢澤水體變化同步發展，展現這一過程的考古成果提供了重要依據，從《中國文物地圖集．湖北分冊》發現的新石器時代遺址位置，我們看到一個重要現象：城背溪文化與大溪文化遺址基本圍繞江漢平原呈環形分布，平原的腹心只有戴家場附近的柳關遺址，其餘均為空白；環形區域的北緣在天門以北，西緣止於荊州附近，東面為空白。這片空白應是雲夢澤湖區所在位置，正是如此，在湖水浸沒之處，自然不會有人類活動的遺跡。

在滄海桑田的巨變之中，雲夢澤早已被農田取代，那麼，如何在布滿農田的江漢平原上確定湖區的具體範圍？探討雲夢澤湖區範圍是一個科學問題，湖區是水體，而水往低處流，低窪之地自然就是湖區，結合考古成果並透過ＤＥＭ地圖擷取的地貌參數，我們看到城背溪文化與大溪文化遺址所形成的環形地帶，基本位於五十公尺等高線之處。城背溪文化距今八千至七千年，大溪文化距今六千至五千年，那時人們選擇的居住位置多數處於山麓地帶，根據這一遺址分布形勢可以判定五十公尺等高線以下地帶，多數屬於雲夢澤水體覆蓋的湖沼，雲夢澤近水之處，雖有人類活動的遺存，但數目並不多。

城背溪、大溪文化之後，出現在雲夢澤周圍的是屈家嶺、石家河文化，這兩個文化類型距今均在四千年以上，這兩個文化遺存同樣沿江漢平原北緣五十公尺等高線分布。此外，三十至五十公尺等高線之間的區域也存在一定數量的遺址，與城背溪文化、大溪文化相比，變化明顯之處在於北部邊緣的遺存數量大為增加的同時，遺址沿孝感、隨州、棗陽一線形成密集的線狀分布，此外仙桃、潛江附近亦有零星石家河文化遺存。史前遺址與地貌的關係，將五十公尺等高線以上的地帶排除在湖區之外（圖4-1）。

進入歷史時期，盤龍城是江漢平原附近為人矚目的文化遺址，其時代屬於商代中期，位於武漢市市區以北約五公里的黃陂區境內。古城遺址坐落在一座小山丘上，遺址處於長江以北低矮丘陵與沖積平原的過渡地帶，東面與東北面為盤龍湖所環繞，西面和西北面是連綿起伏的丘陵臺地。盤龍城城內東北部發現分布密集的宮殿建築遺跡，城外四周分布著民居、手工作坊遺跡和小型墓葬。根據出土器物類型判斷，盤龍城應為商人南下所建直系方國的都邑，城址選擇在這樣的地理位置，一方面與黃陂所在地正是孝感、隨州、棗陽至中原一線交通衝要相關，另一方面則取決於江漢平原雲夢澤水體範圍，這一時期雲夢澤水體邊緣基本保持在三十公尺等高線附近，盤龍城應距湖濱不遠[2]。

春秋戰國時期，楚人的活動為長江中游地區留下輝煌的

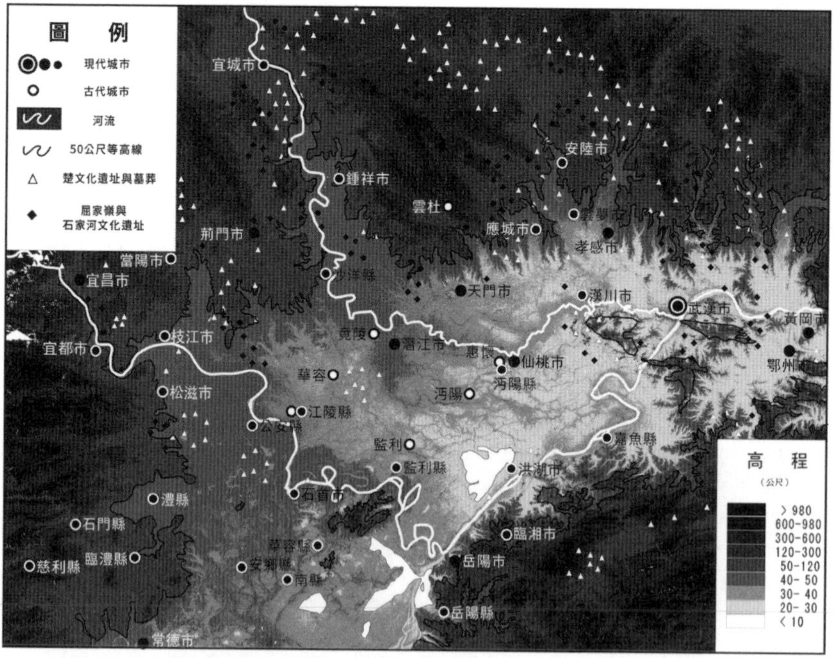

圖 4-1：江漢平原地貌與史前時期遺址位置

一頁。依據考古成果分析，楚人的活動範圍同樣沿五十公尺等高線留下遺址，此外這一等高線東部地帶的楚文化遺址明顯增加，並沿平原邊緣的孝感至隨州、棗陽一線，形成遺址的密集地帶。這一楚文化遺址密集帶，與商代盤龍城相距不遠，均屬於雲夢澤東北緣一帶。與雲夢澤東北緣對應，在史前文化的基礎上，江陵附近同樣也是楚文化遺址密集地帶，不僅如此，楚國早期都城「郢」即位於此。這一切歷史遺存含有的資訊，同樣說明五十公尺等高線，甚至三十公尺等高線以上均不在湖區範圍。

經過這樣一番分析，在肯定非湖區範圍之後，雲夢澤湖區應具有怎樣的水位變化呢？透過DEM地圖擷取的地貌參數，在圖4-1中五十公尺高程之下的灰色為高程三十公尺所在範圍，灰白色為二十五公尺等高線所在範圍，這兩個高程與雲夢澤水體變化相關，二十五公尺等高線之下為秋冬季節雲夢澤枯水期所在範圍，三十公尺等高線為夏季洪水期湖泊水體淹沒區。

以上討論，讓我們在今日的江漢平原農田、聚落之下，看到了當年煙波浩渺的雲夢澤的基本範圍。無論古人留下的記載，還是利用DEM地圖擷取的地貌參數，都證明雲夢澤曾經存在於長江北岸，且是一片大湖，然而就在春秋戰國以後湖面開始萎縮，一步步消失。對於雲夢澤這番滄海桑田之變，追尋其中的原因始終是學術界關注的課題，現在，讓我們追隨學術研究的腳步，將視角轉向探討雲夢澤消失的原因。

打開地圖，會看到長江河道在今天的沙市附近轉向南流，河道形成近似直角的轉彎；正是這樣的轉彎存在，每年夏季洪水期，波濤洶湧的江水絕不會順江而下，強大的水動力帶著江水沖出河床，徑直流向江北，不僅在長江北岸形成夏水、湧水這樣的支流，而且江水攜帶的泥沙就勢沉積下來，形成以沙市為頂點的陸上三角洲。年復一年沉積下來的泥沙，推動陸上三角洲不斷擴展，逐漸向東推進。春秋時期楚人都郢（今湖北省荊州市），這裡正是陸上三角洲的頂點之處，圍繞這裡形成的歷史，都證明這一帶不僅不是雲夢澤湖區，且陸上三角洲已經開始了較有規模的農業開發。春秋時期楚王修造了章華臺，這是一座「舉國營之，數年乃成」的宏大建築。經考古發掘，章華臺位於湖北潛江市龍灣附近，這裡處於三十公尺等高線所在範圍，應屬於雲夢澤湖區的邊緣。

長江攜帶的泥沙，不僅促使陸上三角洲面積不斷擴大，且導致湖水變淺。自秦漢時期開始，雲夢澤湖區面積不斷縮小，設置在陸上三角洲上的縣級行政建制逐漸向東推移。西漢時期，沙市陸上三角洲上出現了華容、竟陵兩縣，縣級行政建制的出現既是這裡人口增加、農業生產發展的標誌，也是三角洲範圍擴展的結果。值得注意的是，雲夢澤湖區西南緣沿江一帶，一直鮮少有人類活動遺跡，西漢時期出現了州陵、沙羨兩個縣級建制，東漢時期在雲夢澤北緣設置了雲杜、安陸縣級建制。西晉時期設置了監利、沔陽兩縣。《晉書．地理志》荊州條下載有監利縣，從《宋書．州郡志》郢州條引《晉起居注》來看，監利縣應置於西晉太康初年。

《宋書．州郡志》荊州條中載：「荊州刺史，漢治武陵漢壽，魏、晉治江陵，王敦治武昌，陶侃前治沔陽，後治武昌。」陶侃任荊州刺史為西晉末年之事，沔陽縣的設置應在此之前。《南齊書．州郡志》郢州條中載有惠懷縣，從《中國歷史地圖集》確定的位置看，其位於沔陽附近，當是撤沔陽，置惠懷。華容、竟陵、監利、沔陽、惠懷各縣依設置時間從西北向東南方向推移，這一方向也是沙市陸上三

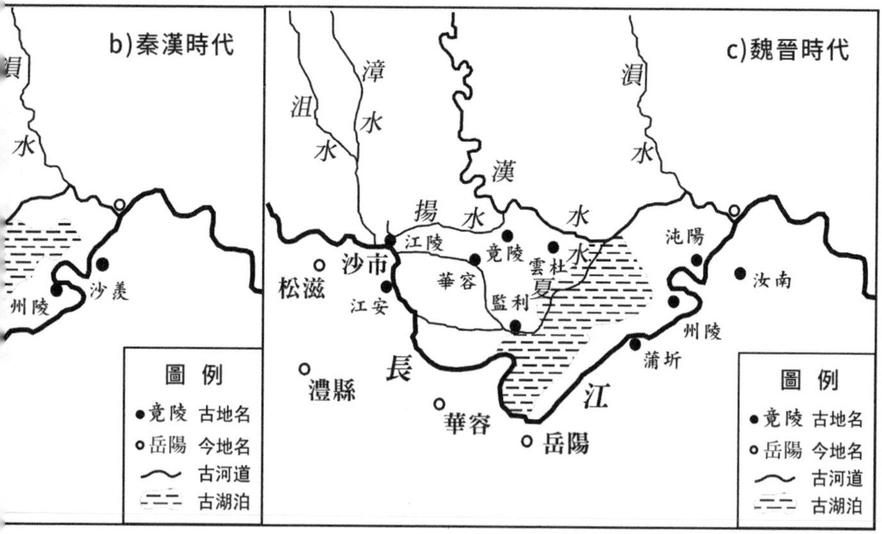

角洲的擴展方向。華容、竟陵設置於西漢，監利、沔陽、惠懷設置於南朝時期，其間相距五、六百年時間，陸上三角洲東南移動五十至六十公里左右，平均每百年十公里（圖4-2）。

隨著陸上三角洲的擴展，雲夢澤在淤淺的同時，水體也逐漸向東南推移，以至於西漢時期設置在大江北緣的州陵縣為水所沒，其轄地於劉宋明帝泰始四年（四六八年）併入綏安縣[3]。雲夢澤的這一變化

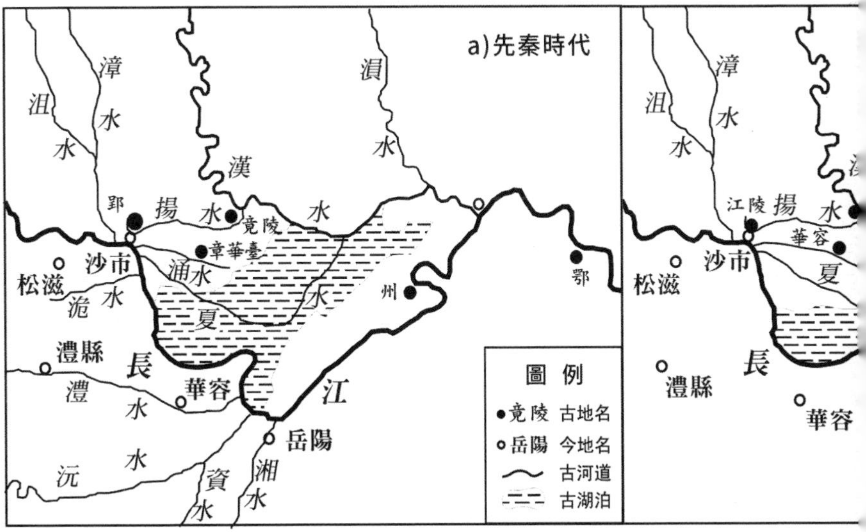

圖 4-2：雲夢澤演變示意圖

成為水體退卻的重要轉折期，此後隨著陸上三角洲不斷擴展，湖水日趨平淺，唐宋時代的雲夢澤多已淤填成平陸，司馬相如所稱道的九百里雲夢澤，為零星小湖所取代。從南宋後期，南下移民從洛陽，經南陽至襄陽，聚攏在湖區周圍，為了獲取需要的農田，人們開始修建垸田（編按：意指在濱湖低窪地區臨水築堤，於堤內外開溝渠來灌排農田）。人們對於土地的索取最後推動雲夢澤消失與江漢平原形成。在雲夢澤水體退卻、江漢平原形成的過程中，農業生產幾乎同步推進，從五十公尺等高線的邊緣地帶，逐漸向腹心發展，最終贏得了整個平原。

在雲夢澤演變的過程中，發生在三國時期的故事「華容道」，引起後人的熱切關注；多年前的一種益智遊戲，便被冠以「華容道」之名，至今仍有以華容道為故事背景的電玩，歷久彌新。《三國演義》對華容道的描述不僅深入人心，甚至幾乎成為信史。那段故事發生在赤壁之戰中，曹操兵敗之後倉皇踏上北歸之路，從長江北岸烏林逃至華容。《三國演義》第五十回「諸葛亮智算華容，關雲長義釋曹操」，就發生在那條泥濘、狹窄的小道上。關羽率領軍隊突然閃出，本要擒曹，沒想到曹操一聲：「將軍別來無恙。」令義重如山的關公想起曹操當年的好處，猶豫究竟是攔，還是放？乘此機會，曹操衝出小道成功北歸。

《三國演義》講的故事是真的嗎？我們不妨看看真正的歷史記載，《三國志・武帝紀》裴松之注引《山陽公載記》曰：

> 公船艦為備所燒，引軍從華容道步歸，遇泥濘，道不通，天又大風，悉使羸兵負草填之，騎乃得過。羸兵為人馬所蹈藉，陷泥中，死者甚眾。軍既得出，公大喜，諸將問之，公曰：「劉備，吾儔也。但得計少晚；向使早放火，吾徒無類矣。」備尋亦放火而無所及。

這段記載寫得很清楚，小說中那些熱鬧事都不存在，只是曹操已經從小路通過，劉備的軍隊才到，但已經沒有用了。

對於「華容道」這段故事，我們在驗證真偽的同時，更想知道「華容道」究竟是一條什麼性質的小道？解讀這一問題仍然利用圖4-1，圖上二十五公尺等高線在雲夢澤湖區留下幾條細線，這幾條細線就應該是傳說中的「華容道」，它不但狹窄，而且夏季洪水期就被湖水淹沒，只有秋冬出露，故而泥濘難行。而赤壁之戰發生的時間正是隆冬季節，也就是這條小道出露的時節。

無論「華容道」這段故事是真還是假，它早已深入人心，網上看到，湖南省華容縣發展旅遊，以各種方式打「華容道」這張牌，無須多言，這顯然是錯了。可以想像，打了敗仗的曹操倉皇北逃，怎麼可能不向北而往南呢？這是逃跑，還是自投羅網？其實此華容，非彼華容，西漢時期設在長江北岸的華容縣，後遷到長江南岸今湖南境內，因此今天的華容縣與「華容道」沒有任何關係。

今天的江漢平原是中國重要的商品糧基地，早在明清時期這裡就留下了「湖廣熟天下足」的民諺，從那時起幾百年內一直是天下糧倉。誰曾想這片糧倉，曾經是煙波浩渺的湖泊，雲夢澤的滄海桑田之變，不僅演繹了大自然的故事，也改變了大地面貌。

大地上的故事，有的與人相關，有的與地相關，從雲夢澤到江漢平原卻是人與地共同營造的一片沃土。

11 川陝交通與諸葛亮的北伐路線

國力最弱的蜀漢，爲何能與曹魏、孫吳三分天下？

蜀道難，難在要跨越秦嶺、巴山；諸葛亮善用地理優勢，採取以攻爲守的戰略，延續蜀漢政權的生命。

每一個歷史時期都有令後人難以忘懷的人與事，回顧中國上下五千年，恐怕沒有比三國那段歷史更讓人關注，也沒有比諸葛亮這個人物更受人推崇。一段三國歷史，人們講了一千多年，一部《三國演義》，人們又讀了幾百年。諸葛亮北伐中的那些故事幾經流傳，其中的人與事不僅反覆登上戲劇舞臺，也走上了銀幕。然而，成就歷史的不只有人與事，我們腳下的大地，起伏在大地上的山川地貌，這些地理因素同樣不可忽視，因為諸葛亮的北伐路線就是軍事行動中的地理。

山川地貌只有在人們的利用之下，才能融入軍事之中。魏、蜀、吳三國之中，蜀漢最弱，卻能與曹魏、孫吳並存，構成三國鼎立之勢，離不開諸葛亮率領漢軍進行的北伐。後人評論諸葛亮的軍事行動之所以能夠成功地保全蜀漢政權，關鍵在於北伐的目的——以攻為守，而最終將軍事行動的目的落在「守」上，與蜀漢北伐道路的選擇直接相關。

蜀漢與曹魏兩個政權南北對峙，蜀漢地處巴蜀之地，漢軍北伐經行的道路必須翻越秦嶺，而秦嶺這條東西向延伸的山脈，不僅在蜀漢與曹魏之間構成了自然屏障，且是蜀道中最難行的一段。唐代詩人李白的一首〈蜀道難〉，憑藉豪放的辭章傳誦千年，讓後人領略了古代川陝交通的艱辛。蜀道之難，難在要跨越秦嶺、巴山兩道山脈，山中取道，正所謂「連峰去天不盈尺，枯松倒掛倚絕壁。飛湍瀑流爭喧隧，砯崖轉石萬壑雷」，道路的艱辛，長時間阻礙了川陝兩地的來往。

川陝通道穿行於秦嶺之中，道路主要選擇在山中谷地。山中岩石斷裂之處，經河流侵蝕往往形成河谷，寬闊之處不僅形成了道路，且住有人家被辟為農田。陡峭山崖之上則無路可尋，必須開鑿棧道。標準的棧道一般在水流湍急的陡壁上，利用石裂法鑿出石洞，穿入橫木以為梁，然後

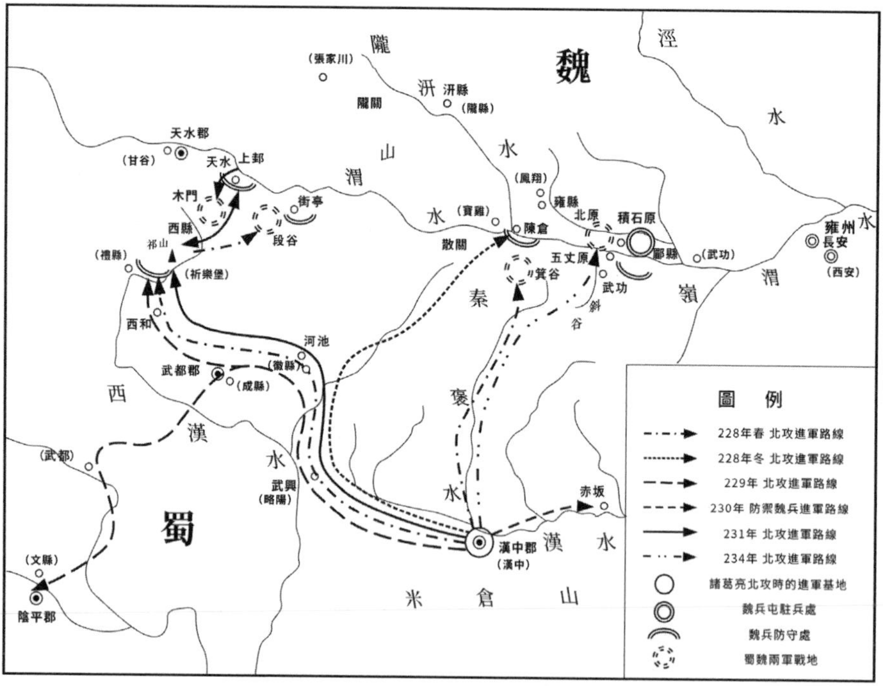

圖 4-3：三國時期諸葛亮北伐路線圖（括號中的地名爲今地名）

在橫梁上鋪好木板，並在河身石底上豎起立木，作為橫梁的支撐。古代沒有炸藥，憑藉裂石法開鑿棧道十分艱難，李白的詩句「地崩山摧壯士死，然後天梯石棧相鉤連」，以誇張的筆法，形容了為修建棧道付出的代價。不僅如此，棧道鋪好之後，飛棧連雲，蜿蜒於陡崖之上，狹窄而易損，無論行走還是維護都不易。故「蜀道難，難於上青天」不僅書寫在文學辭章內，也存在於現實之中。

蜀道之上，當年諸葛亮北伐從漢中起步，翻越秦嶺抵達關中，正是如此，北伐所有的戰事都發生在翻越秦嶺的各條道路上。翻越秦嶺的道路主要有四條，均起於關中，止於漢中，自東向西分別是：

子午道：子午鎮→子午谷→秦嶺→石泉→饒風關→南子午鎮→城固→漢中。

儻駱道：周至→駱谷關→洋縣→儻水→城固→漢中。

褒斜道：郿縣→留壩→褒城→漢中。

故道（亦稱陳倉道）：寶雞益門鎮→清薑河→略陽→勉縣→漢中。

這四條道路開通的時間與行走難易度都不同，而這一切成為確定北伐路徑的基礎（圖4-3）。

「子午道」開通時間大約在秦漢時期，從今西安市西北方向十餘里的子午鎮入子午谷。古稱北方為「子」，南方為「午」，子午谷因位於漢長安城正南而得名。子午道全長在千里以上，長而險，沿途居民很少，在漢代全程無行政建置，一般不為人利用，但道路距長安城最近，從子午鎮騎快馬，大約半個時辰即可到達長安。

「儻駱道」的開通時間約在兩漢之間，最初從今武功起步，走圍谷入嶺，被稱為堂光道，後改從周至進入秦嶺北側的駱水谷地，與山地南側的儻水谷地南北聯通，構成越嶺通道。雖然儻駱道在翻越秦嶺的四條道路中最短，但道路沿途多坡坂，且駱水與儻水之間絕水距離較長，行走不易，故這條路的通行時間最晚。

「褒斜道」由秦嶺北側的斜水谷地與南側的褒水谷地組成，褒水通沔，斜水通渭，整個道路多谷地少坡坂，且里程不足八百里，正是因為這樣，褒斜道早在西周時期即已開通。《華陽國志》載：「周武王伐紂，實得巴蜀之師。」[4]輔助周武王的巴蜀之師，進軍道路應該就是褒斜道。西周時期，古褒國就在秦嶺南今褒城一帶。《國語・晉語》上記載：「周幽王伐有褒，有褒人以褒姒女焉。」西周末年，「烽火戲諸侯」的主角周幽王寵妃褒姒就來自褒國，可想那時這條道路早已存在，至秦漢、魏晉時期，褒斜道已成為長安、漢中兩地間的主要交通道路。

「故道」得名緣由道路沿嘉陵江東源故道河而行。這條路北起今寶雞市，古稱陳倉，因此這條道路也被稱為「陳倉道」。此外，道路入秦嶺山口之處設有散關，由此亦有「散關道」之稱。故道的開通歷史也很久遠，西周時期的青銅器散氏盤的銘文有「周道」字樣，古散國位於今陝西寶雞鳳翔一帶，正當故道入山之處，據王國維考證，周道即是故道[5]，故道的開通當在商周之際。《漢書・溝洫志》上記載：「故道多阪，回遠。」故道長達一千兩百多里，但沿途多山間谷地，不但易行走，而且適宜居住，村落相連，因此在秦漢時期沿路設有故道、河池、沮縣三個縣級建制，唐代設有鳳州、興州兩處州級建制，並將三縣增為六縣。唐代，故道形成分叉，從兩當（今陝西省鳳縣）改走至留壩，即轉向褒斜道通行。四條翻越秦嶺的道路中，故道、褒斜道通行難度較小，是古人利用最多的兩條道路。

除上述四條道路外，「祁山道」也應算作翻越秦嶺的通道之一。祁山道所經之處，為秦嶺西端餘脈。今甘肅禮縣附近被古人稱為祁山，祁山道的起點就在禮縣，沿嘉陵江西源西漢水，經西和、徽（今甘肅省徽縣）成（今甘肅省成縣）盆地與故道相匯進入漢中，祁山道雖然路途很長且與關中相隔著隴山，但沿途平坦之處較長，便於部隊行軍與輜重運輸。

秦嶺不僅在自然地理上構成了亞熱帶與溫帶的分界，也憑藉地形影響了山脈兩側的政治、經濟、軍事。從歷史軍事地理著眼，三國時期諸葛亮率軍北伐，發生在秦嶺通道的故事，尤其令人難忘。

三國時期，魏、蜀、吳三個政權中蜀漢最弱，但諸葛亮以攻為守的戰略卻使這一弱國能夠長期與曹魏、孫吳政權比肩而立，正是這一原因，蜀中用兵令人格外關注。後人稱頌諸葛亮一生的功績，常用未出茅廬三分天下、六出祁山、七擒孟獲來概括，其中有民間演繹的故事，也有真實的歷史，其中「三分天下」來自〈隆中對〉[6]。依〈隆中對〉之策，諸葛亮為劉備獲取益州、荊州的目標本已實現，但後來因關羽「大意失荊州」，荊州得而復失，而諸葛亮當時預測的曹魏可能因諸皇子爭權，出現內訌的「天下有變」卻始終沒有出現。在這樣的局面下，以攻為守是保全蜀漢政權的最佳選擇。但諸葛亮率領漢軍北伐，並非民間所傳的六出祁山，而是五次，且五次北伐也不都是兵出祁山。

諸葛亮主持的五次北伐，三出祁山，一出故道，一出褒斜道。諸葛亮用兵，一向謹慎，非「十全必克而無虞」不出兵，故選擇這些道路一則求穩，更重要的原因在於坡坂較少，利於糧草輜重通行。俗話說「大軍未動，糧草先行」，任何時期打仗，後勤供給都是決定勝負的關鍵環節，諸葛亮五次北伐以祁山道為主，原因在於這條路不僅具備利於運送糧草的優勢，天水盆地還可以就地屯田種植小麥，解決長期鏖戰的糧食需求。那時，打仗與當代不同，相持一、兩年是常有的事，因此籌糧、屯田是支撐戰事的保證。

諸葛亮北伐所經道路，無論祁山道還是故道、褒斜道，這些道路的北出口分別在隴右、陳倉，不僅距離曹魏國都洛陽很遠，且與關中政治中心長安也有相當的距離，尤其是祁山道，受隴山阻隔，不僅不能對曹魏政權造成威脅，就連對關中曹軍也難以有實質性的打擊。北伐中與祁山道有關的故事「失街亭」幾乎人所共知，後世戲文中的《失空斬》表現的就是諸葛亮揮淚斬馬謖那一幕，而這是發生在建興六年（二二八年）漢軍出祁山道北伐時的真實事件[7]。戲文突出的是諸葛亮顧全大局、不徇私情的聖賢之風，而地理學關注的則是街亭的軍事地理價值。

街亭亦稱街泉亭，故址在今甘肅莊浪東南、隴山山口之處。隴山即六盤山，這座南北走向的山脈將關中平原與天水盆地劃分在東西兩側。街亭是從隴右進入關中的必經之地，失去街亭就意味著阻斷了通向關中之路。這次軍事行動尚未實質性地展開，就因失街亭而斷送了，所以諸葛亮斬馬謖絕不是因一戰得失，而是一場失誤毀了此次北伐。

正如我們看到的，諸葛亮數次北伐選擇的路徑，幾乎沒有對曹魏政權構成真正的軍事威脅，有的只是牽制作用，進而達到以攻為守的效果。面對諸葛亮選擇的北伐路徑，蜀漢將軍魏延十分不理解，曾提出自率精兵五千，出子午道攻打長安之策[8]。所謂精兵，是指不攜輜重，只帶數日乾糧，身騎快馬的部隊，而子午道從秦嶺北坡下來，快馬只需半個時辰，若出其不意偷襲，應能對曹軍造成實質性的打擊。但諸葛亮一生謹慎，沒有應允這一提議。

諸葛亮晚年試圖對關中曹軍給予真正的軍事打擊，從建興九年（二三一年）開始一面練兵備戰，一面修整褒斜道上的棧道，並製作木牛流馬，即獨輪車，運送物資。三年後，諸葛亮統領十萬大軍循褒斜道北上，魏廷大震。魏將司馬懿為避其鋒芒，採取堅守不戰之策，雙方在渭河之濱相持一百多天，遺憾的是，諸葛亮身體不支，病死在距山口五十里的五丈原，漢軍此次出兵無功而返。後人評價這次北伐時無限感慨，唐代詩人杜甫留下詩文：「出師未捷身先死，長使英雄淚滿襟。」

冷兵器時代的軍事行動，無論攻守，從未離開過地理。回想古人談及諸葛亮北伐，「以攻為守」成為共同的結論，而得出這個結論的緣由就在於地理。

秦嶺界分南北，發生在蜀道上的故事太多了，而諸葛亮北伐便是最令人難以忘懷的一幕。「古今多少事，都付笑談中。」明朝人楊慎的一首〈臨江仙〉為後人留下無限感慨，歷史已然遠去，唯有當年的古道，仍在今人的足下溝通南北，並演繹著新的故事。

12 天下「王氣」最重的地方——武川

武川滿街都是帝王將相？

在南北朝的政治更迭中，來自武川的軍人集團帶著一種奮發向上的氣質登上歷史舞臺，爲之後的大唐王朝帶來了新氣象。

據說在北魏晚期，中原寺廟中有一位和尚不安心念經，還弄來一本相面的書，以至於走火入魔，欲罷不能，最後放棄了佛門生活，四處周遊。一日，和尚來到武川，令他驚奇的是，如此寒荒之地，滿街行走的盡是衣衫襤褸之輩，但從面相看去竟然都是帝王將相。這顯然是不可能的，和尚認為相面書騙人，於是不再相信相面術，回歸佛門，繼續念經去了。

和尚相面是否真有其事，我們無從判斷，但當年武川滿街都是帝王將相一說卻是真的。一處如此神奇的地方，究竟在哪裡？其中又有著怎樣的一段歷史呢？

今日的武川縣位於內蒙古自治區中部、距離呼和浩特不到五十公里的陰山北麓，那裡屬於溫帶大陸型氣候，冬季寒冷，夏季涼爽，全縣經濟仍以農業為主。看到對於武川的介紹，大家多會覺得毫無神奇之感，且留下的印象是平淡而欠發達的地方。然而，也許越是平淡，越會引發更大的好奇，那滿街的帝王將相從何而來？

說起武川的王氣，要從中國歷史上的北魏開始，這是一個由鮮卑人所建立的王朝。鮮卑，是在漢代文獻中留有記載的古代族群。歷史上，鮮卑人形成了多個分支，而建立北魏王朝的屬於拓跋部。鮮卑拓跋部發源於大興安嶺北部，之後不斷南遷，在西元三八六年建立北魏並立都於盛樂（今內蒙古自治區和林格爾縣），三九八年遷都平城（今山西省大同市），四九四年遷都洛陽。鮮卑拓跋部本屬於大興安嶺中的漁獵民族，南遷中融入草原生活。北魏立國一百多年內，隨著都城從草原遷入雁北平城，最後又遷入中原農耕區的核心洛陽，經歷了從草原民族不斷漢化，最終融入漢文化之中的過程。孝文帝遷都洛陽，將鮮卑人的漢化推向高峰，伴隨遷都，他同時要求鮮卑人改漢姓、習漢語、著漢服，全面實施漢化。

面對鮮卑人南遷與漢化走過的空間軌跡，我們在地圖上可以看到洛陽與位於陰山北麓的武川越來越遠，難道兩者之間有什麼關聯？其實，問題就出在北魏的政治核心與武川距離拉大這一事實上。

北魏的建立者鮮卑人，隨著都城遷入大同，一步步離開草原，整體移向雁北一帶。原本占主導地位的內蒙古草原空虛了；而草原上的民族不止一個，鮮卑人南移後，北方草原的柔然人相應南下。為了防禦柔然人，北魏在草原上設立了六個軍事重鎮，這就是歷史上著名的「北魏六鎮」。這六鎮自西向東分別是：沃野，位於內蒙古烏拉特前旗；懷朔，位於內蒙古固陽縣；武川，就在今武川縣；撫冥，位於內蒙古四子王旗烏蘭鎮；柔玄，位於內蒙古興和縣；懷荒，位於河北省張北縣。六鎮，沿東西方向一字排開，構成了北方的軍事防禦體系，而在這一體系中，我們看到了武川鎮（圖 4-4）。

鮮卑人原本是尚武的民族，隨著都城遷到大同，尚武的精髓仍然存在於民族的肌體之中，因此到六鎮戍邊的軍人，或是鮮卑貴族子弟，或是軍中菁英，也有來自中原的「強宗子弟」，他們帶著這個時代的風尚與草原民族的雄豪前往六鎮——這既是國家的需要，也是個人實現抱負、贏得資歷的途徑。一切本按著應有的軌跡前行，但隨著都城進一步南遷到洛陽，以往的所有都

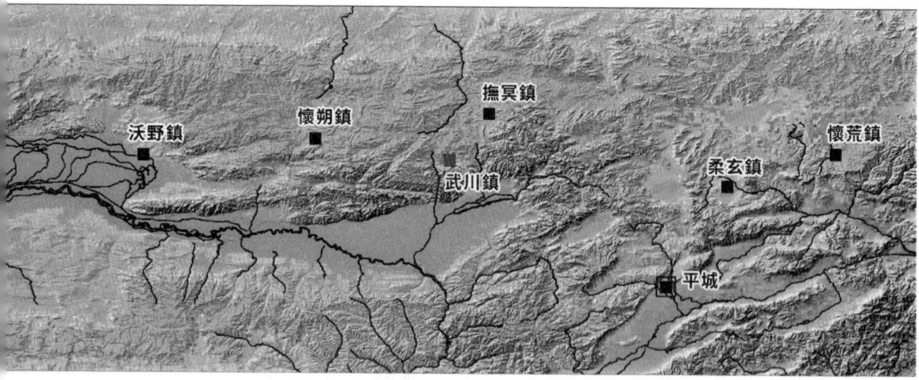

圖 4-4：北魏六鎮分布圖

改變了。草原上的生活是簡樸的，流動生活中沒有奢華，沒有鋪張，更沒有恢宏的宮殿、錦衣玉食的生活，而遷入洛陽的鮮卑貴族逐漸漢化，接受內地生活方式的同時，放棄了尚武的傳統，更忽略了六鎮的存在。仍駐守在寒荒之地的六鎮軍人，不僅沒有了往日的榮耀，也失去了前程，忍無可忍之下，在五二三年，六鎮在沃野鎮人破六韓拔陵的率領下發動起義。後來起義被鎮壓，但就在這一事件中，契胡將領爾朱榮趁機進入洛陽，利用孝明帝母子衝突，發動了「河陰之變」，將胡太后、大臣、王公等兩千餘人沉入黃河[9]，擁立孝莊帝登上帝位。此後，朝政為爾朱氏所把持，皇帝成了傀儡。

六鎮的存亡幾乎決定著北魏的存亡。五三〇年，爾朱榮被殺；五三四年，出身懷朔鎮的將領高歡擁立北魏皇族後人元善見為帝，遷都鄴城，建立東魏；五三五年，出身武川鎮的宇文泰擁立另一位北魏皇族後人元寶炬為帝，立都長安，建立西魏。歷史上發生在黃河流域的這番變故，讓我們看得驚心動魄，但事情並沒有到此為止，王朝的更迭還在繼續。五五〇年，東魏權臣高歡的兒子高洋廢掉元氏傀儡皇帝，自立為帝，建立了北齊；五五七年，西魏權臣宇文泰的後人，不再容忍元氏傀儡皇帝，自立為帝，國號北周。北齊與北周兩個政權的東西對峙並沒有持續很久，五七六年，北周武帝宇文邕對北齊發動戰爭，五七七年，北齊亡，自此黃河中下游統一於北周，但這段歷史並不長。

在此，北周歷史上的一個人物進入了我們的視野，這就是楊堅。楊堅的先祖出身於武川鎮，其父楊忠曾在西魏、北周兩朝任重臣，楊堅本人在父親去世之後，承襲了隨國公的爵位，並將長女楊麗華嫁與皇太子為妃。五七八年，周武帝宇文邕去世，太子宇文贇即位，楊麗華被封為皇后，楊堅因是皇后之父晉升為柱國大將軍、大司馬。周宣帝宇文贇是個短命的皇帝，二十二歲就去世了，此後的繼位者宇文闡即周靜帝，時年僅七歲，且生母並非是皇太后楊麗華。帝王年幼，這就是古人所說的主少國疑。楊堅利用這樣的機會，排除朝內外反對勢力，迫使周靜帝宣布禪讓，自己繼位做了皇帝，這一年是五八一年，楊堅建立新的王朝，定國號為「隋」。後世針對這件事評價隋文帝楊堅「得國不正，治國有方」，然而這一切都是後話。

隋朝也是個短命的王朝，隋文帝楊堅之後傳位於楊廣，即隋煬帝。隋煬帝可以說是一位有抱負的帝王，但過於急功近利，短短幾年，北征高麗，修鑿大運河，屢興大工程，耗費民力，終於引得天下起兵。起兵人物之眾，在《說唐》小說中留下了「三十六路反王，七十二路煙塵」的說法。那時，李淵任太原留守，相當於這一地區的最高軍政長官。六一七年，在天下大亂的浪潮下，李淵率領幾個兒子於太原起兵，渡過黃河攻入關中，於六一八年建立了唐朝。

到此為止，我們對那個風起雲湧、頻繁改朝換代的歷史做了一番簡述，其中似乎看到了武川的影子，但武川的那些帝王將相不止如此。中國歷史學家黃永年的研究涉及西魏政權中的武川背景，將其列為表4-1，梳理了三類人物：一類是五三四年擁戴宇文泰者，這是西魏末建國時宇文泰的支持者，十位中有七位出自武川；另外兩類是西魏建國後執掌朝中政治、軍事重權的八柱國與十二大將軍，其中又有近一半出自武川。

進一步研究表4-1中的人物，我們看到了楊忠與李虎。楊忠是隋王朝開國皇帝楊堅的父親，後被追為隋太祖；李虎是唐王朝開國皇帝李淵的爺爺，後被追為唐太祖。此外，還要說的人物就是武川軍人集團中的獨孤信，本為鮮卑貴族，據史書記載，他容儀俊美，善於騎射，西魏時位列八柱國之一。最讓後人驚嘆的不是獨孤信本人的成就，而是他的七個女兒中竟有三位皇后，且這三個女兒初嫁時，三位女婿還與皇帝之位全然沾不上邊。獨孤信的長女為北周明帝宇文毓皇后；四女為唐高祖李淵之母，追封元貞皇后；七女為隋文帝楊堅皇后。面對如此人物關係，當代網友忍不住稱獨孤信為「歷史上最厲害的老丈人」。獨孤信與三朝皇帝之間的聯姻，不僅是一個家族的榮耀，更重要的是他們都來自武川（圖4-5）。

第一個發現武川這份王氣的是清代學者趙翼，他在《廿二史箚記》中言：

表 4-1：西魏政權中的武川背景

534 年擁戴宇文泰者		550 年八柱國		550 年十二大將軍	
人物	出身地	人物	出身地	人物	出身地
達奚武	代	李弼	隴西	王雄	太原
劉亮	中山	于謹	代	宇文貴	夏州
怡峰	冀	元欣	洛陽	豆盧寧	柔玄
宇文導	武川	侯莫陳崇	武川	元廓	洛陽
寇洛	武川	趙貴	武川	元育	洛陽
王德	武川	**獨孤信**	**武川**	元贊	洛陽
若干惠	武川	**李虎**	**武川**	李遠	代
梁御	武川	宇文泰	武川	達奚武	代
侯莫陳崇	武川			**楊忠**	**武川**
趙貴	武川			賀蘭祥	武川
				侯莫陳順	武川
				宇文導	武川

「周、隋、唐三代之祖皆出於武川……，區區一彈丸之地，出三代帝王，周幅員尚小，隋、唐則大一統者，共三百餘年，豈非王氣所聚，碩大繁滋也哉。」若將西魏列在其中，武川就是四朝帝王的出身之地。當代歷史學家將出身於武川勛貴為核心的政治力量稱為「關隴貴族集團」。出身於武川的勛貴在四個王朝中都充當了主角，正是如此，《劍橋中國隋唐史》指出：「帝國的繼承和創建，在當時不過是一次宮廷政變，是西北的一個貴族家族接替另一個家族即位。後來唐朝的繼承也不

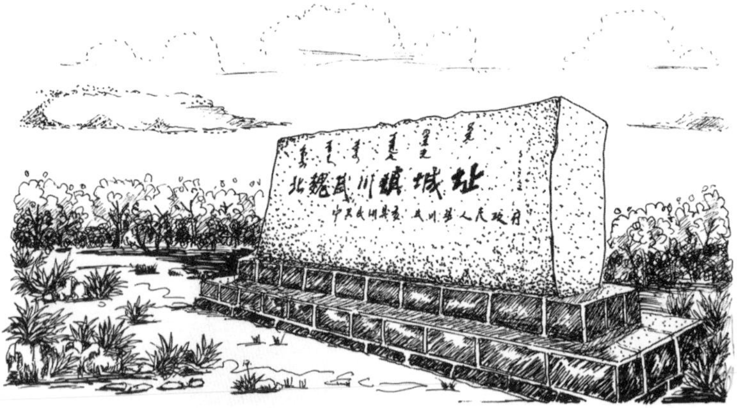

圖 4-5：武川鎮遺址

過是把皇位移向這一緊密結合的家族集團中的另一個家族而已。」

「胡馬新風入漢來」，在南北朝的政治更迭中，來自武川的軍人集團帶著一種奮發向上的氣質登上歷史舞臺，為幾經更迭後的大唐王朝帶來了從未有過的新氣象，這就是中國歷史學家陳寅恪在《李唐氏族推測之後記》中說的：「李唐一族之所以崛興，蓋取塞外野蠻精悍之血，注入中原文化頹廢之軀，舊染既除，新機重啟，擴大恢張，遂能別創空前之世局。」這樣看來，盛大的唐王朝，那份恢宏、那份氣勢，是有著武川軍人的血脈。

回顧這一段與武川相關的歷史，不禁想到傳說中的相面和尚，我相信如果確有此人，且他若活得足夠長久，必然會看到，在武川這片寒荒之地，那些衣衫襤褸的人物如何邁入帝王將相之列。四朝帝王將相均與武川相關，可以說，天下「王氣」最重的地方不是西安，不是洛陽，而是武川，中國沒有第二個地方比這裡的「王氣」更重了。

第五章

隋唐

13 汴水東流無限春，隋家宮闕已成塵——隋煬帝與大運河

隋代開鑿運河的眞正目的是什麼？

贏得國家認同與民心歸服或許是隋代帝王開鑿運河的初衷，但獲取江南物資也不失爲另一個原因。

多年前的一部中國紀錄片《話說運河》，講到長城、運河這兩大中國古代工程，共同組成了一個巨大的「人」字，正是這個「人」字，給我們留下無限遐思。「人字的結構，就是互相支撐」，也許出於巧合，也許隱含著必然，長城用於軍事

防禦，而運河旨在運輸，長城、運河這兩項功能完全不同的工程，在過往的歷史中以不同的姿態支撐著帝國偉業，且在大地上留下不滅的印記。

長城、運河都是中國歷史上的偉大工程，起始於不同時代，但都經歷了王朝的興亡過程。正因如此，討論運河已不僅限於運輸，那個時代、那段歷史，或許更值得關注。

「水路」是世界上最廉價且便捷的運輸形式。今天，蘇伊士運河、巴拿馬運河因地處大洲分界處、具有重

圖 5-1：運河風光（譚竹鈞繪）

要的戰略地位而聞名。然而，這兩條運河的通航時間僅有一百多年，若以時間論，世界上最早開鑿的運河其實在中國。中國地理歷史學家史念海先生所著的《中國的運河》告訴我們，一般認為，中國最早的運河是吳王夫差所開的「邗溝」，但事實並非如此，最早的運河出於楚人之手。那是楚莊王在位時（西元前七世紀至西元前六世紀），由孫叔敖修築堰壩，攔截沮水[1]，開通了「通渠漢水、雲夢之野」的運河[2]，這項工程比開鑿邗溝的時代早了約一百年。自此之後，各地均有運河工程載入史冊中。

中國的地形西高東低，「一江春水向東流」營造了東西之間的舟楫之便，但南北卻缺乏天然水道，因此開鑿運河聯通南北不是單獨一個王朝的舉措。楚人開創了興鑿運河的先河，吳王夫差則透過邗溝、菏水兩段運河貫通了江、淮、河、濟四條河流，所有這一切均起步於春秋時期。自此之後的兩千多年中，無論統一還是分裂，運河始終存在於歷史的某個場景中。

不過千古運河，並非所有河段都為人所知；其中，隋代那段與運河相關的歷史尤令後人難以忘懷，究其緣由，恐怕與隋朝短促的國祚有關。歷代運河均為國家帶來福祉，但隋代卻因浩大的運河工程於二世而亡，圍繞其中因果的討論始終沒有停止，在歷史學的視野中，運河已然成為政治的一部分。

運河的出現，首先改變的是地理。隋王朝建國後，隋文帝、隋煬帝先後開鑿運河。隋文帝為了解決國都大興城的運糧，於五八四年首先開鑿了廣通渠，自唐興城堰（今陝西省咸陽市西十八里）引水，管道與渭水平行而東，至潼關入黃河[3]。開皇七年（五八七年），他又主持「於揚州開山陽瀆，以通運漕」[4]，其流徑大致循邗溝故跡，北上抵達今江蘇淮安。這段運河的開鑿與南下滅陳、統一全國有關。此後，隋煬帝繼位，開啟了大規模開鑿運河的工程，於六〇五年開鑿「通濟渠」，由洛陽西苑引谷、洛水入黃河，又由板渚（今河南省滎陽市西北）分黃河水南行入淮，主要流經今河南省滎陽、中牟、開封、杞縣、睢縣、寧陵、商丘、夏邑、永城，安徽省宿縣、靈璧、泗縣，於盱眙北流入淮河[5]。通濟渠所經之地並非戰國時期的鴻溝水系汳水（汴水）的流徑，東漢年間，朝廷曾經對汴水水道進行過維護，至隋代因「汴水迂曲，迴復稍難」[6]而開鑿了新的運河。儘管如此，原來的汴河仍然發揮著作用[7]，故唐人白居易〈長相思〉有「汴水流，泗水流，流到瓜洲古渡頭」的詩句。六〇八年，隋煬帝下令開鑿「永濟渠」，南引沁水入黃河，北上連接淇水，並於天津靜海縣與海河水系連通，最後止於涿郡（今北京市南，治所在薊城）[8]。六一〇年，江南河開工，自京口（今江蘇省鎮江市）繞太湖東岸，經今江蘇常州、蘇州至餘杭（今浙江省杭州市）[9]（圖5-2）。

鋪在紙面上的地名背後，是一條將中國東部海河、黃河、淮河、長江、錢塘江五大江河聯為一體的人工水道；遑論一千四百多年前，即使放在當代同樣是一項偉大的工程。然而，就是這樣一條聯通南北的大運河，卻留下無數的罵名，後世不僅「盡道隋亡為此河」[10]，而且將隋煬帝開運河目的歸為遊江南、觀瓊花，「種柳開

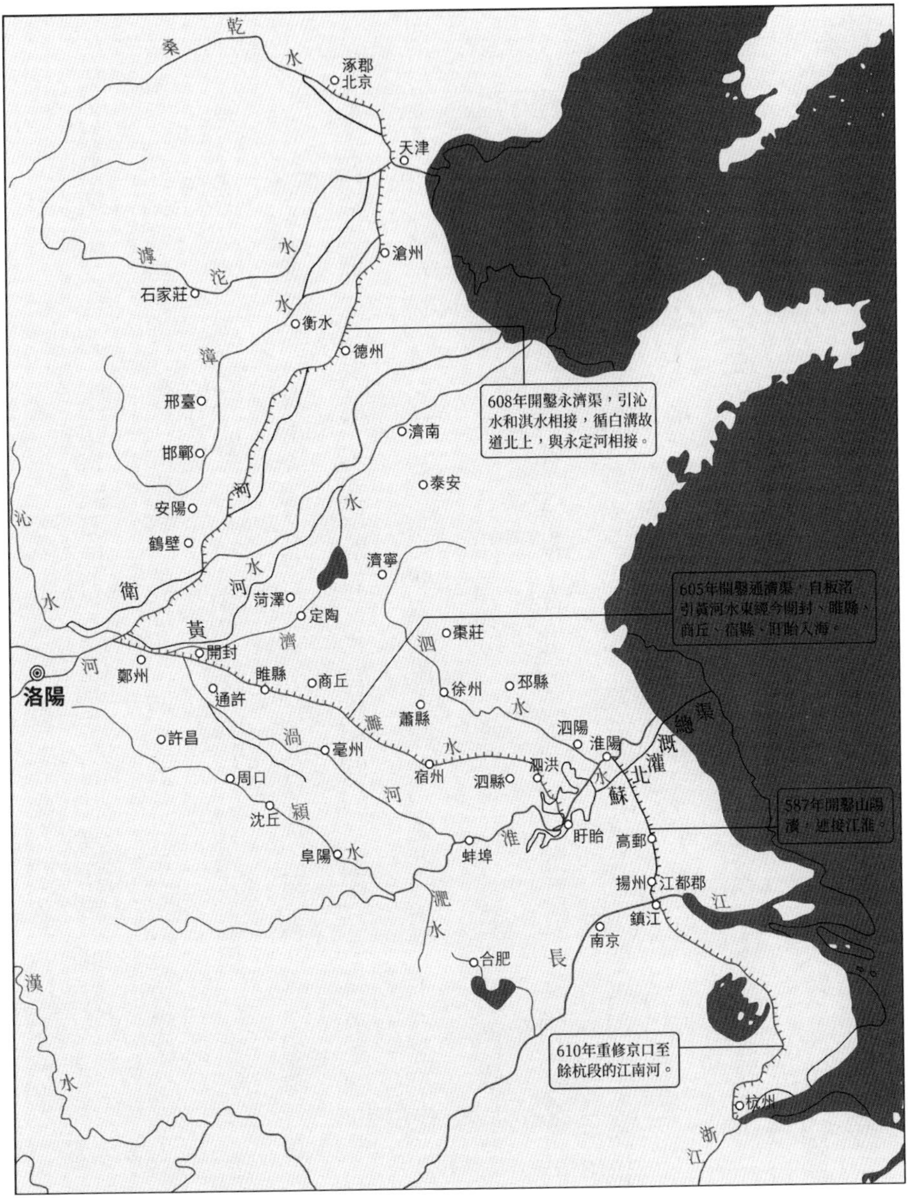
608年開鑿永濟渠，引沁水和淇水相接，循白溝故道北上，與永定河相接。
605年開鑿通濟渠，自板渚引黃河水東經今開封、睢縣、商丘、宿縣、盱眙入海。
587年開鑿山陽瀆，連接江淮。
610年重修京口至餘杭段的江南河。
桑乾水
涿郡
北京
天津
滄州
滹沱水
石家莊
衡水
德州
漳河
邢臺
邯鄲
濟南
泰安
安陽
鶴壁
沁水
衛河
濟寧
菏澤
定陶
黃河
開封
鄭州
洛陽
棗莊
泗水
睢縣
商丘
通許
徐州
邳縣
蕭縣
濉水
許昌
渦河
亳州
泗陽
淮陽
宿州
泗縣
泗洪
周口
沈丘
潁水
阜陽
蚌埠
淮
盱眙
高郵
蘇北灌溉總渠
揚州
江都郡
鎮江
南京
淝水
合肥
長江
漢水
杭州
浙江

圖 5-2：隋唐運河圖

河為勝遊」[11]。究竟，隋煬帝耗盡民力，開鑿運河的目的真是如此嗎？

談到這個問題，離不開隋統一的歷史。西元五八一年，隋文帝楊堅建立了隋王朝，繼而於五八九年滅陳統一全國，中國歷史再度由分裂走向統一。

後人評述歷史，總會提及秦與隋同屬於實現國家一統的王朝，但統一後兩朝的治國難度很是不同。秦人完成的是文化背景相同的六國統一，而隋王朝面臨的則是南北胡漢之間的融合。自西晉「永嘉之亂」起，中國北方陷入十六國紛爭。西元五世紀初，北魏統一了北方，南方自東晉以後經歷了宋、齊、梁、陳幾個政權的變化，這就是歷史上的南北朝時期。南北朝不僅是政權的對立，還存在著文化的不同。北方各個政權在匈奴、鮮卑、氐、羌、羯五個民族為主導的統治下，盛行以尚武為核心的異族文化，南方則完整地繼承了中華傳統文化。

當代人將文化視為軟實力，這是說文化雖然不同於彰顯國家實力的經濟、軍事等硬實力，但決定著人心向背與對國家的認同。文化影響國民意願，古今皆同。

從「永嘉之亂」到隋統一，南北之間的政治分裂已近三百年，無論南北，對於彼此都很陌生。正是如此，隋統一之後不僅要致力於經濟與國防發展，也要贏得文化認同，治國的難度甚於秦朝。

治國不易，完成天下大一統後的隋文帝並沒有懈怠，潔身勤勉，勵精圖治，全力打造出萬邦來朝、民生富庶的「開皇盛世」。然而，繁華之後暗流湧動，政治的一統並不意味著人心歸附，尤其江南士族很難適應北方政府。開皇十年（五九〇年），朝廷重臣蘇威作《五教》，「使民無長幼悉誦之，士民嗟怨」[12]。「五教」是指五種倫理道德，即父義、母慈、兄友、弟恭、子孝。這是朝廷推行教化的舉措，本非弊政。然而即便如此，仍有婺州汪文進、越州高智慧、蘇州沈玄檜等舉兵造反，自稱天子，而「樂安蔡道人、蔣山李㥄、饒州吳世華、溫州沈孝徹、泉州王國慶、杭州楊寶英、交州李春等皆自稱大都督，攻陷州縣」。

經此變亂，「陳之故境，大抵皆反」[13]。雖然此次反叛被平定，但如何將南北真正聯為一體，成為朝廷在意的一件大事。

隋文帝在位時，以穩定天下為先；隋煬帝承「開皇盛世」之基業，試圖透過便捷的運河水道聯通江南，改變「南服遐遠」、南北疏離的局面，進而實現人心歸服、國家認同。以國家政治為前提，開鑿運河的浩大工程開啟了。

贏得國家認同與民心歸服或許是隋代帝王開鑿運河的初衷，但獲取江南物資也不失為另一個原因。經東晉、南朝兩百多年的和平發展，此時的江南一改往日的荒寂，已然成為「地廣野豐，民勤本業」之地，且「荊城跨南楚之富，揚部有全吳之沃，魚鹽杞梓之利，充仞八方，絲綿布帛之饒，覆衣天下」[14]。

用江南物產補國家用度之不足，並藉由運河完成運輸，再便利不過。放在歷史的長河中考量，貫穿南北大運河的開鑿，不僅有助於隋朝政權的鞏固，對於整個中國歷史的發展與社會進步都發揮了重要作用。對此，毋庸看今天的論說，唐人即已有了中肯的評論。唐人李敬芳的《汴河直進船》有云：「汴河通淮利最多，生人為害亦相和。東南四十三州地，取盡脂膏是此河。」李唐王朝是隋代運河的直接受益者，南北兩大經濟區的溝通促進了中國古代經濟重心南移，且成為北方政治中心所需物資的重要供給地，有力地支撐著政權的運行。

證明運河對北方經濟貢獻的實例是「倉儲」。運河鑿通之後，物資運送的中心是洛陽，隋代洛陽及其毗鄰地區運河沿線均設有倉廩，其中河陽倉（今河南省洛陽市偃師區）、常平倉（又名太原倉，今河南省三門峽市）、黎陽倉（今河南省浚縣）、廣通倉（大業初改名永豐倉，今陝西省華陰市）、洛口倉（今河南省鞏義市）、回洛倉（今河南省洛陽市）、含嘉倉（今河南省洛陽市）、子羅倉（今河南省洛陽市）均是國家重要的糧倉[15]。

唐代承襲了隋代倉廩的同時，又添設了新倉，並實行「緣水置倉，轉相受給」的制度[16]。眾多糧倉不一一列舉，僅以含嘉倉為例，即可以看出糧倉規模之大。含嘉倉為設在洛陽的國家官倉，倉有城，建在東都洛陽城北。考古界在倉城東北與偏南地區，勘探出大小不等的圓形或橢圓形地下糧窖兩百八十七座；如果將鐵路和建築物下面的糧窖估算在內，倉城應有糧窖四百座以上。這些糧窖的窖口直徑最大十八公尺，平均為十至十六公尺；窖深最大十二公尺，平均為七至九公尺。每窖儲糧五、六十萬斤，算下來僅含嘉倉儲糧就達兩百萬石，這與《通典》記載的數字基本吻合：「隋氏西京太倉、東京含嘉倉、洛口倉、華州永豐倉、陝州太原倉，儲米粟多者千萬石，少者不減數百萬石。[17]」這龐大的數字記錄的，就是透過運河由南方輸往北方的糧食數量，而這堅實物質基礎的支撐，為實現國家意志提供了保障。

隋煬帝時代開啟的不僅運河一項大工程，營建東都洛陽、親征吐谷渾、三征高句麗、三下揚州，這一切不僅耗盡了「開皇盛世」的物質積累，也將民怨推向高峰。朝廷興修運河本意在於造福，但卻因連年興工、民不聊生而陷入罪責之中。

長城與運河共同構成的「人」字，從不同的角度支撐了國家基業，然而，運河帶來的巨大的紅利，隋人自己未及享用，王朝大廈便已轟然倒塌。隋朝因運河衰，因運河亡，將運河留給了後代。唐朝詩人李益置身運河兩岸的喧囂之中寫下的〈汴河曲〉透出無限感慨：「汴水東流無限春，隋家宮闕已成塵。」運河帶來的種種繁華，隋煬帝再也無法感受，而是隨著時光的流動，昔日的宮闕早已成塵、成土。

秦、隋兩個從分裂走向統一的王朝，因長城與運河兩項偉大的工程而影響後世，也因二世而亡令後人迷惑，為什麼會出現這樣的結果呢？其實，古人早已有了答案——水本可載舟，也可覆舟，水為民，舟為君，為君者一旦暴民取材，不施仁愛，以水覆舟帶來的就是王朝的傾覆。秦二世而亡，「前車覆，後車戒」，本可成為後世統治者的明鑑，隋煬帝卻「未知更」，因而重蹈覆轍，落了個二世而亡的結局。這正是唐人杜牧所嘆的：「秦人不暇自哀，而後人哀之；後人哀之而不鑑之，亦使後人而復哀後人也。」

隋唐之後，隨著都城位置從長安、洛陽遷移到開封、北京，運河的走向也不斷變化。儘管運河的起點最終落在北京，但這聯通南北的人工水道依然縱貫海河、黃河、淮河、長江、錢塘江五大水系。

　　隋煬帝身後一千多年間，運河上船來船往，人聲槳聲依然喧囂，時間漸漸沖淡了歷史的斑駁，留下的只是遺產。

14

蘇湖熟，天下足——中國古代經濟重心南移

南北的經濟地位何時出現了逆轉？

永嘉之亂、安史之亂、靖康之難的北方戰亂迫使人口南遷，北方帶來的插秧技術和南方氣候適宜複種的條件，促使江南經濟蓬勃發展。

今天國家用來衡量一個地方的經濟發展水準，是使用「國內生產毛額」（Gross Domestic Product，簡稱ＧＤＰ）這一指標。我們看到近幾十年，中國ＧＤＰ位於前列的省、市、自治區基本以南方沿海、沿江地區為主。南方經濟在當代中國擁有的

強勢地位有目共睹，且時常被認為一直如此。事實上，中國歷史早期經濟最具優勢的地區在北方的黃河中下游，那時的北方擁有全國經濟重心地位，而南方還處於地廣人稀、開發落後的狀態。何時南北的經濟地位出現了逆轉？又是什麼原因推動全國經濟重心南移？這不僅是中國歷史上的一件大事，也是我們關注的問題。

中國古代是個農業社會，因此無論經濟重心在北方還是南方，獲得的成就都建立在農業生產的基礎上。然而，儘管針對中國古代經濟重心南移展開的討論很多，但真正將目光投向農業生產的卻是少數。那麼，南方有著哪些北方不具備的農業生產優勢？關鍵問題是氣候，正是江南一帶的亞熱帶氣候，為這片土地提供了農作物「複種」的條件。

何謂「複種」？「複」有再一次之意，而「複」字用在農業生產，是指一年內同一塊土地上可種植一次以上農作物。多種一次，就意味著多一次收成，若一地擁有高於其他地方的收成，自然就具備了不同尋常的經濟地位，如同當代那些ＧＤＰ

大省。既然複種是問題的關鍵，我們就從這個問題入手，呈現中國古代經濟重心南移的那些事。

《晏子春秋》上記載的「橘逾淮為枳」是一個為人熟知的故事，告訴我們淮河南北環境存在差異，淮河以北屬於溫帶地區，渡過淮河就進入亞熱帶地區，氣候的變化，為農作物的輪作制提供了更充足的熱量資源（圖

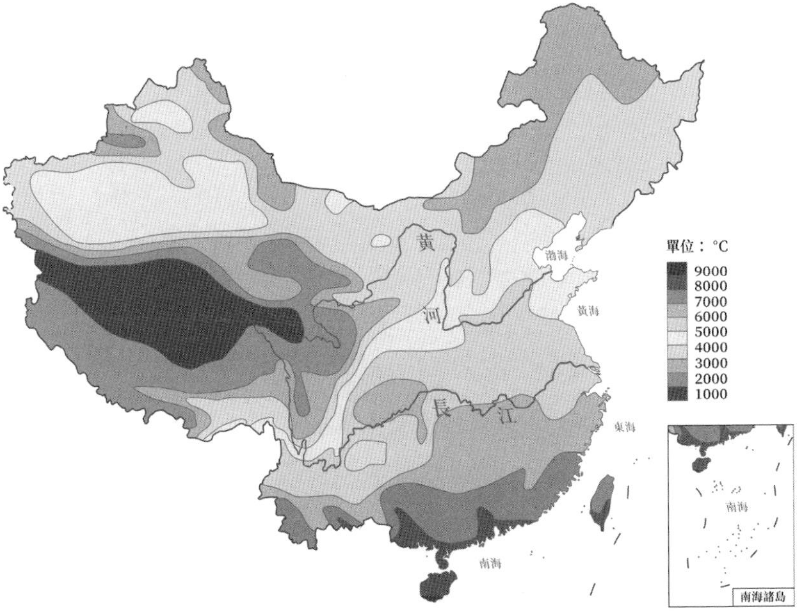

圖 5-3：中國≥ 10°C積溫分布圖（≥ 10°C積溫是指某一段時間內逐日平均氣溫≥ 10°C，這是影響農作物生長的重要指標）

5-3）。但資源稟賦的優越並非農業技術進步的絕對條件，縱觀歷史，唐宋之前南方農業技術不僅沒有超越北方，反而滯後於北方。當黃河中下游地區已經擁有幾千年中華文明政治中心、成為經濟重心地位時，江南一帶還處於「地廣人稀，飯稻羹魚」、農耕兼漁獵的時代。至於複種輪作，這項農業技術出現在江南的時間大約比北方晚了一千多年。

為什麼？難道江南一帶，熱量條件的優勢不夠嗎？我們都知道，農業生產是人類勞動、自然環境與農作物三位一體共同成就的結果。在這三項要素中，農作物屬於客體，自然環境的屬性限制了農業發展的幅度，而人類勞動則決定了農業生產的技術取向，而技術取向與人類需求始終捆綁為一體。司馬遷的《史記》告訴我們，江南一帶「地廣人稀」，人口少，糧食需求少，在北方人大量南下之前，這裡幾乎沒有提高產量、增加收成的需求。農業社會的基本生產成本是土地，換作當代理念，土地屬於不動產，人依託不動的土地為生，「安土重遷」成為中國農民固守的信條，為此，人們之所以被迫離開家鄉，戰爭是最主要的原因。

無論中外，和平與戰爭始終交替旋轉在歷史舞臺上，中國歷史上發生在北方的戰爭一次又一次推動北方人離開家鄉故土，南下逃生，也形成了中國歷史上的三次大規模人口南遷。三次人口南遷分別發生在西晉末年的「永嘉之難」、唐朝中期的「安史之亂」與北宋末年的「靖康之難」時期。人口是生產者也是消費者，北方人的到來為南方帶來各種社會變化，不僅帶來了大量勞動力，也加大了糧食需求，這兩點直接影響農業生產。為了提高糧食產量，南方，尤其江南地區的農業生產技術有了重大改變——一年兩熟複種輪作制就在其中。

「創新」是今天時常提到的詞語，卻很少有人將這一詞用在往日的農業之中，那麼事實如何呢？回顧中國農業留下的足跡，被忽略的創新貫穿在整個農業發展歷程，其中江南一帶一年兩熟稻麥複種輪作，就是最具創新意義的農業技術。水稻本是水鄉環境的物產，實行稻麥輪作就是在水田中植入旱地作物，這樣的水旱輪作方式，即使是在今天世界主要植稻區，也十分罕見，而在一千多年前的中國它就已經成為固定的種植制度。依憑一年兩熟的輪作，江南不僅能獲得兩季收成、養活更多的人口，更是推動農業技術向前邁出了一大步。

只要是「創新」，都擁有技術因素的推動，歷史上江南一帶的一年兩熟稻麥複種輪作制由幾項技術構成，其中的關鍵在於「插秧」。稻麥輪作始於江南，而插秧技術卻來自北方。水田技術源自旱地農業盛行的北方，需要探究與討論之處自然不止一點。

插秧技術出自北方，載於北魏農書《齊民要術》。水稻固然起源於長江流域，數千年間在北上南下的傳播中，北方渭河、汾河、伊洛河、淄水等河谷地帶都早已有栽植。根據《齊民要術》上記載，這些「北土高原」植稻區，稻苗長到七、八寸時，地裡的草也隨之長起，而農民的除草方式有兩種：一種是剪除雜草用水浸泡，令其腐爛；另一種則是水稻、雜草一起拔出，將草撿出浸入水中，稻苗重新栽植。

在兩種去草方式中，第二種「拔而栽之」雖然不是易地插秧，僅是原地復栽，但從技術特徵分析卻與水稻移栽插秧具有同類性質。

與北方水稻種植技術不同，江淮地區至六世紀一直保持著「火耕水耨」的易田制（編按：即輪耕制）。「火耕水耨」，這是我們今日並不熟悉的詞語；司馬遷在《史記》中用它描述了江南地區的農業技術。那麼「火耕水耨」的含義是什麼呢？簡單來說，就是將土地上滋生的雜草燒掉作為肥源，隨後灌水入田，播撒稻種，待稻出苗後，若再有雜草，就拔掉放入水中。無疑，在「火耕水耨」的過程中，雜草滋生，欲達到肥源標準需要一段時間，若土地連續使用，就幾乎無法滿足這一需求，因此，「火耕水耨」的除草方式是建立在「輪流使用土地」的易田制基礎上。

易田制意味著土地利用率最多五十％，也許更低，而易田制的改變始於唐代，其發生在七五五年的「安史之亂」推動一波又一波北方人南下躲避戰亂。人多了，需要的土地與糧食自然也多了，單憑一半土地上生產的糧食無法滿足需要，人口壓力推動土地利用率從五十％提高到了一〇〇％。實行土地連作後，除草的問題如何解決呢？當然不能繼續「火耕水耨」，來自北方的農民只要處理過稻田，都瞭解「拔而栽之」的復栽技術，自然也將這樣的除草技術用在南方稻田之中。於是，無須「火耕水耨」，除草問題也在北方人帶來的技術中解決了。

北方人復栽的目的本是除草，或許北人南渡後也是本著除草的意圖實行復栽，但插秧技術卻在復栽中誕生了。插秧由兩個環節組成，每年三月前後將稻種播在擁有沃土的苗圃之中，苗圃中出土的秧苗幾乎沒有間距，因而占地很少，大約一個月左右再移栽到稻田之中。從苗圃中移栽稻秧，本意是將與稻秧同時長起的雜草除掉，無意中成就了插秧技術。

唐人高適有詩句「溪水堪垂釣，江田耐插秧」，岑參有詩「水種新插秧，山田正燒畬」，兩位詩人都生活在唐朝中期，從詩句中我們可以發現這時插秧在長江流域已經成為普遍應用的水田技術了，但這時插秧的目的仍在於除草。

插秧本意是除草，卻為一年兩熟稻麥複種輪作提供了條件。這條件是什麼？就是時間與空間。如同教室中安排課程，一堂課結束，下一堂課才可繼續，若同一間教室前後課程時間相互重疊，課一定上不成。農業用地也是如此，地還是那處，需要用時間進行協調。《齊民要術》告訴我們，水稻直接撒種於農田中，「三月種者為上時，四月上旬為中時，中旬為下時」，收穫期在八月下旬。而冬小麥的播種期多在八月下旬、九月上旬，收穫期卻在四、五月，相互重疊的用地時間不具備水稻收穫後種植冬小麥的條件。

不過有了水稻插秧技術，一切都不同了。一般三月開始育秧，雖然這時正是冬小麥的生長期，但育秧是在苗圃進行，稻麥不存在用地之爭，待四月末、五月初冬小麥收穫上場之時，也正是水稻移秧的日子。同一塊土地，稻、麥用地完美地銜接起來——前者下課，後者上課，用的是同一間教室，而這正是宋人陸游在〈五月一日作〉詩中所寫的「處處稻分秧，家家麥上場」的情景。水稻五月插秧，八月就可以收穫了，宋人稱「八月登粳稻」[18]，冬小麥播種正好在水稻收穫之後，「八月社前，即可種麥」[19]。水稻改為秧播後，水稻在農田中的占地時間為五到八月，冬小麥則為九到五月，稻麥兩種作物在時間與空間上，正好填補了彼此的空白，為改變南方平原地區土地利用形式與輪作制度創造了條件（見彩圖10）。

從插秧到一年兩熟稻麥複種輪作制，經歷了不短的歷程。唐代中期插秧普遍應用於水田，而稻麥一年兩熟複種輪作大約出現在北宋中晚期。北宋文人朱長文在《吳郡圖經續記》中寫有「刈麥種禾，一歲再熟」告訴我們，那時的太湖平原已經將稻麥複種納入農作物的種植序列之中。從插秧到一年兩熟稻麥複種輪作相隔一百多年，這一百多年，既是水田、旱地相互轉變的技術探索過程，也是人口與糧食需求推動技術進步的時代。

中國經濟史學家李伯重曾提到，成書於唐代中晚期的《蠻書》記載，雲南「水田每年一熟，從八月獲稻，至十一月、十二月之交，便於稻田種大麥」。這難道不是唐代出現一年兩熟稻麥複種輪作的證據嗎？面對這項記載，我們在肯定唐中晚期雲南確實已出現一年兩熟稻麥複種輪作制的同時，卻不能將此結論延展至長江流域一帶。

地理知識告訴我們，雲南所在的西南季風區與長江流域所在的東南季風區，有著不同的氣候特徵，四、五月間正逢西南季風區的旱季，十一、十二月則屬於少雨的涼季，無雨的天氣幫了稻麥輪作一個大忙，整地、排水都變得容易了一些。東南季風區就不同了，四、五月間盛行梅雨，十一、十二月也不時陰雨連綿。宋人白珽〈過東寺〉詩中的「江南四月雨淒淒」、元人王冕〈梅花其二〉詩中的「江南十月天雨霜」，描述了春、秋兩季江南正是多雨時節。在多雨的季節完成稻麥輪作，技術探索需要一段時間，換言之，由於地理環境的差異，至北宋時期江南一帶才有了一年兩熟稻麥複種輪作制。

發生在一一二六年的「靖康之難」，再次將北方人推向江南。無論百姓還是姓趙的皇帝，此時南下的都是習慣於麵食的北人，在朝野士庶對於麵食需求的推動下，稻、麥兩季收成中，國家只徵一季水稻租稅，有力地提升了農戶種植小麥的熱情。這樣一個北人南渡的歷史時期，為冬小麥在南方的擴展與一年兩熟稻麥複種輪作制的推廣提供了機遇。我們在南宋時期的詩文看到許多描寫稻麥輪作、起麥秧稻的場景，比如「卻破麥田秧晚稻，未教水牯臥斜暉」[20]，「半月天晴一夜雨，前日麥地皆青秧」[21]。冬小麥收割、水稻插秧都在四、五月間進行，這是農家最忙的時節，乘著梅雨的間隙，搶種、搶收，「雙搶」的緊張與繁忙，至今仍然留在江南農家人的記憶中。

農業並不是政治的產物，但政治卻將農業推向進步。北方的戰亂成為江南農業發展的契機，一年兩熟稻麥複種輪作不僅將江南的土地利用率從一〇〇%提升到二〇〇%，也讓農作物的產量翻了一番。當然，我們話語中的江南並非泛指整個長江以南，而專指太湖平原與長江三角洲地區，一千多年前，這塊土地在一年兩熟稻麥複種輪作制的支撐下，有著超乎其他地區的富庶，餘糧從這裡輸往各地，民諺「蘇湖熟，天下足」，包含著人們對這片土地的讚嘆。從古時江南的富庶到今天的學術研究，「中國古代經濟重心南移」這一命題最終呈現在論著與課本之中。

15 《西廂記》與漢傳佛教寺院布局

中國寺院採取怎樣的建築形制？

佛教傳入中國後，佛爺的住所也入鄉隨俗了，寺院如同四合院，中路爲神佛居處、東路爲僧人生活區，西路則爲香客接待區。

《西廂記》是元代王實甫創作的雜劇，從那時到今天，這部文學作品經過了反覆改編，並被搬上戲劇舞臺，成為昆曲、京劇以及各種地方戲的重要劇目，在舞臺上大放光彩，堪稱古典劇作之冠。當然，這樣一部優秀的戲劇也不會在影視作品中缺席，《西廂記》不僅多次走上大銀幕，一九九〇年代也數次被改編為電視劇。

《西廂記》以各種文藝形式在國內廣泛傳播，同時也被翻譯成拉丁文、英文、法文、德文、俄文、義大利文、日文等，影響遍及全球。

這樣一部影響深遠的文學作品，談的究竟是什麼？故事發生在山西永濟普救寺，原本無關的兩組人物正是在這裡相遇，上演了一段才子佳人的佳話。故事的主角是書生張君瑞，以及已故崔相國的千金崔鶯鶯與崔老夫人，這位姓張的書生因趕考途經於此，崔老夫人一家則因扶送相國靈柩回老家博陵（今河北定州一帶），也途經於此。如果沒有後來的意外，這兩組人物各自離去，便再無相干，沒想到叛將孫飛虎聽說寺院裡借住了一位絕代佳人，頓時起了歹意，率領五千兵馬包圍寺院，要把鶯鶯小姐搶走做壓寨夫人。寺院僧眾無比惶恐，崔老夫人無奈之下當眾許下諾言，凡能退兵者，情願將女兒許配給他。危機之下，借住在寺院的張生挺身而出，修書一封交給一名武僧，送給自己八拜之交的好友白馬將軍。結果不負眾望，白馬將軍率領兵馬，馬不停蹄地連夜趕到普救寺，生擒孫飛虎，為崔家解了圍。不料，獲救後的崔老夫人卻食言賴婚，而張生此時已對崔鶯鶯心生愛戀，相思成疾。幾經波折，在丫鬟紅娘的幫助下，崔鶯鶯與張生終於私下相會，各表心願。不久，兩人私會之事被崔老夫人覺察，本想拷問紅娘獲得消息，反被紅娘指責出爾反爾。無奈之下，老夫人勉強答應了婚事，卻又以門第為由，令張生立即上京應試。後來，張生考中狀元，崔鶯鶯與張生完婚。《西廂記》全劇貫穿了「重愛情、輕功名」的思想，在那個時代顯然是相對進步的。

《西廂記》的故事講完了，也許是「有情人終成眷屬」的結局，使其在後世廣為流傳，但我們卻無法從故事的任何一個環節，看到定名為《西廂記》的原因。一個愛情故事，如何以「西廂」為名呢？這就是我們要在本節談的核心問題——漢傳佛教寺院的布局。

寺院既是出家人誦經學戒、生活起居的地方，也是向世俗社會傳播佛法的場所，可以說，有了佛教，就有了寺院，寺院成了佛教存在的依託與象徵。

古往今來，佛寺的形制與布局不斷地變化，中國最早的佛寺白馬寺的形制已經無從追尋了，現在能夠瞭解的僅是魏晉時期佛寺的大致面貌。從《洛陽伽藍記》及其他歷史文獻中可以知道，當時佛教盛行，不但官方以各種形式修建佛寺，在民間，人們為了表達虔誠，也經常舍宅為寺。民間的宅院能夠舍為寺院，說明兩者之間在建築形制與空間布局上沒有太大的區別。從魏晉時期的雕塑與壁畫可以看到，當時的民宅也好，寺院也罷，基本上都是四合院形制。佛教初創時，南亞地區的佛寺只是簡陋的石室，但後來便出現了金碧輝煌的高大佛寺。然而，佛教傳入中國後，佛爺的起居住所也入鄉隨俗了，寺院建築如同四合院。正是因為如此，普通的民宅一旦舍宅為寺，凡人搬出去，佛像請進來，再在適當的位置安放一座佛塔，晨鐘暮鼓敲將起來，一座佛寺就誕生了。

早期的佛寺布局並不十分嚴格，特別是位於深山之中的佛寺，為了配合地形，布局上往往出現許多變異。唐宋以後，各地寺院逐漸有了近似的空間布局形式，隨著統一的寺院布局形成規則，也就有了「千佛一面，千廟一律」的說法。北京大學白化文教授在《漢化佛教與佛寺》一書中，復原了標準的漢傳佛寺格局，我們就本著標準漢傳佛寺的格局，看看佛寺有著怎樣的標準空間，再從中追尋《西廂記》的得名。圖5-4是標準漢傳佛教寺院空間布局的基本模式。從圖上看，寺院採用的基本上就是四合院建築，即以中軸線為對稱軸，內部對稱，外部封閉的形制。一般較大的寺院分三路，中路是寺院的主體，沿中軸線自南向北有山門、天王殿、大雄寶殿、法堂、藏經樓，各大殿的兩側還設有東西配殿，作為配殿的往往是伽藍殿、祖師堂、觀音殿、藥師殿，可以說，中路是佛寺從事宗教活動的基本場所。

東路與西路的功能就不同了，一般東路為僧人的生活區，這裡包括僧房（宿舍）、香積廚（廚房）、齋堂（飯廳）、職事堂（庫房）、茶房（接待室）等。西路則為寺院的接待區，大型寺院往往需要接待遠道而來的香客，設在西路的房屋就具有寺院內部招待所的功能。從各類歷史文獻的記載來看，有時上香、還願的香

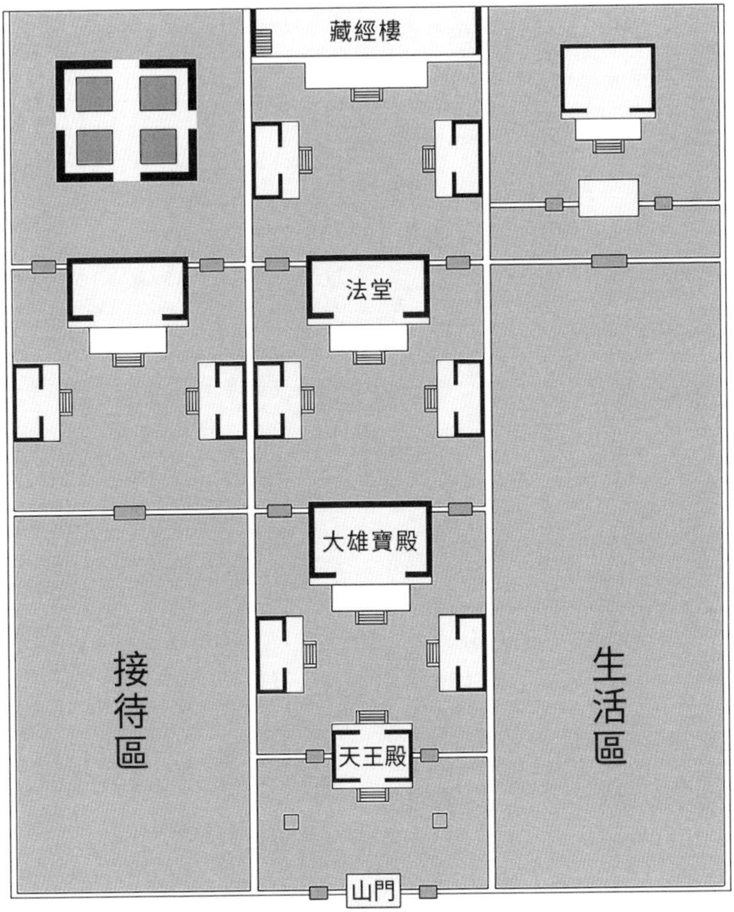

圖 5-4：漢傳佛教寺院標準布局

客居住的時間很長，《西廂記》中崔鶯鶯與張生的愛情故事本與寺院無大關係，但故事發生的場所恰恰位於寺院西路的接待區，於是便以「西廂記」為名。有人說，《西廂記》的命名因西廂房，其實西院接待區未必都是西廂房，還有正房與東屋，但無論房屋的朝向如何，都位於西院接待區。

我們從《西廂記》走進了佛教寺院，不妨來看看寺院的核心——中路是如何布局的。寺廟是佛爺們享受人間香火的地方，也是佛國眾神的「家」。只要是個人家，總是有主人的，而佛寺的主人當然是眾神了。佛教的宗旨在於普度眾生，但眾神之間仍有高下、「主僕」之分，身分不同，在寺院中居處的位置自然也有別。

一、山門

一般漢傳佛教寺院的首道大門稱為「山門」。佛寺多修建在深山之中，隱居山中的寺院與山外世界，形成了佛國淨土與世俗社會的區別，而且「山中」也成為世俗百姓對佛國的代稱，於是有了「山中一日，世間千年」的說法，而這在明清小說中屢屢可見。既然山已不是通常的山了，那麼進入寺院的門檻自然可以稱為「山門」了。山門一般建成三開間的屋宇型大門，取「三解脫門」之意，即：空門、無相門、無作門。

山門在寺院中的功能相當於門房，門內一般有兩尊金剛看護寺門，這就是經常所說的「哼哈二將」。據《大寶積經．卷八．密跡金剛力士會》所載，金剛力士原本只有一尊，就是法意太子，他發誓皈依佛法後要做金剛力士，跟隨佛左右，後來他成了五百執金剛力士的首領，自此自然少不了領班看家護院的職責。

中國人什麼都喜歡成雙成對，一尊金剛總不習慣，後來還是添了一位，變成兩尊金剛雙雙立在門內。這兩尊金剛中，一尊張口怒目，一尊閉口怒目，其中張口的呈現的正是梵文第一個字母「阿」的發聲口型，而閉口的呈現的則是梵文最後一個字母「吽」的發聲口型，這一張一閉代表了梵文的全部讀音。然而，中國百姓並不想追究兩尊金剛面貌的深意，不但按照自己的理解將他們變成了土生土長的中國神，還給他們取了實實在在的中國人的名字，就是「鄭倫」和「陳奇」。

有關鄭倫和陳奇如何成為哼哈二將，《封神演義》有這樣的記述，姜子牙曰：「今奉太上元始敕命：爾鄭倫棄紂歸周，方慶良臣之得主，督糧盡瘁，深勤跋涉之劬勞。未膺一命之榮，反罹陽九之厄。爾陳奇阻弔伐之師，雖違天命，盡忠於國，實有可嘉。總歸劫運，無用深嗟。茲特即爾等腹之奇，加之位職。敕封爾等鎮孚西釋山門，宣布教化，保護法寶，為哼哈二將之神。」

經過這樣一番漢化，兩尊金剛口念的梵文就變成了一哼一哈，那南來的篤志護法的法意太子，不但沒了名姓，而且沒了崗位。

二、天王殿

佛門淨土僅靠哼哈二將守門尚顯不足，而天王殿就成了寺院的第二道崗。站立在天王殿為佛護法的是四大天王和韋馱。

明清佛寺中的四大天王分別為：東方持國天王，身白色，手持琵琶；南方增長天王，身青色，手持寶劍；西方廣目天王，身紅色，手持赤索；北方多聞天王，身黃色，手持珠傘一把。四大天王均身著甲冑，中原武將打扮。細究起來，四大天王亦非漢將，也有如哼哈二將一樣的來歷。

在印度佛教中，四大天王本住在須彌山上「各護一天下」，分別執掌須彌山四方的東勝身洲、南贍部洲、西牛貨洲、北俱盧洲四大部洲。佛教傳入中國後，四大天王經西域一路東行，先換上西域武將的裝束，又在中原寺院中住了下來，改為漢將的模樣，經過不斷漢化至明清定型，成為今天所見的模樣。

四大天王中，北方天王的漢化過程最複雜。在古代印度教中，這位天王既是北方的守護神，又是財富之神，因此信徒最多。唐代的敦煌壁畫中，北方天王畫作金身，左手托寶塔，右手持三叉戟，腳踏三夜叉，身旁有夫人、太子、天女、羅刹等家眷、部下跟隨，威武風光。

宋元之後，北方天王進一步漢化，財神的職能暗中被取消，隨著人們崇拜的冷淡，四位天王的地位逐漸平衡。與此同時，從北方天王身上又分化出一位「托塔李天王」，經過這一分化，北方天王不但丟了法寶，還丟了家眷，原本跟隨自己的幾位太子，竟成了李天王李靖的兒子。李靖這一完全漢化的天將，「搶」了北方天王的一切，也不好繼續在佛門效力，於是搖身一變，成了玉皇大帝靈霄殿前的統兵將領，那幾位太子，除哪吒跟隨父親當了前部先鋒官，金吒、木吒倒沒忘本，雙雙做了菩薩的徒弟。

四大天王的最後漢化是在《封神演義》中完成的。小說將他們的前身描寫為佳夢關魔家四將，即魔禮青、魔禮紅、魔禮海、魔禮壽四兄弟。他們經異人密授奇功幻術，一般人難與為敵，姜子牙率領的西岐軍隊屢敗其下，後來還是請楊戩助戰才最終獲勝。姜子牙助周滅商後，奉元始天尊之命大封諸神，魔家四將也在受封之列，被封為「四大天王之職，輔弼西方教典，立地水火風之相，護國安民，掌風調雨順之權」。

再來說韋馱。韋馱面向大雄寶殿站立，為中國青年武將裝扮。據說，他原本是婆羅門教中的一位天神，唐代被說成南天王部下的一位天將，在《封神演義》中則被進一步漢化為道行天尊的弟子韋護。

與前五位護法將軍都有一番海外關係不同，位於天王殿正面、與韋馱一壁之隔的還有一位彌勒佛。這位彌勒佛體胖肚圓，身背布袋，是一位土生土長的中國僧人。據說，這位和尚名叫契此，五代時人，經常攜布袋穿行鬧市中，袋中百物俱全，後來圓寂於浙江奉化岳林寺，並留下一道耐人尋味的遺偈：「彌勒真彌勒，分身千百億，時時示時人，時人自不識。」這道遺偈為契此和尚增添了許多神祕色彩。不管他是真彌勒也好，假彌勒也罷，中國百姓喜歡他，於是天王殿就多了一尊胖彌勒。為了區別主持未來世界的彌勒佛，人們也將他稱為大肚彌勒，或布袋彌勒。大肚彌勒雖然笑口常開，卻洞察世事，別的不提，他身旁的那副富有哲理的對聯就可以說明一切：

大肚能容，容天下難容之事；
開口便笑，笑世上可笑之人。

三、大雄寶殿

穿過天王殿，就是大雄寶殿了，這裡既是寺院的主體建築，也是供奉佛祖的大殿。大雄，是稱釋迦牟尼佛威德高上的意思。

大雄寶殿上作為主尊供奉的佛的數目，隨著時代與宗派的變化有所不同，多為一尊、三尊，也有五尊、七尊。

（一）一尊佛

大雄寶殿供奉的一尊佛可能是「釋迦牟尼佛」或「阿彌陀佛」。若是釋迦牟尼佛，則往往為坐像或立像兩種形象。釋迦牟尼佛的坐像多呈「成道像」或「說法像」，一般左手下，垂持「與願印」，表示能滿足眾生的願望，右手屈臂上伸，持「施無畏印」，表示佛能解除眾生的苦難。

阿彌陀佛是梵文「無量壽佛」的音譯，為西方極樂世界的教主，這位佛爺除了主管西方世界，還兼接引佛門信徒往生西方淨土。阿彌陀佛接引眾生常作兩種手姿：一種右手作「與願印」，左手當胸，掌中持蓮臺；另一種雙手作接引眾生的手印。阿彌陀佛接引的手印可分九種，眾生在人間的作為不同，西方極樂世界為其安排的位置也不同，這樣的位置一共有九等，但凡好事做得多的，品級自然就高，應屬上上之品；好事做得少的，就要屈居中、下之品了。

九種手印代表九種品級，依善行多少而確定來世的品級，原本是佛門勸善的舉措，但在人世間已然看夠了門第品級的百姓，不願意在來世仍居他人之下，於是人人爭相持香火趨向寓意上上品的佛，其他八個品級的佛前均顯冷落。既然那八尊佛不受歡迎，為了迎合百姓的需要，乾脆只造一尊持上上印的接引佛反而方便，於是在各處佛寺中只要是供奉阿彌陀佛的，幾乎均為持上上印者，九佛同列的場面大概只能在大足石刻中看到了。

（二）三尊佛

大雄寶殿中同列三尊佛像是最常見的，同時也是最複雜的，主要分為這樣幾種類型：

❶ **三身佛**：三身佛為天臺宗所提倡，此三身即法身佛、報身佛、應身佛。法身佛指佛因先天就具有的佛法而體現的佛身，梵文音譯為「毗盧遮那佛」。報身佛指以法身為因，經修習而獲得佛果之身，梵文音譯為「盧舍那佛」。應身佛指佛為度脫眾生而顯現之身，即釋迦牟尼佛。三身佛在塑造時，往往居中的是法身佛，左為報身佛，右為應身佛。

❷ **橫三世佛**：橫三世佛是指東、中、西三個空間世界的主佛，一般大雄寶殿中居中的是娑婆世界的主佛釋迦牟尼佛，右側為西方極樂世界的主佛阿彌陀佛，左側為東方淨琉璃世界的主佛藥師佛。有些佛寺中，還有脅侍分立在橫三世佛兩旁，一般釋迦牟尼佛左右侍立文殊、普賢兩菩薩，阿彌陀佛兩側侍立觀世音、大勢至兩菩薩，藥師佛兩側侍立日光、月光兩菩薩。

❸ **豎三世佛**：豎三世佛是指時間世界的三尊主佛，在大雄寶殿中位於正中的是

現在佛，即釋迦牟尼佛；左側為過去佛，即燃燈佛；右側為未來佛，即彌勒佛。

（三）五尊佛

大雄寶殿供奉五尊佛的情況不多，現位於山西大同的華嚴寺即供奉五方佛，又名五智如來。五智如來分別是東方阿閦佛、南方寶生佛、中央毗盧佛、西方阿彌陀佛，和北方不空成就佛。

（四）七尊佛

現存大雄寶殿供奉七尊佛的，只有遼寧省義縣奉國寺一處，這七尊佛位於中間的為釋迦牟尼佛，其餘六尊均為過去佛。

四、法堂

也稱講經堂，是寺院舉行佛事活動之處。

五、藏經樓

這是收藏整個寺院珍貴經卷的地方。

我們已遍覽了佛寺，領略了佛門的風采，再度回顧《西廂記》，故事已經遠去，但普救寺依然矗立在永濟市。

二十一世紀是旅遊業發展的時代，普濟寺有如此廣為人知的故事，自然不會錯過這樣的機會。走進當代的普救寺，寺院布局與標準的漢傳佛寺已有明顯的不同，且充滿當代氣氛，還有時尚文人撰寫的對聯：

上聯：從情始以情終，字字情句句情，一章一節一回一折一本書裡全寫的是情，西廂記中人物皆為情生，真個情憾天地。

下聯：惜情來慕情去，人人情紛紛情，一磚一石一草一木四堵牆內無處不是情，普救寺裡和尚也是情種，好個情染境界。

見此對聯，那段愛情似乎天設人定，就該發生在這座寺廟中，只是故事的背景地早已不復當年景象。

第六章
宋元

16 嶺南的瘴氣與珠璣巷移民

古時的嶺南何以人煙稀少？

嶺南氣候炎熱，林木繁多，而林中常年積存著大量動植物遺體腐爛後所散發的「瘴氣」，讓外來人口水土不服，甚奪性命，阻礙發展。

嶺南，是指今天的廣東、廣西，因地處橫亙東西的南嶺之南，而得此稱。今天的嶺南是人們嚮往的地方，不僅擁有高居全中國首位的GDP，更擁有獨具魅力的自然風光，成為遊客流連之所，可在歷史上的嶺南，卻是一處煙瘴之地。且不說唐、宋時期，在幾百年前的明代，仍然有這樣的說法：「南方瘴癘，嶺南特甚，諺云：春、循、梅、新與死為鄰，高、竇、雷、化，說著也怕。[1]」讓人「說著也怕」的便是嶺南的瘴氣，那麼，瘴氣是什麼？

嶺南氣候炎熱，長夏無冬，林木繁多，這些今天看來十分優越的地理條件，在科學技術落後、人口稀少的古代，卻是地區開發的巨大障礙。「瘴氣」就產生於南亞熱帶叢林中，宋人周去非在《嶺外代答》中這樣描摹瘴氣：

> 南方凡病皆謂之瘴，其實似中州傷寒。蓋天氣鬱蒸，陽多宣洩，冬不閉藏，草木水泉，皆稟惡氣。人生其間，日受其毒，元氣不固，發為瘴疾。輕者寒熱往來，正類痁瘧，謂之冷瘴。重者純熱無寒，更重者蘊熱沉沉，無晝無夜，如臥灰火，謂之熱瘴。最重者，一病則失音，莫知所以然，謂之啞瘴。冷瘴未必死，熱瘴久必死，啞瘴治得其道，間亦可生[2]。

那麼，古人言語中的「瘴氣」究竟是什麼？宋代嶺南人口稀少，農業開發程度低，大部分地區仍保持著南亞熱帶原生態的植被，森林茂密，樹木鬱閉，動物繁多，因而林中常年積存著大量動植物遺體，腐爛後便散發出「毒氣」。現在我們都知道，一地發生地震，最緊要的是先救活人，其次掩埋屍體，並進行消毒防疫。原始森林中動植物的遺體，自然沒有人掩埋，常年聚集的腐爛物產生「毒氣」，當地人久居於此已經適應，而內地人初來至此，水土不服，往往為瘴氣所中，稍甚即被奪去性命。

宋代，廣西昭州、廣東新州因瘴氣鬱盛，有「大法場」之稱[3]。宋人所謂「大法場」雖然只有這兩個州，但是瘴氣之害幾乎遍布嶺南各地，處處都可傷人斃命，如「春州瘴毒可畏，凡竄逐黥配者必死」[4]。英州也有「小法場」之稱[5]，瘴毒之甚，僅略遜於昭、新二州。因此，南宋時期曾在靜江府（今廣西省桂林市）任職的范成大說，兩廣無瘴之地唯有桂林，「自是而南，皆瘴鄉矣」[6]。由於瘴氣的存在，內地人視嶺南為「畏途」，嚴重阻礙了人口的移入。

嶺南距離人口稠密的中原地區路途遙遠，因此，歷史上由於社會動亂而引發的人口南遷，往往是由河至淮、由淮至江，再由江至閩、至粵，逐次南徙，在其他地方尚可容足的情況下，很少有人投身嶺南。雖然自東晉南朝開始，在幾次大規模的人口南遷浪潮中，也有一定數量的移民進入嶺南定居，但為數不多的拓墾者付出的努力，並沒有對改變嶺南的面貌發揮很大的作用，因此直到北宋時期，這裡仍是令人望而生畏的煙瘴之鄉。宋代嶺南人口稀少，以致官府一反慣例，各州的令佐、監押「並用廣南人充」，只留得一名知州歸由朝廷派遣，非嶺南人擔任[7]。由於環境險惡，朝廷還特將當地知州的任期由定例的三年一任改為一年一任，並優其秩，以示獎勉。但即使這樣，也沒有人甘願萬里投荒。來這裡赴任的官員，不是開罪了朝廷，就是冒犯了權貴，大多都是受貶謫而至。嶺南這種環境特點，不但阻礙了人們的開發進程，同時也在開發利用過程中留下深深的獨特印記。

居住在嶺南地區的漢人，絕大部分是由內地遷入的。早在秦始皇統一六國時期，朝廷就派發了五十萬士卒戍守五嶺，這大概是內地漢人大規模進入嶺南的最早記載。其後，中原地區每次發生大規模動亂，都或多或少有一部分內地居民避亂於嶺南。南宋以後，進入嶺南的移民除躲避戰亂之外，還有相當一部分人是為了尋覓土地，如南宋人周去非所講的來自福建的「射耕人」就是其中一部分。正由於內地移民是嶺南人口的重要來源，因此這裡的人口分布呈現出與人口流動路徑完全吻合的特徵。依據北宋元豐初年全國各州的戶口數，可以計算出嶺南各州的人口密度。我們在圖6-1中看到，人口密度最高的桂州為每平方公里四十三．六人，除此之外，人口密度超過每平方公里二十人的有廣州、韶州、循州、潮州、連州、賀州、南雄州七州，這樣的人口密度其實很低，但在嶺南卻可以視作人口集中的高密度區。

關於嶺南各州的人口分布，我們需要關注的是其中的地理問題。所有人口高密度區按照其地理位置可以劃分為兩類：一類是當地的海港碼頭，另一類處於陸路交通要道。

屬於第一類即海港碼頭的，只有廣州。廣州是中國南海最早的通商港口，也一直是嶺南的政治、經濟和文化中心，地區開發程度較高，有良好的生產和生活基礎，因此吸引了許多人移居此地。早在漢代，廣州即已成為引人矚目的海內外貨物集散地，而從唐代開始，這裡正式設立了市舶司，管理日趨繁盛的對外貿易活動。入宋之後，廣州是宋朝

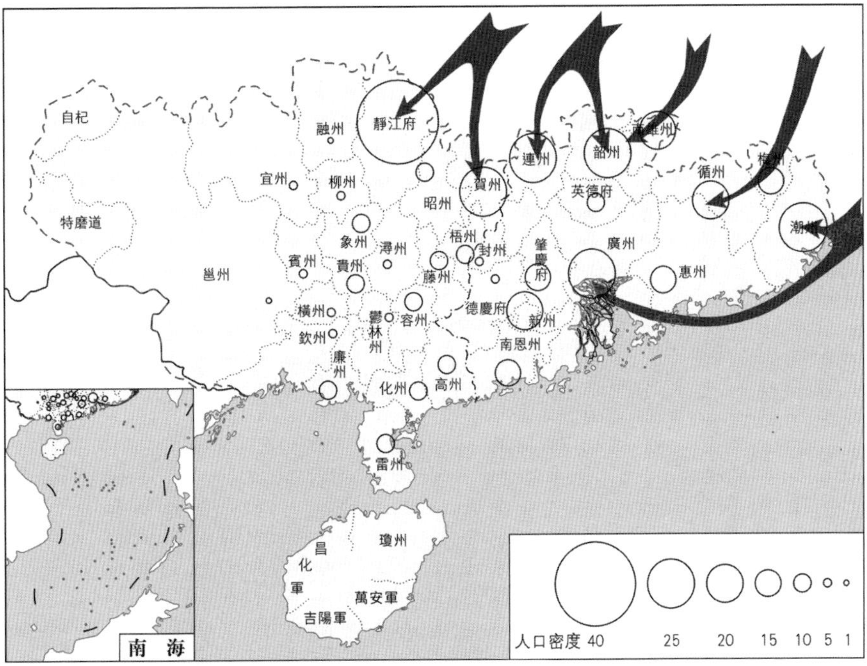

圖 6-1：宋代嶺南人口密度與主要越嶺道路

沿海諸港中第一個設立市舶司的城市。在日益興旺的對外貿易刺激下，不僅內地漢人紛至沓來，也吸引了許多海外商人在此定居。北宋景祐年間，朝廷詔令「廣州海南番商毋得多市田宅」[8]，這說明廣置田宅、僑居廣州已經是海外番商的通行做法。

屬於第二類的人口集中的高密度區，包括桂州、韶州、潮州、循州、連州、賀州和南雄州，均處於翻越南嶺進入兩廣的道路出口處。我們熟悉的南嶺，也被稱為五嶺，指的是位在南嶺的五座山，自西向東分別是越城嶺、都龐嶺、萌渚嶺、騎田嶺、大庾嶺。五嶺山體之間往往構成嶺北、嶺南往來的通道，其中最為重要的有三條，自西向東依次為湘桂道、騎田道、大庾道。湘桂道是一條以水路為主的通道，由湘江經靈渠下灕江而至桂州，一般去廣西的人多經此路。騎田道由湖南衡、郴等州越過騎田嶺，進入韶州，大庾道由吉、贛等州越過大庾嶺，至南雄州，這兩條道路在韶州合為一路南下，使這裡的交通尤為繁盛。

同屬於翻越南嶺的陸路交通，大庾道一線路途比較通暢，北宋人余靖謂此道：只有九十里需要騎馬，其餘路程都在船上，於是「全家坐而致萬里」[9]。正是如此，若從中原沿汴河南下轉赴嶺南，或從人煙稠密、經濟發達的長江下游地區前往嶺南，從江西走大庾道確實要比從湖南走湘桂道捷近，這應當是人們樂於取道大庾嶺的一個重要原因。南宋遷都臨安以後，朝廷官吏往來，走江西大庾嶺一路更為近便了，所以南宋人陳淵稱江西贛州一路不僅「貴人達官常往來」，而且「朝廷之有事交廣者，出入必過」[10]，因此，南雄州和韶州的交通往來自然也日益繁劇。

除了上述三條要道上的桂州、韶州和南雄州，潮州、循州、連州和賀州都處在次要的越嶺南北通道上。

瞭解了當時的交通形勢，進一步需要說明的就是為什麼桂、賀、連、韶、南雄、循這些人口密度高的州，幾乎都處在各個越嶺通道的南出口，且沿著南嶺山地南部，東西向一字排開？

南宋年間，從嶺北遷徙而來的移民越過南嶺，進入了一個新的環境，他們大多在山口地帶停下來，不再繼續南下，因為路途艱辛，人們寧願就近落腳，以適應新的環境。在嶺南首先需要適應的自然就是炎熱的氣候與瘴氣。越嶺而南，越向南氣溫越高，瘴氣也遠而逾甚。相對而言，南嶺山前，來來往往的道路出口處，瘴氣要稀薄得多。這就是宋人稱桂林氣候與江浙頗相似，而過桂林城南數十里則大為不同，「宜人獨桂林」的道理[11]，而內地人懼怕的瘴氣也是「唯桂林無之」[12]，因而在桂林落腳定居的人最多，人口密度遠遠高於嶺南各州，甚至比廣州還要高四十六％。與桂林相似，其他山口之處也是如此。

進入嶺南的移民往往會在山口地帶停留一段時間，或許一代、兩代，或許更長，當他們適應了當地環境，變成了當地人之後，自當繼續南下。人多了，自然環境也發生了變化，農田開始取代原始植被，一些地方的瘴氣也隨之淡去。新州素有「大法場」之稱，環境險惡。北宋人鄒浩說：「新州，最為惡地，颶淩空而飛瓦，瘴暝晝以成煙。」在這種環境下，即使當地土著居民，「亦多沉疾」，外鄉人至此，自然也就如入法場了[13]。顯然，這時還很少有內地移民前來居住。但到南宋初年，情況就大為不同了，宋代理學家胡寅在詩中描述了新州風土的變化：「新州州土忝嵐瘴，從來只是居流放。於今多住四方人，況復為官氣條暢。[14]」可見，這時新州已經由罪囚放逐之地，變成了四方移民的家園。

既然被視為「大法場」、環境最為險惡的新州都已經薈萃四方之人，那麼廣東那些自然條件更好的地方更應如此。

廣東珠江三角洲一帶流傳著一個關於珠璣巷移民的傳說。珠璣巷在哪兒？在南雄，對此清人屈大均在《廣東新語》中載：「吾廣故家望族，其先多從南雄珠璣巷而來。蓋祥符有珠璣巷，宋南渡時諸朝臣從駕入嶺。至止南雄……」明清時期，廣州府各家族撰寫家譜，敘及祖先，都將祖先遷出地落在珠璣巷。這些家譜以及地方志告訴我們，從珠璣巷南遷的姓氏有一百五十多個，其所形成的家族以及支系就更多了，幾乎遍布珠江三角洲，甚至更遠的地方。珠璣巷移民，幾乎成為嶺南追溯祖先的共同根源。

為什麼是珠璣巷呢？珠璣巷位於南雄，南雄正當大庾道，而大庾道又是各條越嶺通道中往來最為便利的，從這裡過往的人多，留居在山口南雄的人也最多。這些南下移民落腳在南雄，一代、兩代之後，再遷移到珠江三角洲，待一切都穩定下來，回憶祖先的往事，早已不知曾經在嶺北的家鄉為何地，能夠憶起的只有越嶺後的第一站——南雄珠璣巷。

如今，珠璣巷仍然保留著當年的古街、古巷，矗立在那裡的一座石碑上，鐫刻著一百五十多個從那裡遷出的家族姓氏，這是他們的祖先到嶺南之後初落腳的地方，並由此開枝散葉，成就一段記憶。

歷史在發展中，會改變一個地方，也會為一個地方帶來新的契機。嶺南、珠江三角洲就是如此。明人王士性曾經有過這樣的預言：「今日東南之獨盛也，然東南他日盛而久，其勢未有不轉而雲貴、百粵。」從王士性的時代至今四百多年，預言早已實現，瘴氣沒了，二〇二一年的廣東一躍登上中國GDP的第一位。回顧嶺南歷史，這片土地上有著與黃河、長江流域完全不同的開發進程，迎來的是他處沒有的輝煌。

17 遊牧時光——草原遊牧方式

遊牧民族爲何逐水草而居？

與其說「逐水草」不如說「逐季節」。由於降雨量的制約，需順應四季改變放牧地，吃一片留一片，以確保牲畜有足夠的糧草。

中國民歌《遊牧時光》描述了牧民漂泊的遊牧生活，蒼勁渾厚，意味綿長。這首歌感動了許多人，也帶走了許多心，不知有多少人聽著這首歌走向草原，渴望換一個在心裡放馬的地方。然而，草原上真實的遊牧生活是如何呢？每一個遷徙的牧場又是什麼樣的景象呢？

中國大地上有一條隱形的界限，這就是年降雨量四百公釐等值線，我們看得見這條界限落在地圖上，但踏上那片土地卻無法找到它的痕跡，就是這樣一條隱形的界限界分了中國的東西。年降雨量四百公釐等值線與青藏高原東緣銜接，東部濕潤多雨，西部乾旱多風，東西兩地景色迥然，民生亦迥然。

環境打造了景觀，也限定了人們的生業。從中國國家版圖著眼，草原畜牧業區擁有的空間幾近半壁河山。不過，由於降雨量的制約，中國西部只能在可以灌溉的小塊土地上發展農業，黃河河套以及天山、崑崙山、祁連山冰雪融水滋潤的綠洲都屬於這樣的區域。走出小片農田，廣大的西部，畜牧業是這裡的主旋律。內蒙古高原牧場、新疆山地牧場、青藏高原牧場是中國西部三大牧場，歷史上生活在這裡的人們，最早被稱為戎、狄。從戰國時期開始一路走來，我們會看到匈奴、烏桓、鮮卑、氐、羌、柔然、吐蕃、突厥、回紇、鐵勒、沙陀、吐谷渾、室韋、党項、契丹、奚、蒙古等民族，先後稱雄於草原。

談到遊牧民族，日本歷史學者杉山正明在《遊牧民的世界史》一書中提出了「歐亞世界史」的構想。他認為，一體化的歐亞世界在十五世紀之前早已出現，比「地理大發現」以來的「全球世界史」的開端更早，而做出這份貢獻的是遊牧民族。遊牧生活以及颶風般的軍事行動，將歐亞各地連接成一個地理空間體系。然而，無論研究歐亞大陸的歷史，還是討論一個族群的興衰，草原民族在歷史舞臺上的軍事雄姿始終是人們關注的亮點，反之，支撐軍事力量的物質基礎——「草原遊牧業」卻往往成為配角。任何一個社會，經濟基礎都是決定上層建築的根本，那麼，能夠撐起這些偉大民族的草原遊牧業擁有怎樣的經營方式呢？

「遊牧」意味著「流動」，草原遊牧業在流動中走過四季，處處是家，處處無家，人們用「逐水草而居」概括了這一切。逐水草的遊牧生活是個謎，翻開中國歷史文獻，在那些浩瀚的卷本中很難看到完整的遊牧生活紀錄。表6-1列出「二十四史」中的相關記載，可以發現「隨水草畜牧」概括了一切。只要提及草原，在古

表 6-1：歷史時期主要草原民族與遊牧方式

民族	資料內容	資料出處
匈奴	居於北蠻，隨畜牧而轉移。	《史記・卷一一〇・匈奴列傳》
烏桓	隨水草放牧，居無常處。以穹廬爲舍，東開向日。食肉飲酪，以毛毳爲衣。	《後漢書・卷九十・烏桓傳》
鮮卑	廣漠之野，畜牧遷徙，射獵爲業。	《魏書・卷一・序紀一》
吐谷渾	恆處穹廬，隨水草畜牧。	《魏書・卷一〇一・吐谷渾傳》
突厥	被髮左衽，穹廬氈帳，隨逐水草遷徙，以畜牧射獵爲事，食肉飲酪，身衣裘褐。	《北史・卷九九・突厥傳》
回紇	居無恆所，隨水草流移。	《舊唐書・卷一九五・回紇傳》
吐蕃	其畜牧，逐水草無常所。	《新唐書・卷二一六・吐蕃傳上》
契丹	逐寒暑，隨水草畜牧。	《北史・卷九四・契丹傳》
奚	隨逐水草，頗同突厥。	《北史・卷九四・奚傳》
蒙古	自夏及冬，隨地之宜，行逐水草。	《元史・卷一〇〇・兵志三》

籍中出現的文字幾乎相同，少有細節，少有說明，更少見遊牧生活的一年四季。然而，無論走進草原，還是體會中國歷史上東西之間的武力爭雄，解讀「逐水草」是瞭解這一切的起點，因為這是遊牧生活的根本。

任何一種生產方式，都存在屬於自己的關鍵性技術內涵，而遊牧生活的技術內涵在於「移動」。雖然「遷移」本身並沒有什麼特別的理論，一地的牧草被吃光，不能在次日更新，然而草原是廣闊的，眼前的草沒了，別處卻有，轉移放牧地點成為滿足畜群需要的必然選擇。遷移是遊牧業的基本節律，為了追尋水草豐美的草場，遊牧社會中的人與牲畜均作定期遷移，有冬夏之間季節牧場的變更，也有同一季節內水草營地的選擇。

回顧歷史，從牧人躍上馬背、驅趕畜群走向草原那刻至今，草原上的遊牧生活已經延續三千多年的時光。在這三千多年中，牧民不斷地探索草原，尋求草原與畜群的關係，「逐水草而居」正是他們為畜群持續獲得水草所建立的遊牧方式。

古人用「逐」表示移動，就文字力度來看，「逐」或「追逐」遠在「移動」之上，用強烈的語感表達流動的遊牧生活，為人們留下了深刻印象。那麼，遊牧生活追逐的是什麼呢？畜群以草為生，自然是在追逐牧草，這樣的理解當然沒錯；若再深入探討，說牧民追逐的是季節可能更為貼切。牧草與自然界中的植物一樣，仰賴水、熱、土而生，一年四時不同，冷暖各異，牧草因之興衰輪回，這一切為牧民在季節變化中辨別利用草資源提供了條件。

遊牧生活依賴水草而存在，劃定季節牧場的原則自然也建立在這樣的基礎上。保證每個季節牧草有良好的再生能力，且植物成分不因放牧而被破壞，這是選擇一處放牧地的前提。另外，飲水條件和牧草生長狀況能否滿足畜群的需要也很重要。在這樣的原則下，牧民會根據牧場的自然環境，劃分春、夏、秋、冬四季營地，或春、夏、冬三季營地，抑或冬、夏兩季營地。農耕生產講究因地制宜，反之，遊牧生活則奉行待時而動。

「待時」是指逐水草的時序，農民的四季都留在同一塊土地上，牧民的四季卻要分配給不同的牧場。四季之間，草原上不同地形、不同方位，以及不同區域內，溫度與水草資源都不相同，牧民會利用水草資源的時空差異，選擇最有利的放牧地點；順應四季變化把握移動時機，改變放牧地，安排畜群轉場，從一處到另一處，逐步形成季節牧場。

最初的遊牧生活可能無序，從無序到有序，經過了一輩又一輩的人反覆探尋，時空有序的放牧地最終躍然於草原上。草原上何時形成季節牧場尚無法斷定，但漢代文獻中已經有了關於季節牧場的記載，根據《漢書．西域傳》載：「康居國，王冬治樂越匿地……越匿地馬行七日，至王夏所居。」康居屬於行國，為西漢時期居於楚河流域的草原民族。對於此段引文，唐代經學家顏師古注曰：「王每冬寒夏暑則徙，別居不一處。」冬夏居地，相距約馬行七日的距離。此後，《魏書．西域傳》載：「嚈噠國……無城邑，依隨水草，以氈為屋，夏遷涼土，冬逐暖處。」

《遼史・營衛志》載，契丹五院部「大王及都監，春夏居五部院之側，秋冬居羊門甸」，六院部「大王及都監，春夏居泰德泉之北，秋冬居獨盧金」。《元史・兵志》載，蒙古人「自夏及冬，隨地之宜，行逐水草，十月各至本地」。儘管這樣的記載留下的不多，但可以看到，無論康居、嚈噠，還是契丹、蒙古人，劃分季節牧場，四季依次遷徙已然成為傳統。

季節牧場的劃分依靠四季的變化，每個季節牧場的環境選擇自然不同。季節牧場的駐留處也稱為營地，中國北方春營地的利用時間較長，經過嚴寒而漫長的冬天，牲畜體衰羸弱，且剛好碰上春羔時期，因此放牧地往往選在向陽開闊、牧草萌發早的地帶；春天的牧場風大氣寒，避風也是選擇營地的重要指標。經冬至春，牧人終於迎來了夏天，這是一年中最歡快的日子；夏日陽光溫暖著草原的每一個角落，地勢高爽、通風防蚊的山丘，以及林邊草地或河、湖岸灘，其他季節不宜放牧的地帶往往成為夏營地的選址；富有營養的牧草更是牲畜的選擇，誰吃了好東西不發胖呢，牧人稱夏天是牲畜「抓膘」（使牲畜肥壯的飼養措施）的季節。

秋天來了，牧人趕著畜群，將營地安放在開闊的川地或灘地，每年這個時候都是牲畜交配的季節，也需要優良牧草儲存體力，迎接嚴冬，秋營地的選擇同樣馬虎不得。轉眼冬天又到了，每年十一月中下旬，內蒙古草原上的牧民便開始轉向冬營地。北方的冬季很長，冬營地利用的時間也同樣長，為了躲避寒冷與風雪，營地一般選在向陽背風的窪地，這樣的地方積雪不能太厚，否則牲畜無法獲得被埋在雪下的牧草。冬季是一年中

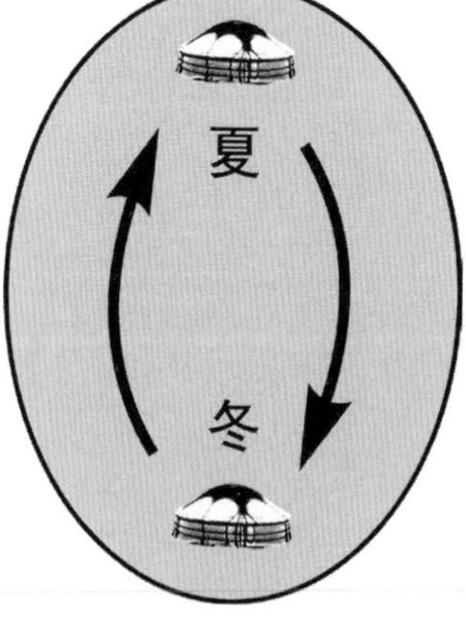

圖 6-2：冬夏季節牧場示意圖

最嚴酷的季節，遇到大風雪，人、畜都面臨著巨大的威脅，牧民固然會十分謹慎地選擇冬營地的位置，但誰又能保證冬天裡無風無雪呢？（圖6-2）。

在中國三大牧場中，位於新疆的天山、崑崙山、阿爾泰山都屬於山地牧場。山地地形複雜，山上山下環境迥異，這裡的「四季牧場」與「高原牧場」的地形選擇自然不同。冬營地通常選在山腳或背風向陽的山坳，春秋營地一般選在山麓、戈壁邊緣地帶，夏營地往往在高山或亞高山，每年由冬春到夏秋，畜群由山下到山上，又由山上到山下，隨營地定期轉移（圖6-3）。

一年四季，遊牧生活在流動中走過。「春天，牧人追逐著融化的雪線北上，秋天又被大雪驅逐著漸次南下，不停地出發，不停地告別。春天接羔，夏天催膘，秋天配種，冬天孕育，羊的一生是牧人的一年。」這是來自中國阿勒泰地區的青年作家李娟寫在《冬牧場》中的淡淡傷感，只有走過阿爾泰山中的風雪牧道，才會對遊牧生活有這樣切身的體會。

遊牧社會是一個整體，但每個放牧者都從屬於一個家庭，他們分散在草原的四面八方，不僅有著各自的營地，且從往古到如今都遵守、依循著共同的準則營建季節牧場。元人王惲記述了蒙古牧人的季節牧場：「遇夏則就高寒之地，至冬則趨陽暖薪水易得之處以避之……逐水草便畜牧而已。[15]」威尼斯共和國商人和探險家馬可・波羅（Marco Polo）也看到了這樣的現象：「韃靼冬居平原，氣候溫和

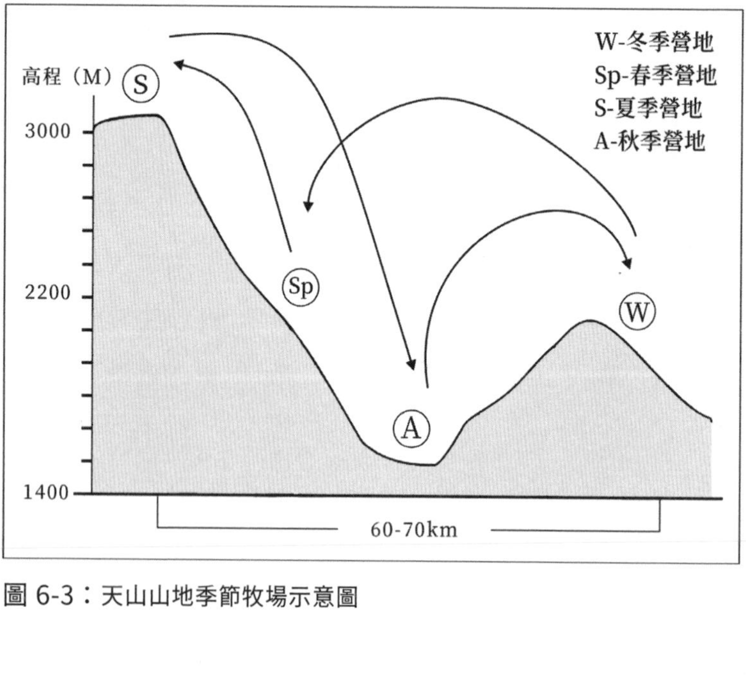

圖 6-3：天山山地季節牧場示意圖

而水草豐肥，足以畜牧之地。夏居冷地，地在山中或山谷之內，有水、林、牧場之處。[16]」十三世紀進入蒙古草原的西方傳教士魯木魯乞（Rubruquis）記載了同樣的遊牧方式：韃靼人沒有固定的住處，「冬季他們到南方較溫暖的地區；夏季到北方較寒冷的地方」[17]。

吃一片，留一片，循序利用，季節牧場建立在畜群最有效利用水草資源的基礎上，正是如此，其中的基本原則為「歷代依循」。有條件形成四季營地的草場往往面積寬裕，植被覆蓋度高，水源豐富。三季營地一般將牧場劃分為冬春營地、夏營地、秋營地；兩季營地往往將牧場劃為冬春營地與夏秋營地，受自然條件限制，中國許多牧場都採取兩季營地。

遊牧是流動的生活，固然放牧地可分為四季、三季或兩季牧場，但一年中牧民的遷移絕非三、四次。曾在內蒙古草原當過牧民的中國作家張承志這樣說過：「牧民一年有多少次遷移，是數不清的。」走過阿爾泰山風雪牧道的李娟也說：「哈薩克牧民遷移最多的人家，一年中平均四天就要搬一次家。」

「野火燒不盡，春風吹又生」是我們熟悉的詩句，草是不會被燒絕的，一場春風，一場雨露，大地上野草再次萌生，但畜群吃掉的草不會在幾天之內更新，牧民也絕不會在稀疏的草場上等待新的牧草長高。為了確保牲畜正常生長，牧民在每個季節牧場內並非只停留在一地，而是根據草場與畜群狀況，所以他們往往需要多次遷移。

遊牧生活存在各種「移動循環」，一些取決於地理環境，一些則與放牧的畜群有關；一些部落遷移得很遠，一些一年只移動幾十里。放在科學的平臺上觀察，一處季節牧場內遷移的次數以及每次遷移的距離與氣候、土壤、草質有著複雜的關係。畜牧學一般將某一牧場在放牧季節內可以放牧利用的次數，稱為「放牧頻率」；放牧頻率依牧草的再生能力而定，再生能力強的草場放牧頻率高，再生能力差的放牧頻率低。放牧頻率的計算方法為牧草再生次數加一，中國北方草原在生長季節內一般可再生兩至三次，放牧頻率可達三至四次；荒漠地區只能再生一次，放牧頻率為兩次[18]。放牧頻率越低的草場，循環利用率越低，牧民遷移次數多；放牧頻率高的草場，可以往復利用，牧民遠距離遷移次數相應較少。儘管如此，無論遠距離的轉場，還是小範圍的遷移，流動都是遊牧生活的常態（圖6-4）。

為了確保畜群每天都能吃到牧草，牧民通常將營盤周圍的牧地分為幾個地段，有順序地按地段放牧。放牧地段的面積取決於畜群數量、種類，如果畜群以牛、馬

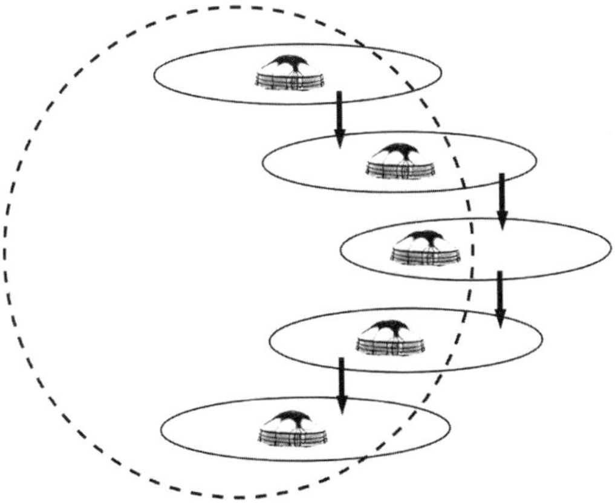

圖 6-4：季節牧場內轉場示意圖

為主，每日放牧地段的面積一定會高於羊群，而牧草茂密、草質優良的牧場也經得住更長時間的利用。當營盤四周的牧草從遠到近，全部利用過之後，要追逐未被觸動的牧草，搬家就成為必然。那麼，這樣的駐與行，大約多久呢？五、六天，七、八天，十來天，時間上無一定之規，視牧草狀況而行。經過季節牧場內所有地段的輪轉後，牧民會回到最初的放牧點，此時那裡的草已經長高了。

逐水草而居的四季中，夏季是最美好的，辛苦一年的牧民總將最重大的活動安排在這個時候，婚禮、慶典，比如我們熟悉的內蒙古草原上的那達慕大會，新疆哈薩克的叼羊、賽馬，青藏高原上的雪頓節，都在這個季節舉辦。夏天是草原上最歡快的日子，茂盛的牧草也使放牧變得簡單了許多，於是蒙古人留下了「夏秋娃子也能牧，冬春只能漢子牧」的諺語。然而，夏天的美好只是一年中短短的一段，遊牧時光更多的日子有風、有雪，踏著四季的輪回，遊牧者離去又回歸。

一年中四季變化於冷暖之交，農耕依四季完成播種、收穫，遊牧則隨四季建立牧場、營地，農民在同一塊土地上依四季時序安排不同的農事活動，牧民則在四季循環中追尋未被觸動的牧草，遊牧與農耕雖然屬於經營方式完全不同的兩種生產活動，但均在四季的輪回中獲得再生的機緣。

自然條件決定了中國東西部的環境差異，也造就了東西部經濟生活方式的不同，從東向西，從農耕區進入草原遊牧區，經歷著地理景觀與人生方式的變化。遊牧時光是在逐水草的生涯中走過的，遊牧的路上有風雪，也有鮮花，遊牧生活孤獨而寂寞，遠離市井，遠離喧囂。然而，孤獨不等於無為，寂寞也不意味平凡，震動整個歐亞大陸的草原民族——匈奴、突厥、蒙古人就是在遊牧生活中崛起的天驕。

18 呼倫貝爾草原的傳奇

成吉思汗如何崛起？

呼倫貝爾草原曾是蒙古弘吉剌部的屬地，而歷史的機緣讓成吉思汗家族與弘吉剌部結爲姻親，共同攜手創造了草原的輝煌。

一首唱給呼倫貝爾草原的歌——《這片草原》，相信不少人一定聽過。

天鵝梳妝在達賚湖的岸邊，
孛兒帖出生在呼倫貝爾草原，
烈馬跨過克魯倫河，

成吉思汗迎親在這片草原，
牧歌迴盪興安嶺的雲端，
藍天下升騰著蒙古包的炊煙。

中國藏族女歌手降央卓瑪低沉的嗓音悠遠而綿長，緩緩的音律帶著一絲傷感，透過時空，引領我們走進草原深處，走向草原上的過往。

翻過大興安嶺向西，額爾古納河右岸那片茵綠就是呼倫貝爾草原。深藏在草原上的呼倫湖（達賚湖）、貝爾湖正是這片草原名字的由來，然而，真正將靈魂注入草原的卻是額爾古納河。源於大興安嶺的海拉爾河自東向西奔流，是額爾古納河的河源；源於蒙古國肯特山東麓的克魯倫河，自西南向東北流入呼倫湖，又從呼倫湖注入額爾古納河；源於大興安嶺西麓的哈拉哈河，自東南向西北流入貝爾湖，而從貝爾湖流出的烏爾遜河又向北匯入呼倫湖。河流流進再流出，殊途同歸，將呼倫、貝爾兩個湖泊與額爾古納河匯為一體。至於伊敏河，雖與兩湖無關，卻因最終注入海拉爾河而成為額爾古納河的支流（圖6-5）。

額爾古納河滋潤了呼倫貝爾草原，那是一片色彩與色彩相撞的地方，五彩斑斕的春天，碧色連雲的夏天，枯黃蒼涼的秋天，雪花飛舞的冬天，大地因四季變換著色彩。藍天白雲下，額爾古納河右岸，那一條條蜿蜒的河道靜靜地流淌在草原深處，目睹了無數四季之變，也一一擁抱過草原上的人們，為他們的偉業而歌唱，為他們的遠行而流連。

呼倫貝爾草原曾是蒙古弘吉剌部的屬地；弘吉剌部，是草原上的貴族，部落的姑娘以美貌享譽草原。歷史的機緣讓成吉思汗家族與弘吉剌部結為姻親，共同攜手營造了草原的輝煌。

歷史告訴我們，任何輝煌都並非從天而降，草原上的傳奇也是如此。成吉思汗的父親也速該為蒙古乞顏部的首領，母親訶額侖就來自弘吉剌部，這兩條英雄血脈

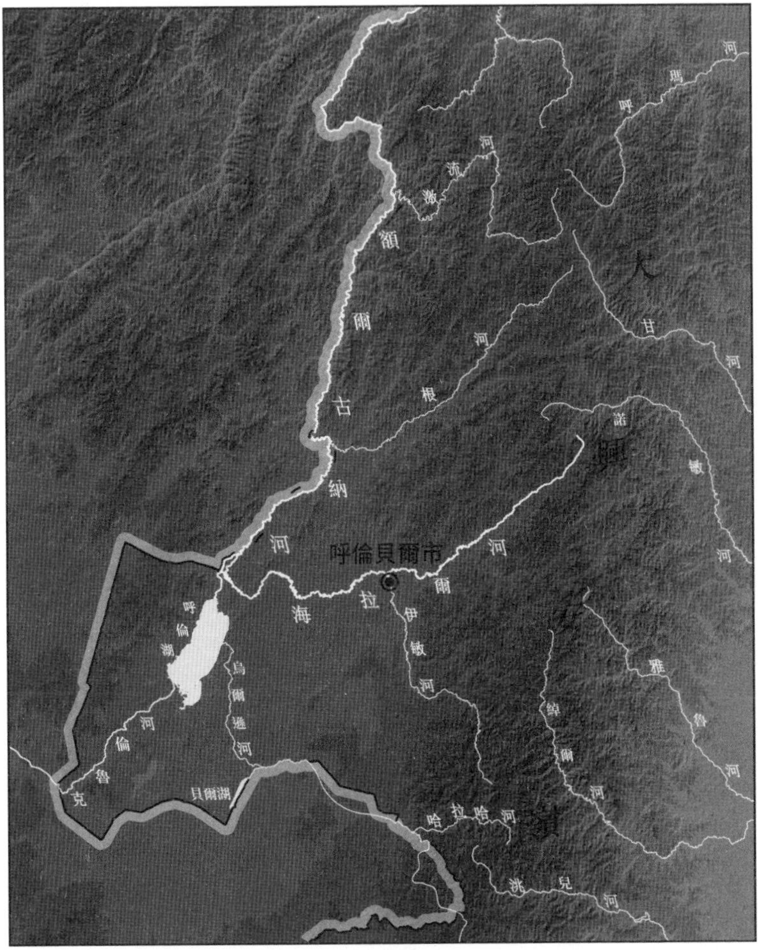

圖 6-5：呼倫貝爾草原及其毗鄰地區地形圖

融為一處，註定要成就一份輝煌，也註定要經歷一番磨難。據《蒙古祕史》所載，鐵木真（成吉思汗的名字）九歲那年，父親也速該按照習俗，帶著兒子前往弘吉剌部求親，這對英雄父子沒有任何懸念地得到了弘吉剌人的認同。

鐵木真父子來到弘吉剌部首領特薛禪家中，特薛禪對也速該說起前一晚做的夢，一隻海東青——這是蒙古人心目中的神鷹，迎著草原上的太陽光芒，飛到了他的手中。而第二天也速該就帶著兒子鐵木真來提親，這意味著鐵木真就是那隻神鷹。特薛禪對也速該說，你的兒子非比尋常，我的夢一定會應驗。當下兩家就定了親，特薛禪將自己美貌且聰慧的女兒孛兒帖許給了鐵木真。按照蒙古人的習俗，需要求婚三次，女方家才能應允，不過特薛禪破例，當下就允諾了兩家的聯姻，但是他要求鐵木真在弘吉剌部住上一年，這個要求自然獲得了也速該的同意。

訂婚是鐵木真一生的大事，法國學者勒內．格魯塞（René Grousset）所著的《成吉思汗》一書就弘吉剌部的屬地進行了仔細的探討，他認為：「也速該父子二人行至扯克徹兒山與赤忽兒古山之間，遇到住在此地的弘吉剌部的另一位首領特薛禪。赫尼施教授曾考證，此二山即今阿爾丹一諾木山和杜蘭豁拉山，位於兀兒失溫河西畔闊連河與捕魚兒湖之間。」這裡所說的「兀兒失溫河」是指今烏爾遜河，「闊連湖」是指呼倫湖，「捕魚兒湖」是指貝爾湖。顯然，當年蒙古弘吉剌部就遊牧在呼倫湖、貝爾湖之間的呼倫貝爾草原。

訂婚這年鐵木真九歲，孛兒帖十歲，無論在當時還是今天，這個年齡都還是孩子，而一個巨大的人生考驗就在此時落在了鐵木真面前。也速該完成訂婚之後，返回自己的部落。途中經過塔塔兒部時，正逢部落舉行宴席，塔塔兒人邀請過路的客人也速該參加酒宴。按照蒙古人的習俗，這是不能拒絕的，也速該面對盛情沒有任何防備，沒想到部落中有人認出也速該，想起了過往草原上的紛爭所帶來的仇怨，竟然在也速該的酒中投下毒藥。中毒後的也速該強忍著劇痛，堅持回到了自己的部落，並請人將鐵木真從弘吉剌部召回。

講起草原上往日的故事，似乎少了些許驚心動魄，儘管如此，我們仍然能感覺到這巨大變故所帶來的震動。也速該的離去，如同一杆擎天大旗轟然倒下，只留下孤兒寡母，部落成員與追隨者並不看好，一時間紛紛投奔他人。失去族人、失去親人的那些年，是鐵木真一家最艱難的時候，不僅生計無著，同時面臨族人的迫害。訶額侖這位來自呼倫貝爾草原的不凡女性，既要對付仇家，又要撫養年少的兒子們。艱難歲月中，鐵木真兄弟在母親的帶領下長大了，也在成長中顯現出英雄本色。

鐵木真十八歲那年，隨著鐵木真兄弟的長大，離去的部落成員漸漸回歸。也是在這一年，鐵木真再次前往呼倫貝爾草原，迎娶孛兒帖。當時的場景正如歌中唱的「烈馬跨過克魯倫河，成吉思汗迎親在這片草原」。遠道迎來的新娘受到鐵木真一家熱情的歡迎——又一位來自弘吉剌部的姑娘進入這個家族。

孛兒帖初嫁時，鐵木真的事業並不如意，在蔑兒乞人對乞顏部的一次偷襲中，孛兒帖被擄走了。逆境中長大的鐵木真沒有因這樣的挫折失去勇氣，九個月之後，他聯合克烈部、札達蘭部，成功地從蔑兒乞人手中救出了妻子。孛兒帖獲救的同時，蔑兒乞部也覆滅了，這是鐵木真人生中的第一仗，打得乾淨、漂亮。打敗蔑兒乞部讓鐵木真名聲大振，草原上的各個部眾紛紛歸附，為鐵木真統一蒙古各部、登上大汗之位奠定了基礎。這一年是一一八一年，二十多年後經過艱苦征戰，一二〇六年，鐵木真完成了統一蒙古各部的大業，建立了大蒙古國，並被推舉為成吉思汗，寓意「擁有海洋四方的大酋長」。

對於成吉思汗的偉業，孛兒帖有著不可低估的作用。元朝建立後，孛兒帖被追封為太祖光獻翼聖皇后。根據《元史》上記載，孛兒帖為人「宅心淵靜，稟德柔嘉」，深得成吉思汗珍愛。這位來自呼倫貝爾草原的皇后，不僅輔佐丈夫奠定了蒙古帝國的基業，還生育了四個兒子、五個女兒。孛兒帖的四個兒子分別是朮赤、察合臺、窩闊臺、拖雷，他們無疑是讓整個歐亞大陸震撼的人物。朮赤、察合臺、窩闊臺分別是金帳汗國、察合臺汗國、窩闊臺汗國的建立者，而拖雷的第四子忽必烈正是元朝的開國皇帝，第六子旭烈兀建立了伊兒汗國。在馬背民族馳騁世界的時代，成吉思汗與他的子孫憑藉滾滾鐵騎，從草原到城市，所到之處望風而降，贏得了世界征服者的威名。子孫是橫跨歐亞大陸四大汗國的建立者，丈夫成吉思汗是大蒙古國的最高可汗，世界上還有什麼人擁有比孛兒帖更高貴的親屬團嗎？

訶額侖、孛兒帖這兩位來自呼倫貝爾草原的不平凡女性，輔佐成吉思汗及其子孫成為歐亞大陸的霸主，她們自身也深受歷史學界的關注。波斯人拉施德丁的《史集》、法國人勒內·格魯塞的《草原帝國》、波斯人志費尼的《世界征服者史》都為她們留下大篇幅的記載。訶額侖、孛兒帖的地位表面上看是婚姻所賜，事實上她們的堅毅、勇氣、智慧才是根本。正因訶額侖、孛兒帖這些來自呼倫貝爾草原的女性所擁有的美德，成吉思汗「有旨，弘吉剌氏生女，世以為后；生男，世尚公主」[19]。一份統計告訴我們，蒙元時期出自弘吉剌部的皇后有十二位，若將訶額侖算作其中，共十三位[20]，幾乎每朝皇帝都有一位來自呼倫貝爾草原的皇后。

呼倫貝爾草原上的輝煌持續不斷，一二〇六年，成吉思汗被蒙古各部擁立為大蒙古國可汗，同年，他完成了對親屬、功臣的封賞。根據拉施德丁的《史集》所載，成吉思汗的二弟合撒兒的封地在也里古納河（今額爾古納河）、闊連海子（今呼倫湖）和海剌兒河（今海拉爾河）以北地區；幼弟斡惕赤斤被分封到蒙古高原東北角，即捕魚兒海（今貝爾湖）、哈剌哈河流域至海拉爾河之地。

顯然，合撒兒、斡惕赤斤的封地就在呼倫貝爾草原，原來遊牧在這裡的弘吉剌部封地則南遷至錫林郭勒草原至西拉木倫河上游一帶。成吉思汗來自蒙古乞顏部，大汗的姓氏為「孛兒只斤」，經過這次分封，呼倫貝爾草原迎來了新的主人——孛兒只斤氏的家族成員。

草原是相通的，草原上的人是流動的。呼倫貝爾草原與科爾沁草原相連，這片草原同樣屬於合撒兒的領地，《清史稿》有記載，「科爾沁始祖曰哈布圖哈薩爾，元太祖弟」[21]。清太宗皇太極改國號為清前就全力推行滿蒙聯盟，並透過婚姻穩固聯盟。正是如此，皇太極身邊「崇德五宮」的五大后妃都來自蒙古博爾濟吉特氏，其中三位為科爾沁部博爾濟吉特氏。這五大后妃是：中宮皇后，科爾沁博爾濟吉特氏，名哲哲；東宮宸妃，科爾沁博爾濟吉特氏，名海蘭珠；西宮貴妃，阿霸亥博爾濟吉特氏，名娜木鐘；次東宮淑妃，阿霸亥博爾濟吉特氏，名巴特瑪璪；次西宮莊妃，科爾沁博爾濟吉特氏，名布木布泰。五大后妃中，布木布泰就是後來為清王朝的穩定做出巨大貢獻的孝莊太后。博爾濟吉特在漢文中又寫作孛兒只斤、博爾濟金、博爾濟錦等，這正是成吉思汗家族的姓氏。透過聯姻，成吉思汗家族的血脈注入清朝帝王的血統中，整個清朝先後有六位出自博爾濟吉特氏的皇后。

從呼倫貝爾草原到科爾沁草原，「遙望天上人間，就在這片草原」，藍天白雲綠草，不僅有著豪放的遊牧時光，那也是草原上英雄的故鄉。

第七章

明清

19 六百年前美洲大陸的舶來品

清朝人口遽增，如何解決糧食問題？

地理大發現推動了世界各地物種的大流動，使原產於美洲大陸的玉米、甘藷傳入中國，正好緩解了人口激增的糧食短缺。

今天中國人餐桌上的主食是大米、白麵，而曾經的糧食主角卻是玉米、甘藷。一首流行於中國一九九〇年代的歌曲《前門情思大碗茶》有這樣一段歌詞：「我爺爺小的時候……，他一日那三餐，窩頭鹹菜麼就著一口大碗兒茶。」歌詞的作者是中國知名詞作家閻肅，這寫的是老北京百姓的生活，或許也有他本人的體驗。窩頭是用玉米粉做的，很長一段時間內，不僅北京，北方各地百姓的主食都離不開窩頭。還有一首民謠，「紅薯湯，紅薯饃，離了紅薯不能活」，則唱出了甘藷在百姓生活中的價值。至今，年長的人仍然忘不了童年與甘藷相伴的日子，尤其是在南方山區，那就是尋常的口糧。

玉米、甘藷都是源於南美洲的農作物，於六百年前傳入中國。十五世紀世界上發生了諸多重大事件，例如：地理大發現與新航道的開闢，讓人們不再固守於家鄉的土地上。舊大陸上的人們登上新大陸，新大陸上的物產被帶到舊大陸，地理大發現改變了世界，也改變了人們餐桌上的食物。

玉米傳播路徑與農作物嬗遞

農作物進入異地他鄉之後，能否贏得一席之地，品質、產量、環境適應性是決勝的關鍵。與中國傳統糧食作物相比，玉米的優勢首取產量。試想，在旱地作物每畝產量一百多斤的年代，玉米畝產就有兩百多斤，固然，這樣的產量與當代中國雜交水稻育種專家袁隆平所培育的雜交水稻相比不算什麼，可是在幾百年前是什麼概念？絕對是高產量作物。玉米的環境適應性很強，耐乾旱、耐貧瘠，平原可以種植，丘陵山區也可以種植。

同是外來作物，冬小麥從四千多年前踏入新疆，到被納入中國本土農作物體系，成為主流農作物，大約經歷了兩千多年，而玉米走過這段路只用了一百多年的時間（圖7-1）。

十六世紀中晚期，玉米依循東南、西南、西北三條路徑傳入中國各地。西南一路從緬甸進入雲南；西北之路即「絲綢之路」，從中亞進入新疆；東南這條道路最為重要，是玉米傳入各地的主要路徑。五百年前，玉米在廣東、福建登陸，逐步向南北各地傳播，一百多年後，華北一帶就看到了玉米。成書於明朝萬曆年間的《金瓶梅》就提到，西門慶的餐桌上有「一碟玉米麵玫瑰果餡蒸餅兒」、「兩大盤玉米麵鵝油蒸餅兒」。用這樣精緻的手法加工玉米粉，說明那時玉米在山東還是稀罕物，但沒過多少年，它就從有錢人的點心變成百姓果腹的食物了。

南美農作物進入中國的那些年，正是中國人口大幅度增長的時代，人口史研究告訴我們，明代以前的各朝，全國總人口大約五、六千萬；至明代，人口從八千萬上升到一億；清朝開國一百多年後的嘉慶時期，人口翻了兩倍，全國有四億人口。俗話說「民以食為天」，糧食從哪裡解決？平原地區的土地早已

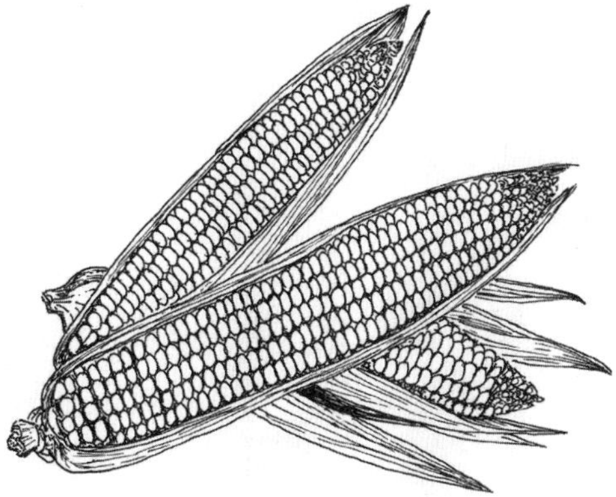

圖 7-1：玉米

開墾殆盡，為了尋覓土地，人們開始走向丘陵山區。玉米傳入中國率先登陸福建、廣東兩省，福建山多地少，素有「八山一水一分田」之稱，走進山區成為人口流動的主流方向。旱地作物原本就是丘陵山區的主角，粟、黍、冬小麥、蕎麥、高粱、芋頭，以及各類經濟作物，都曾擁有一席之地。與這些農作物相比，玉米的生存優勢、產量優勢促使人們推陳出新。

人們攜帶玉米從閩浙山區，來到江西、湖南、湖北、四川，形成「江西填湖廣，湖廣填四川」的人口大遷移，人所到之處，就是玉米播種生根之地。乾隆年間的《沅州府志》載：「玉蜀黍，俗名玉米……，此種近時楚中遍藝之。」道光年間的《鳳凰廳志》載：「居民相率墾山為壟，爭種之以代米。」光緒年間的《荊州府志》載：「玉米，荊屬傍山及洲田多種之。」一時之間，玉米成為山區農業的主角。

玉米所到之處，其中，秦巴山區格外引人注目。明清時期，湖廣移民大量遷入陝南，玉米也從湖北伸向巴山、伸向秦嶺。巴山、秦嶺大部分為山區老林，明代以前這裡人口很少，進入明代之後，荊襄一帶流民開始來到這裡墾荒，入清以後，人口快速增殖。乾隆年間，陝甘總督畢沅給朝廷的奏文寫道：興安州（今安康縣）「從前多數荒山，後因兩湖、安徽、江西、四川、河南等省民人前來開墾，數年中，縣增戶口數十萬」。清朝地理學家嚴如熤推測這一時期：「川陝邊徼土著之民十無一二，湖廣客籍居其五，廣東、安徽、江西各省居其三四。」移民以超乎土著居民數倍的數量進入山區，主要致力於玉米等旱地作物的種植。「南山綿亙兩千餘里，跬步皆山，土著本少，率系川楚等省貧民，或隻身前往，或攜眷而來，開墾荒山，種植包穀（編按：玉米的別名）雜糧。[1]」玉米不僅遍植於陝南各縣，且普遍被各地墾山棚民視為正糧，這裡是玉米在中國種植比例最大的地區。

社會上同行競爭，必有盈損，因此留下「同行是冤家」這句俗語。同類農作物之間的競爭雖說不上你死我活，卻也決定了它們最終的去留。玉米進入秦巴山區，與之競爭最大的農作物是粟。同屬於旱地作物，玉米的優勢超越了其他作物。人們捨舊的，啟用新的，不僅出現了「熙熙攘攘皆為包穀而來」的局面[2]，也推動了農作物的嬗遞。這情景如清人嚴如熤所見，「數十年前，山內秋收以粟穀為大莊」，然「粟利不及包穀，近日遍山漫谷皆包穀矣」[3]。這樣的情形不限於一地，道光年間的《石泉縣志》也有類似的記載：「乾隆三十年以前，秋收以粟穀為大莊，與山外無異，其後川、楚人多，遍山漫谷皆包穀矣。」光緒年間的《定遠廳志》載：「山內以粟穀為重，粟利不及包穀，近年遍山滿谷皆包穀矣。」

玉米進入南方，存在作物之間的嬗遞；傳入北方則是透過與粟、黍、高粱、冬小麥、豆類作物輪作，融入華北平原、東北平原的農作物體系之中。

經過一百多年，玉米的地位不斷提升，至二十世紀五、六十年代，已成為產量僅次於冬小麥的旱地作物。

甘藷的傳播與空間分布

地理大發現推動了世界各地物種的大流動，同樣原產於美洲大陸的農作物——甘藷，也在十六世紀末傳入中國。

甘藷為一年生或多年生塊根類作物，又有朱薯、金薯、地瓜、甜薯、紅薯、紅苕、白薯、番薯等別名。甘藷不僅產量高，且環境適應性強，可救饑濟人，蒸煮即可食，潤澤適口，它從南美傳入東南亞各國後，很快就被視為寶物嚴禁外傳。於是，在從東南亞傳入中國的過程中，留下了許多故事。

據說，廣東吳川人林懷蘭，醫術甚高，明萬曆年間遊歷至交趾（今越南北部），正逢國王女兒患病，無人能醫，林醫生成功地治好了公主，因此獲得半截生甘藷帶回國內，在廣東電白栽種成功。另有一位閩人陳振龍到呂宋（今菲律賓呂宋島馬尼拉一帶）經商，偷得一段甘藷藤苗帶回福建，也種植成功。傳說中還有一位廣東人陳益，賄賂安南（越南古稱）當地酋長，帶回了甘藷。這三個人都經歷了一番周折，才將甘藷帶回國內。事實上傳說不只是故事，翻開歷史文獻，我們可以看到廣東、福建正是甘藷傳入中國的登陸地點，而且以閩粵兩省為起點，建構出甘藷傳入內地的唯一路徑。

康熙年間的《諸羅縣志》對於甘藷有這樣的記載：「番薯，一名甘藷，皮有白、紫二色，肉白而實，種自南彝，生熟皆可食，亦可釀酒，切片曬乾以代飯充糗，荒年人賴此救饑，或去皮磨之曝為粉。」意思是，甘藷是一種可以採取多種方式加工的食物，不僅易栽、易活，產量也很高。「六七月間截苗為秧……十月掘之，畝可數石。[4]」、「番薯……一畝可收數十石。[5]」甘藷傳入中國，依靠的只有東南沿海一條路徑，傳入之初，主要種植在廣東、福建、臺灣一帶，在後來的傳播中陳氏家族貢獻非凡。乾隆年間，陳振龍的後人陳世元著有《金薯傳習錄》一書，教導植薯方法，其中對於甘藷的習性有這樣的描述：「苗入地即活，東西南北，無地不宜，得沙土高地結尤多，其餘土性結略小些，天時旱澇俱能有秋。」甘藷產量與環境適應的優勢，不僅獲得百姓的青睞，同時也引起官府的重視（圖7-2）。

在農業起源時代，播種、收穫都是人們自發的行為，與此相同，在農業生產成為一項成熟產業的時候，認同一種農作物並攜帶著它走向各地，同樣是百姓自發的舉動。自發種植甘藷的多在山區，福建是甘藷初傳入中國的落腳點之一，明人何喬遠在《閩書》中就留下了這樣的記載：「番薯……瘠土沙礫之地皆可以種。」

圖 7-2：甘藷

另外，南方其他各省山區也是甘藷的主要落根之地，清代前往江浙一帶丘陵山區墾荒的棚民（編按：指離鄉背井，到異地山區生活的流寓者，由於他們搭蓋簡單的草棚居住，所以當地人和政府都依此而稱他們為「棚民」，藉以和土著有所區別。）多持甘藷為業，嘉慶年間，餘杭一帶「多閩、粵棚民，不種苧麻即種番薯」[6]，浙江鎮海「山地栽植甚多」[7]，寧海「鄉邨山地廣種之」[8]，「明越諸郡多於山中種之」[9]。閩浙以外的地方也是如此，江蘇邳縣（今邳州市）「於山嶺高原種之」[10]，湖南永州「山民皆以甘藷為糧」[11]，湖北施南府「山地多種之」，四川內江「山農賴以給食」，貴州思南府「則鋤戴石之土，雜種包穀、高粱、粟穀、毛稗，尤恃番薯以給朝夕」[12]，嶺南「揚粵山地」亦「廣種」甘藷[13]。

從南方進入北方，甘藷仍有「山田沙土無不蕃育」的環境選擇特點[14]。甘藷的生態屬性使它成為山區開發的主力，並與同時間傳入的玉米，以及粟、黍、蕎麥等傳統旱地作物相互組合，打造出山區特有的農作物種植結構。

十六世紀，農業生產已經在古老的中國經營了近萬年，有「五穀」之稱的傳統農作物早已牢牢地占領了各個農業生產空間，甘藷雖然具有明顯的產量優勢，但仍然不會輕易被平原沃土上的農民認同。因此，甘藷走向山區是百姓自發的行為，進入平原則來自官府的主導。明朝的徐光啟、清朝的張若淳等重臣都為推動甘藷進入江浙做出了重要貢獻，而甘藷進入中原地區，山東按察使陸耀、山東布政使李渭、河南巡撫畢沅、直隸總督方觀承都下過大力。得益於官方的支持，陳世元手持自己撰寫的《金薯傳習錄》來到山東，在他的耐心教授下，山東一帶「以種薯為救荒第一義，自此家傳戶習，菁蔥郁勃，被野連崗」、「高阜沙土地依法種植」，各地「在在有之」。時至今日，甘藷仍然沒有在山東缺席，比如即墨一帶流傳著這樣的民謠，「吃著地瓜乾，聽著柳腔戲」，由此可見，甘藷的地位還不低呢！在官府的推動下，從山東到河南、直隸，整個華北地區都有了甘藷。

玉米、甘藷都是外來作物，也都在山區擁有優勢，而在進入山區的同時，自然條件也為它們營造了各自的主流分布區。中國整體地形西高東低，西部地區海拔一千至一千五百公尺的山地多已逾越甘藷的生存界限，使其難以繼續西向發展，而玉米卻可以立足，進而在空間上形成甘藷、玉米東西各顯優勢的局面。

說起舶來品，似乎總帶著洋氣，但來自美洲大陸的農作物是地道的泥土裡的物產。玉米、甘藷、馬鈴薯、辣椒、花生、番茄、菸草，無論當年這些作物傳入中國是有意還是無意，今天它們都已經融入中國農作物的體系中，成為民生之本，並成就了舌尖上的文化。

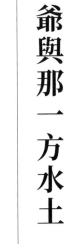

20 紹興師爺與那一方水土

師爺爲何成爲具有地域性的文人集團？

由於科考人數衆多，明清時期會依發展程度限制各省名額，以致經濟發達之省是落地文人最集中的地區，進而也是師爺最盛的地方。

俗話說「一方水土，養一方人」，意思是，有什麼樣的地理環境、什麼樣的山水，就有什麼樣的人生、什麼樣的地方文化。「紹興師爺」就是在紹興那一方水土上形成的文化人群。

師爺是什麼職業？師爺也稱幕僚。歷史時期，朝廷上的官員到地方就任，大約

三、四年一遷，初到一個地方，人生地不熟，為了便於管理必須找一些熟悉地方及衙門事務的幫手，而師爺就是輔助各級官員處理政務的參謀。當然，官員雇用師爺是有條件的，官府中涉及文書、刑名、錢糧等各類事務，師爺不僅需要飽讀經書、有良好的文化功底，還要有靈活的頭腦與處事能力，也就是說，這樣的幕僚只能來自讀書人。讀書人，是以往對於讀書求仕、致力科考的儒生的稱呼。既然師爺的出身多來自這樣一個社會層面，就有必要談一談科舉考試制度。

中國歷史上的科舉考試制度誕生於隋代，後世論及科舉多有微詞，其實若將科舉制度放在歷史舞臺上進行考量，無疑是具有進步意義的。隋代科舉考試出現之前，國家的選官制度為世卿世祿制，從曹魏時期起實行「九品中正制」，依人才的家世、品行、才能定出九個等級，並根據等級對應授官。這一選官制度實施不久，家世幾乎成為唯一的標準，於是出現「上品無寒門，下品無世族」之說——祖上高官，子孫依舊高官。

那是一個講究出身的時代，大量有才之士因家世不高，被排除在國家管理階層之外。科舉考試的進步，在於朝廷不再看重考生的出身，只要家世清白，非倡、優、隸、皂、工商，都有資格參加，於是大量平民子弟透過科考進入國家政治系統之中。科舉考試為國家舉擢了大量人才。歷史上，白居易、范仲淹、文天祥、林則徐等都是在科考中脫穎而出的國家重臣。

那麼，科舉考試與師爺有什麼關係？這就要說說科舉考試的過程了。自隋代科舉考試出現後，考試過程與規則不斷發生變化，至明清發展為四個層級：首先要通過縣、府考試，獲得童生資格；童生再參加由縣、府學政主持的考試，獲得秀才資格；秀才有資格前往省裡舉辦的鄉試，此次成功者為舉人；有了舉人身分便可以去京師參加會試，會試成功者繼續參加皇帝主持的殿試。這一連串考試過程，只有殿試只定名次不再淘汰，其他階段都會淘汰一些考生，其中又屬鄉試、會試淘汰率最高。

鄉試、會試兩個階段，各省都有名額限制。參見《明史》可以發現，明初規定：京師、行省各舉鄉試，直隸貢額百人，河南、山東、山西、陝西、福建、江西、浙江、湖廣皆四十人，廣西、廣東各二十人。而到了清代，根據《大清會典則例》規定，清初各省鄉試名額為：順天府一百六十八名，江南一百六十三名，浙江一百零七名，湖廣一百零六名，江西一百一十三名，福建一百零五名，河南九十四名，山東九十名，廣東八十六名，廣西六十名，四川八十四名，山西七十九名，陝西七十九名，雲南五十四名，貴州四十名。

進入會試之後，同樣有對於各地的名額限制，明代會試採用南北中卷方案，南卷用於應天府及蘇、松諸府、浙江、江西、福建、湖廣、廣東，北卷用於順天府、山東、陝西、河南、山西，中卷用於四川、廣西、雲南、貴州，以及鳳陽、廬州二府，滁、徐、和三州。最初規定南卷取五十五名，北卷取三十五名，中卷取十名。

名額呈現在我們面前就只是一些資料，那麼這些資料與我們談到的師爺又有什麼關係？今天的高考，有一點我們都熟悉，一個省若經濟能力排在全國前列，那一定是高考大省，科考時代更是如此。道理很簡單，只有地區經濟發展好，每個家庭或家族才有可能供子弟專心讀書，相對而言，經濟發達地區不僅讀書人多，且不乏飽學之輩，同樣的考題，自然最後的成功者也多。憑實力贏得功名，對於個人而言是一生的前程，對於朝廷而言，究竟是哪個讀書人成為成功者，其實無所謂，但是若大多數擁有功名的讀書人都出自一地，結果就不一樣了。官員多來自一地，不僅容易形成鄉黨，國家政治也會失去地區平衡。

為了避免出現如此的結果，從鄉試就開始規定錄取名額。鄉試一輪考過之後，各省舉人進京趕考，從數量看貌似平衡，但會試一輪高手仍然多在經濟發達各省，由此又出現了新一輪的不平衡，於是會試也依舉人的家鄉劃分為南卷、北卷，並限制各卷錄取名額，以達到平衡。科舉考試，經過鄉試、會試兩輪限制名額的選拔，最終被淘汰的讀書人自然多出自經濟發達之省。在全中國，哪裡經濟最發達？當然是江浙等地，自宋代起，中國的經濟重心即轉移至江南，既然這裡是全國ＧＤＰ最高的地方，自然也是文人輩出之地。然而，由於朝廷限制各省鄉試、會試名額，江浙等地也成為「落第文人」最集中的地區。

落第文人能做什麼呢？他們幾乎自幼讀書，既不會種田，也不會經商，日後的出路只能在讀書上找，於是師爺這個職業就出現了。

明清兩代是師爺這一職業最盛的時代，各地均有落第讀書人，師爺自然成了一種職業選擇。一種職業往往又會形成有序傳承，一旦有人成功，後人自會跟從，因而浙江紹興一帶以師爺為職業竟成傳統，甚至留下了「無紹不成衙」的說法。紹興府地處錢塘江下游，下屬八縣，縣縣出師爺。紹興師爺不僅服務於自己家鄉，也幾乎遍及全國各大衙門，師爺這一職業在落第文人中盛行，並逐漸形成具有地域性的文人集團。生活在清乾嘉時期的汪輝祖被視作紹興師爺的鼻祖，也是紹興師爺的代表，他的家鄉就在紹興府蕭山縣，留下的著作《佐治藥言》、《續佐治藥言》、

《學治臆說》都涉及師爺業績。

官員為什麼需要師爺？因為那時透過科舉進入仕途的官員，對於治理地方並無經驗，急需參謀。江南一帶那些飽讀經書的讀書人落第之後，有人開始轉型，致力於刑名、錢糧等儒家經典之外的國家法典研究，進而成為官員的有力助手。

根據衙門的級別、事務的繁雜程度不同，師爺的職責也有區別。縣衙門事少，更高的府、州、省一級布政使司，以及巡撫、總督衙門事務繁雜，師爺的職能也可分為刑名、錢糧、書啟等。其中「刑名師爺」熟悉朝廷法律以及各類舊案，主要負責處理官司、案件；「錢糧師爺」精通國家稅收與理財，主要負責錢糧賦稅；「書啟師爺」善於官衙文書辭章，專門替幕主起草各類文件、信函。刑名、錢糧，自然不是科考出身的官員熟悉的業務，文書呢，看似是憑藉文章贏得科考的官員的強項，但八股文與朝廷文書還是有很多不同。

傳說，當年曾國藩統領湘軍與太平軍作戰，屢吃敗仗，曾三次因戰敗而跳江後來被救，為此上奏朝廷的奏章中提到自己「屢戰屢敗」。曾國藩是地道的進士出身，這奏章拿給師爺看，師爺認為通篇尚佳，唯獨將「屢戰屢敗」改為「屢敗屢戰」，不違背事實，但語氣全變了，使他從一個敗兵之將變為不屈不撓的勇士。果然，奏章送到朝廷，曾國藩不但沒有受責，而且還獲得了重用。

師爺成為紹興代表性的文人集團，且憑藉自己的才能、聰慧而成就功績。正是如此，紹興師爺留下的傳說既神奇又生動，我們不妨來講講當年師爺的故事。

據說，康熙年間，皇帝派某欽差來到浙江巡視，考察官員。沒想到該欽差就是個貪官，到紹興府後，得知府下轄縣會稽縣知縣竟然沒有宴請送禮，十分惱恨，回京後就以會稽知縣在祭祀大禹的大典上東張西望、大有犯上之心為由，向康熙帝告了御狀。康熙帝當即下旨，令紹興府查核此案。這事讓紹興知府十分為難，查，明知是冤；不查，又得罪了欽差。見此情形，師爺為知府出了個主意，於是知府上奏朝廷因由，奏章中是這樣寫的：祭祀大禹，按例站班，位在前列，豈敢後顧。意思很清楚，知府比知縣職位高，自當站在前面，祭祀大禹，不敢回首，自然也不知後面的情景。皇上一看，馬上明白會稽知縣是被冤枉的，欽差職位最高，所站之位在前面，怎會知道後面的官員東張西望，顯然欽差是在誣陷。那位欽差的結果不用說也能想到，正是害人不成反害己。

關於師爺，紹興當地還有這樣的傳說。乾隆年間，浙江沿海一帶發現大量「寬永」銅錢，官府發現以後馬上定為大案，顯然，「寬永」不是本朝所鑄之錢，既然不是本朝，又出現於本地，那麼只有一種可能——有人謀反，並設立年號，鑄造銅錢。官府為了破案，廣設冤獄。一位學識廣博的師爺看了那枚銅錢，告訴官府，這錢不是大清的，而是日本錢，與謀反無關。日本錢之所以出現在沿海，或是日本商船遇風浪，船破貨毀，飄落到沿海各處，或是商家帶入浙江。於是，一場不存在的冤案被破解了。

「楊乃武與小白菜」被列為晚清四大案之一，發生在浙江省餘杭縣，案件起於小白菜丈夫猝死之事。浙江上下，從縣、府州到省，各級官員上下聯手，將楊乃武與小白菜定為真凶。楊乃武備受酷刑，在浙江當地不能澄冤，決定到北京告御狀。當地留下這樣一個傳說，楊乃武的狀紙中原有「江南無日月，神州無青天」之詞。楊乃武本是舉人出身，文章獨出機杼，但狀紙經一位師爺看過，改動了一個字，改後為「江南無日月，神州有青天」，從「無」到「有」，立意完全不同了。果然，狀紙落到慈禧太后那裡，老佛爺極為受用，下令嚴查，最後浙江涉及此案的各級官員頂子都落了地。

當然，真正的歷史並非如此簡單，當時浙江官員幾乎都來自湘軍，以致浙江各界非常不滿，將案情遞送《申報》連續登載，引起了社會廣泛關注，而朝廷也想利用這個機會打擊湘軍的驕兵悍將，最終一場冤案得以澄清。

師爺，屬於官員私人雇員，服務於官員的同時，投緣十分重要，若是官員與幕僚之間經常意見相左，當然無法好好相處，因此紹興師爺中流傳有這樣的說法：合則留，不合則去。明智而有個性的師爺，不會因幾個幕酬而委屈自己，言不聽，計不從，自然瀟灑轉身飄然而去。

紹興，是一處人才輩出的地方，如秋瑾、魯迅……，只是師爺不是一人一姓，而是一個文化人群。清朝末年，隨著學習西方法律的一批學子進入政界，師爺的歷史任務結束了，從此這一地域文化人群淡出歷史，身影漸行漸遠，只留下許多神奇的傳說。

21

倒瀉銀河事有無，掀天濁浪只須臾——歷史時期黃河下游的重大改道

歷史上黃河下游發生過幾次重大改道？

大河奔流，數千年間的「決」與「塞」不絕於史，歷經六次重大改道，無論福禍，黃河濁流都在歷史上寫了濃重的一筆。

遙遠的東方有一條河，它的名字就叫黃河。
古老的東方有一條龍，它的名字就叫中國。

黃河全長約五千四百六十四公里，發源於青海省巴顏喀拉山脈北麓，流經青海、四川、甘肅、寧夏、內蒙古、陝西、山西、河南、山東九個省區，最後匯入渤海。根據河道水文特性，上、中、下游的分界點分別在內蒙古托克托縣河口鎮與河南洛陽舊孟津。一條大河，上、中、下游的姿態各異，上游淌流在高原之上，中游穿行於山陝峽谷間，下游水出龍門，經孟津進入平原，沿途數千里積累的能量一傾而下，濁水橫流。清人宋琬〈渡黃河〉中的詩句「倒瀉銀河事有無，掀天濁浪只須臾」，對此描述得十分精彩。

大河奔流，在兩岸留下千古記憶，考古學界在黃土深處發掘出馬家窯文化時期的彩陶；由黃土燒成的陶器上描繪的旋渦圖案，也許就是黃河湧動的波濤，那團五千年前的爐火將奔流的河水凝固下來，化作永久的印記（見彩圖11）。大河奔流不僅成就了藝術創作，也書寫了歷史，傳說中的先賢大禹，一貫被視作上古時代治水的英雄。

相傳三皇五帝之時，黃河氾濫，洪水滔天，淹沒了莊稼，沖毀了家園。堯遍訪各地尋找治水能人，各部落首領都推舉鯀。然而，鯀未能勝任，治水九年而無功。堯之後，舜執掌天下，將治水之事交給禹。禹是鯀的兒子，為了治水，公而忘私，率領民眾「隨山浚川」，導河入海，成功完成了治水大業。

數千年來，大禹治水故事早已從傳說變成後人對祖先的記憶，那麼治水留下的人與自然抗爭的成就，是否存在事實基礎呢？

解答這一問題，要參考圖7-3從史前時期黃河中下游地區文化遺址的分布開始說起。很多年前，中國歷史地理學家譚其驤先生凝視著這幅地圖，漸漸陷入思索，不禁產生了疑問：無論山東丘陵、太行山東麓，還是山西、河南等地，都存在古人類留下的遺跡，唯有華北平原的腹心地帶一片空白，既沒有文化遺址，也沒有城邑、聚落的可信記載，難道考古調查與古人都忽略了這塊土地，還是另有原因？結果答案出人意料：現今這片聚落密集、人情欣欣然的土地，當年正是黃河河道所經之

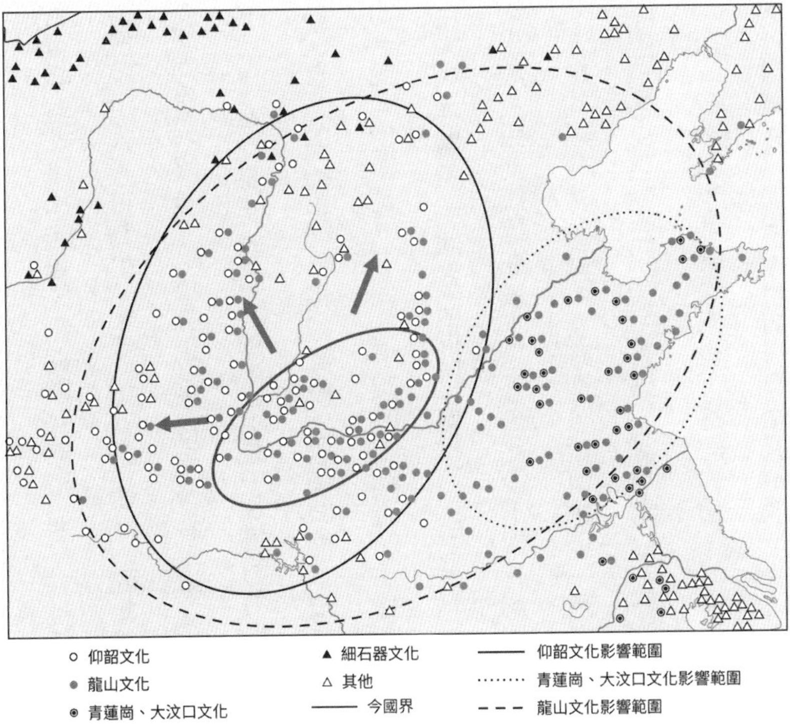

圖 7-3：史前時期黃河流域文化遺址與文化圈

處。那時，黃河行經華北平原，每當汛期數條河道並存，且隨意遊蕩呈漫流狀態，濁水奔流，四溢成澤，人不得為生，更無法安家立業，因此成為史前文化遺址的空白區。當代學者經過研究認為，這也許正是大禹所在時代洪水滔天的緣由。

終結黃河下游河道漫流狀態的力量，是人工修建的河堤，而這一時代大約在戰國中期。據西漢賈讓的《治河三策》記載，戰國時期黃河兩岸大堤相距較寬，可達數十里，河水「尚有所遊蕩」，此後堤距不斷縮減，「從黎陽北盡魏界故大堤，去河遠者數十里，內亦數重，此皆前世所排也」。這是說，在漢代依然可見當年戰國魏人修築的大堤，距河流遠在幾十里外，此後不斷有新築的大堤在內側排列，竟有數重之多。這樣的局面持續到西漢時期，黃河大堤「陿者去水數百步，遠者數里」。奔流的河水結束了漫流狀態，被束縛在河堤之間。

戰國時期人口尚少，對土地的需求也不那麼緊迫，河水尚有數十里空間可以擺動。至西漢年間，隨著人口加增，迫切需要擴展土地，黃河大堤直逼河灘，河水被限於狹窄河灘之內，大量的泥沙迅速堆積在河底，很快便有了「河水高於平地」的「地上河」之勢。從今河南浚縣西南古淇水口到浚縣東北古黎陽縣，在這七十多里的河段內，河堤高出地面一至五丈，呈現「地稍下，堤稍高」的情況。一次洪水，「河水大盛，增丈七尺，壞黎陽南郭門，入至堤下，水未踰堤二尺，所從堤上北望，河高出民屋」[15]。賈讓這番記述告訴我們，黃河下游的地上河並非自古就有，其形成時代大約在西漢前期。

黃河下游地上河的存在，如同懸在兩岸人們頭頂的達摩克利斯之劍（編按：源自古希臘的傳說，延伸指感到末日降臨之意），隨時可能衝破大堤，釀成滔天洪水。「洪水猛獸」是形容難以抗拒的災難的常用之詞，據黃河水利委員會統計，三千年以來黃河下游決口氾濫約一千五百次，名副其實的三年兩決口；至於較大的改道有二、三十次，其中有六次重大改道致使濁流橫溢，毀田廬，蕩家舍。頻繁的水患北及海河流域，南達淮河流域，在整個黃淮海平原均留下了黃河的足跡。

我們就以黃河六次重大改道為核心，看看「掀天濁浪只須臾」的大河歷史（見彩圖15）。

正是地上河的存在，使戰國中期築堤形成的下游河道一直維持到了西漢末年。西元十一年（新莽始建國三年），黃河決口於今河北大名東，氾濫五十餘年。至東漢初，西元六十九年，漢明帝命王景主持河道治理，新河道形成。如果說戰國中期兩岸的人們力挽狂瀾，修築大堤，將黃河引入固定的河道，為黃河下游的第一次重大改道，那麼東漢年間修築的新河道就是第二次重大改道。

新莽時期，河水肆意半個多世紀，與當時的執政者王莽直接相關。王氏祖墳位於魏郡元城（今河北大名東），河決東流，正好避免被淹之難。若填堵南岸決口，那麼下一次大河決口就會沖向北岸大堤，而王家祖墳正在北流之路上。中國古人認為「事死如事生」，祖墳被淹不僅祖宗不舒服，也會因此而殃及後人，這樣的結果是王莽不想看到的，當然不主張堵塞決口。正是如此，結束黃河氾濫在五十多年後的東漢時期。

東漢形成的河道大約維持了八百多年，在這八百年間，小的決口從沒有間斷，但河道大勢尚且穩定，故後人也將這八百年視作黃河「安流」期。黃河下游第三次重大改道發生在北宋慶曆八年（一〇四八年），黃河決口於商胡埽（今濮陽東昌湖集），並形成了北流。這次改道形成的河道不止一條，主要由北流、東流兩條流向構成。其中，北流自商胡埽一路北上，至天津以東入海，東流則經大名府向東北流，由今山東省無棣縣入海。

黃河第三次重大改道帶來的災難遠遠甚於前兩次，此後幾乎每兩、三年即出現一次決口，每三、四十年發生一次大改道；河水時而北流，時而東流，始終沒有穩定在固定的河道中，流徑大致以澶州、濮州為頂點，在北起太行山、南到淮河的方圓千里內擺動，水過之處，田廬蕩然無存。

北宋都城開封距黃河決口地點並不遠，且黃河下游無論南北均是國家賦稅的重要貢納地，治理黃河自然成為北宋王朝的大事。然而，朝堂之上，究竟保北流堵東流，還是保東流堵北流，卻難以形成統一意見。北流、東流之爭伴隨河決地點的變化，大概有三個階段，經過幾番爭論，這已經不僅僅是治河理念的問題，儼然成為政治派別分野的依據。其中第三次北、東流之爭，東流一派代表人物為文彥博、安燾、呂大防、王岩叟、王覿等；北流一派代表人物為范純仁、蘇轍、曾肇、趙瞻、范百祿、王存、胡宗俞等。

這些我們熟悉、不熟悉的人物都是朝中重臣，兩派各執一詞，東流一派指陳北流存在的弊端有三：（一）北流河道會淤填北上至海河流域的運河，進而影響駐紮在北邊軍隊的漕糧運輸；（二）河北為重要農耕區，北流行經會吞噬大量民田；（三）開挖於宋遼邊界的塘泊，目的本為限制遼人騎兵南下，由於北流的淤填，將失去應有的防禦作用。最終結論是，若「河不東，則失中國之險，為契丹之利」[16]，意思是，契丹人可順黃河而下，直抵開封。

東流一派強調國防與漕運，北流一派則注重地形與水勢，這派提出「東流高仰，北流順下」[17]，即東流一帶黃河行經多年，早已淤高，而北流一線卻有低窪之處保障河水通行，依水往低處流之常理，北流更近水情，況且「塘濼有限遼之名，無禦遼之實」[18]。北流、東流兩派不僅勢均力敵，且均有在理之處，帝王也難下決心支持哪一主張。

元祐三年（一〇八八年），回河東流，五年後河決內黃（今河南省內黃縣）再次北流。此後北流、東流並存，且與北宋王朝相終。回顧這段歷史，我們幾乎可以看到朝堂上眾說紛紜、難分難解，背後黃河再起狂濤、洪水滔天的景象。

黃河下游第四次重大改道發生在一一二八年，這時中國南北方已經分屬於兩個政權——女真人在北方建立了金國，南方則延續趙宋政權，為後人稱為南宋。正是因為南北兩個政權的對峙，這一年黃河決口的原因不是天災而是人禍。南宋政權為了阻擋金人南下，在今滑縣西南李固渡，人為扒開大堤「以水當兵」。這一次黃河不再經行以往的河道，河水向東南流入泗水，再由泗水奪淮入海，從此開啟了黃河奪淮的歷程。

黃河下游第五次重大改道出現在元代至清中期，這幾百年內是黃河下游河道最紊亂的時期，儘管總體流向也是奪淮，但黃河侵奪範圍遠遠超過第四次重大改道。河水從泗水流域向西擴展至潁水一帶，幾乎淮河北岸所有支流都成為黃河流路。

黃河下游第五次與第四次大改道，不僅流向同為奪淮，且均從人為決口開始。金哀宗開興元年（一二三二年）已是金王朝晚期，在蒙古軍隊的壓力下，哀宗皇帝從北京一路南下逃至開封，又從開封逃至歸德（今商丘）。

面對蒙古人兵臨城下，金人曾計畫在鳳池口扒開黃河大堤，擋住蒙古軍隊，但派出去的人無一衝出重圍，計畫未能實現。然而，城內金人沒有做成的事，卻被城外的蒙古人給實現了，結果如何呢？當初金人計畫掘開黃河大堤，是聽說鳳池口地勢高於歸德府[19]，決堤可以擋住蒙古軍隊，但也會淹沒這座城市，幾番權衡後，還是認為擋住蒙古人進攻最重要，於是有了派遣士兵出城決堤之舉。城外的蒙古人同樣知道了這一方法，也想利用河水淹沒歸德，不戰而勝，所以毫不猶豫地挖開鳳池口，卻沒想到歸德城牆高，河水南下，繞城而去。水淹歸德沒有達到預期效果，反而保護了這座城市，進而延緩了金朝的滅亡。蒙古人決河之舉的目的沒達到，卻導致了黃河第五次重大改道。

黃河第五次重大改道，河水奪泗、奪渦、奪潁，最後入淮，黃河將足跡推向黃淮平原的西緣，至豫西山地而止。

元代，黃河下游長期經汴、渦、潁三支分流，並以汴道為正流。元至正十一年（一三五一年），在賈魯主持下開展了治河工程。賈魯主張「疏塞並舉」，挽河東南由泗入淮。根據這一主張，堵塞其他河口的同時，一條自徐州入泗水，循泗水入淮的河道形成，這條河道也被稱為賈魯河。賈魯河的治理尚可說成功，不但短暫結束了數條河道並流的局面，且根據水情設計了功能不同的堤壩。賈魯河建成不久，元末起義爆發，朝廷無力顧及河道，新的決口氾濫再次發生。

如果說元代的黃河下游專意奪淮，那麼進入明代後黃河在奪淮的同時，還威脅著運河，因此治河得到更多關注。治河在於因地勢而導水，但明代治河受到了各種因素制約，情況在明人謝肇淛所著的《五雜俎》中講得十分清楚：「善治水者，就下之外無他策也。但古之治水者，一意導水，視其勢之所趨而引之耳。今之治水者，既懼傷田廬，又恐壞城郭；既恐妨運道，又恐驚靈寢；既恐延日月，又欲省金錢；甚至異地之官競護其界，異職之使，各爭其利。」

傷田廬、壞城郭、妨運道、驚靈寢四項之中，運道與陵寢至關重要，運河是朝廷倚仗的南北物資運輸命脈，其重要性自不待說，而陵寢在古人的理念中也同樣不可忽視。明祖陵即明太祖朱元璋的高祖朱百六、曾祖朱四九的衣冠塚及其祖父朱初一的實際葬地，位於今江蘇省盱眙縣洪澤湖的西岸，明皇陵為明太祖朱元璋父母陵墓，位於鳳陽縣城南七公里處，此兩處皇陵都位於黃河河道所經之處。既要治理黃河，又不能阻斷漕運、驚擾陵寢，這一切使治河變得十分棘手。明代黃河下游時而北決，多股入運，時而南決，多股入淮，局面紛亂。

明嘉靖二十五年（一五四六年），明朝水利專家潘季馴在奪泗入淮的水道處採取「束水攻沙」之策，即逼近河道修築堤防，進而透過增加水流挾沙能力而減緩沉積。這一舉措雖然不能徹底解決泥沙淤積的問題，卻結束了自金代以來黃河下游多股並存的局面，這條由潘季馴固定下來的河道就是當代地圖上所標識的「廢黃河」或淤黃河。

時至清咸豐五年（一八五五年），黃河下游在潘季馴治理的河道上已經流淌了三百多年，河堤隨著泥沙的淤積而增高，河床漸漸高出地面，成為地上懸河。洪水頻發時節，防禦不慎，即成決口。這一年夏季，黃河在蘭陽銅瓦廂（今河南省蘭考縣西北東壩頭）決口，河水先向西淹沒封丘、祥符各縣，又向東漫流於蘭儀、考城、長垣等縣，之後分為兩股，一股出曹州東趙王河至張秋穿過運河，另一股經長垣縣至東明縣雷家莊又分為兩支。這兩股三支河水在張秋鎮與曹州流出合為一股，穿越運河，經小鹽河流入大清河，由利津入海。東出曹州的一股數年後即淤塞，剩下的那股就是黃河正流。這次改道結束了七百多年黃河奪淮的歷史，河道轉向東北，注入渤海。

咸豐五年的這次改道也被視為黃河下游第六次重大改道。河水改道之初，以銅瓦廂為頂點南北擺動，河道遲遲不能固定，而影響河道不穩定的原因同樣來自人為因素。

原因之一，此時太平天國燃起遍地烽火，朝廷無暇相顧治河之務。另一原因，在於南北政治集團的利益之爭。黃河北流，首當其衝的是河北、山東等北方之地，山東巡撫丁寶楨等代表北方利益的政治集團堅決要求堵住決口，恢復南行，而安徽、江蘇等黃河南行之地的政治人物李鴻章等維護南方利益，怎麼可能送走禍水，又再次引回呢？他提出因勢利導，維持北流。這番爭論直至光緒年間才有了結果，朝廷終於著手在黃河新河道南岸築堤，固定河道，南方政治集團獲得最後勝利。光緒十年（一八八四年），兩岸大堤全部完工，河道最終固定下來，而這就是現在我們熟悉的今日黃河下游河道。

回顧黃河在大地上擺動的歷史，一切似乎距今久遠，而踏上黃河兩岸，那黃色的足跡依然可見。

大河奔流，數千年間「決」與「塞」不絕於史，從傳說中的三皇五帝這些遠古的祖先，到二十一世紀的今天，黃河在流過的地方留下了不尋常的記憶，這片土地不僅養育了芸芸眾生，也造就了赫赫菁英。無論福禍，黃河濁流都在歷史上書寫了濃重的一筆。

22 十里八村的盛會——趕集

集市和趕集呈現出怎樣的地理問題？

集市之所以要「趕」，是因爲並非每日都有；這些集期交錯的集市，不僅相互確保有足夠的客源空間，也成爲村民的娛樂與社交中心。

「趕集啦」，這是一句廣告詞；電視中的趕集只是一種形式，現實中的趕集才是真正的體驗。現代生活被百貨商場、電商網站等購物管道占據，集市在人們生活中的作用越來越不足道。不過在幾十年前，趕集可是鄉村生活中最大的樂事，是幾代人的回憶。

然而，我們關注的不是集市的熱鬧，而是集市中存在的地理。地理，不僅寫在課本上，且來源於生活，與集市相關的地理就出現於鄉村生活中。

集市之所以要「趕」，是因為並非每日、每時都有。俗話中的集市就是定期市，這是一月之內按照固定日期開集，以相隔數日為週期，重複從事交易活動的市場。歷史上的中國是個農業大國，卻不是商業大國，「重農抑商」的傳統幾乎貫穿於兩千多年的歷史中，以致鄉村中有限的剩餘產品，無力維持日日交易的市場，於是間隔數日的定期市就誕生了。

集市服務於大眾，前往集市的鄉親們既是買者，也是賣者，他們出售剩餘生產品，購回生活必需品；事實上，這樣的交易有著久遠的歷史，如《易．繫辭》中的「日中為市，致天下之民，聚天下之貨，交易而退，各得其所」，就是關於鄉間不定期交易的最早記載。鄉村集市最初形成於交通便利之處，這裡原本就存在交易，不僅吸引了周鄰村民的買賣趨向，也為商人帶來了商機，久而久之成為周鄰村落交易的場所，一個定期市就此形成。明清以來，北方各地及江南一帶將定期市稱為「集市」，四川等地則稱為「場」或「圩場」，在嶺南稱為「墟」；清人屈大均的《廣東新語》有這樣的記載：「粵謂野市曰虛。虛市之所在，有人則滿，無人則虛，滿時少，虛時多，後又曰虛也。[20]」

在傳統社會中，農事活動之外，鄉民經常出沒之處就是集市。只要到了一個集市，看到的都是萬頭攢動、喧聲鼎沸的熱鬧場面，而從另一個層面看，集市這種定期交易方式實際是商業處於較低水準、交易需求不足的結果。走向集市的都是周鄰村落自給自足的農戶，可納入市場交易的物資不多，同樣的交易若每天進行，必然滿足不了維持市場與商業利潤的要求。在這樣的情況下，間隔數日進行交易，結果就不一樣了。今日東家有糧食、蔬菜，明日西家有雞蛋、菸草；東家、西家多累積了幾天之後，能拿得出來的東西就不是一點點了；一日不能達到的利潤，可以在停市的日子完成物資累積，達到保障商業利潤的要求，這就是集市為什麼不是天天有，而是隔些天開的原因。

集市不是天天有，趕集也不是天天去，集市哪天開市是時間問題，地理是空間問題，趕集則將時間與空間統一成一個問題。要說明這個問題，需要先從集期，也就是開集的日子說起。每一個集市均有自己的集期，綜觀一個地區定期市的集期，我們會看到有的相同，有的不同，或是單日集、雙日集，或是一四七、二五八、三六九。仔細推敲，相互交錯的集期與趕集的村落交織在一起，呈現出一個地理問題——客源空間。

客源區就是前往共同集市的那些村子。任何一類商業活動都有所謂的「基本客戶」，在網購全面盛行之前，我們需要到商場採購物品。為了方便，買一般的油鹽醬醋都在近處的小商店，買電視機、洗衣機等大型商品要到大商場，而出入哪個商場，距家多遠，就是地理。同樣的購物，捨近求遠不是常情，就近買賣才是常理。於是本著就近的習慣，每個集市都聚攏了固定的村莊、固定的村民。

鄉村中的農產品，蔬菜、雞蛋、水果等，送上市場都圖個新鮮，採摘下來就要儘快上市。集市雖然不是天天開市，但一個區域內不止一個集市，這處不開，那處卻開，單、雙日也好，一四七、二五八、三六九也罷，總之幾個集市的集期互相交錯，村民錯過了一個集市，還有其他集市開市，同樣可以交易。正是如此，相鄰集市不僅集期相互交錯，趕集的村落也幾乎相同，同一批村民利用錯開的集期，可以參與幾個集市的交易活動，這些前往共同集市的村落，就屬於同一個客源區，這就是圖7-4所呈現的內容。

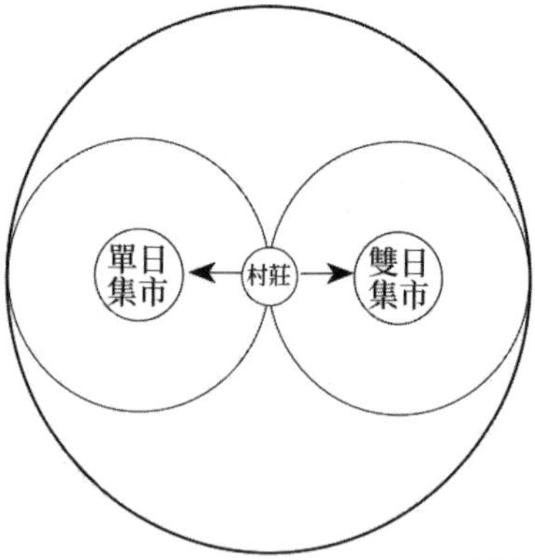

圖 7-4：相互交錯的集期所構成的客源圈

這張圖很簡單，呈現的內容卻很多。以單、雙日集為例，其中的「村莊」代表所有既前往單日集，也去雙日集的村落，這些村落共同支撐了這兩個集市的存在，而分別聚攏在這兩個單、雙日集周圍的村落則形成了兩個集市各自固定的客源區。客源區不是行政區，沒人強求，沒有規定，而是由趕集的村落和村民透過自己的行為共同構成的地理空間。

中國的鄉村散布在廣袤的大地上，一個區域不止一組單、雙日集。任何人都沒有分身術，尤其在傳統農業社會以步行為主、推車挑擔的趕集方式下，同一個交易者自然不會同時前往集期相同的兩個集市。正是如此，若兩個定期市的集期完全相同，那麼它們之間幾乎不存在共同客戶，而是各自聚攏屬於自己的村落與交易者，擁有自己的客源區。於是，我們不難發現，集期相互交錯的一組定期市，構成了一個獨立的客源區，另一組定期市構成另一個客源區。在此所說的一組指的是單、雙日集，或一四七、二五八、三六九集期相互交錯的組合。在集市引力作用下，客源區之間的關係如圖7-5，相同集期的市集形成各自獨立的客源區，每個獨立客源區內的村民與村落，以集市為中心形成內聚。這情景如中國近代社會學家楊懋春在調查中看到的：「每個集鎮仍有可辨認的確定區域，它把某些村的村民看作它的基本顧客，相應地，這些村民也把它看作他們的鎮。[21]」在村民行為中，相同集期產生的時間衝突所帶來的不是向心力，而是排斥，其和物理學中的同性兩極相斥、異性相吸是同樣的道理[22]。

定期市和所有商業活動一樣，存在市場競爭，同樣的集期就意味著競爭、意味著分割一部分客源；為了保障客源，集期相同的定期市往往

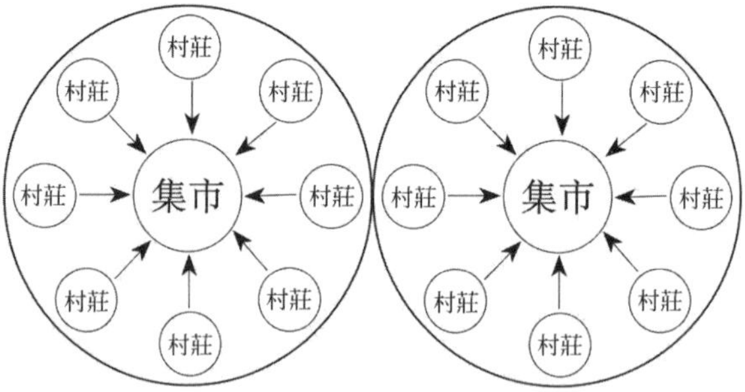

圖 7-5：相同集期形成各自獨立的客源區

距離較遠，藉由距離來避免屬於自己的客源流入別人的市場。其實在近代歷史記載中，各地的集期均有這樣的現象。一九四〇年代，中國近代地理學家吳尚時在調查中解讀了其中的原因：「同一墟期之墟場，常因避免相重而有較遠之距程，常達十五至十六公里，不依此例而存在者，十之八九，皆由人文因素致之，如村落間之摩擦等。」[23]

鄉村定期市的客源區，可以依託相互交錯的集期囊括周鄰村落，那麼屬於同一客源區的村落相對集市具有怎樣的距離呢？

提到趕集距離，各類文獻都可以看到一些記載。清末劉鶚的《老殘遊記》中有一段這樣的描寫，老殘道：「我要行醫，這縣城裡已經沒什麼生意了，左近有什麼大村鎮麼？車夫說：『這東北上四十五里，有大村鎮，叫齊東村，熱鬧著呢，每月三八大集，幾十里的人，都去趕集。你老到那裡去找點生意罷。』」[24]這部小說講的是清末山東一帶的故事，齊東村是個大集，「幾十里的人都去趕集」。白沙場屬於江津縣（今重慶市江津區）的市場，一九三〇年代，每逢農曆三、六、九為場期，「附近鄉下農民及數十里內外場的商販，都來趕場交易」[25]。此外，我們在美國漢學家施堅雅（G. William Skinner）的研究中可以看到，四川最遠的村民趕集距離平均為一．八七至八．四四公里[26]。

參與交易的村民，都是臉朝黃土背朝天的農民，賴以為生的土地不可移動，他們的生活空間受到土地的制約，任何活動都以村落為核心，並將活動落在當日可往返的距離之內。傳統農業社會的農戶很少有馬車，少數農民擁有單輪車，買賣貨物更多依靠肩挑，徒步前往集市，而這就是美國傳教士明恩溥（A. H. Smith）在《中國鄉村生活》（*Village Life in China*）中寫到的：「中國人徒步走上三里或八里，甚至十來里去一個市場，是很不在乎的事情。[27]」四川江津縣白沙場每逢集期，必會看到「這天一清早，大路上的農民肩挑背負」，前往集市[28]。中國近代地理學家吳尚時針對湖南臨武縣墟場，提出這樣的結論：「墟場之分布，無論在時間上及地域上，皆與目前之交通方法，用人肩挑，至相配合。是固非本區之情形，而顯為全國所共通者。苟吾人以一墟場為中心，以十公里左右為半徑，而觀此一圓形範圍內之情形，則又可見似成一種經濟組織單位。[29]」對於村民，集市的客源區也是如此，無論推著車、挑著擔子，還是步行，集市能夠聚攏的村落、村民都在當日往返距離之內。以當日往返距離作為半徑，聚攏在一個集市客源區內的村落並無定數，七八個、十幾個，也許更多，用一句俗語「十里八村」概括十分貼切。憑藉集期相互交錯的集市，聚攏在一個客源區內的十里八村，是擺脫基層行政管理、鄉間宗族束縛，基於商品交易自發形成的地理空間。關於集市的範圍，無論南北，客源區的距離一般在十里以內，最遠不會超出二十里。

集市也是十里八村鄉親們的盛會，人們不但可以在集市上完成自己的交易活動，還會在交易、休息中結識鄰村的村民，聽到鄰村的各種故事、新聞，這些都為「日出而作，日入而息」的農民增添了見識與樂趣。正是這樣的原因，趕集的村民不僅包括家庭中的男性成員，也有女性成員。家庭男性成員主要負責交易，而女性成員則是在購買自己喜歡的日用品的同時，也感受著集市的熱鬧。因此定期市的功能，不僅僅停留在商品交易這一層面，同時兼具社交中心與訊息中心的作用。

從趕集這一話題，我們看到集市在地理上不僅構成了屬於自己的客源區，也成為十里八村村民的娛樂中心、社交中心，在村民的生活中有著特殊的地位，客源區的邊際幾乎就是傳統農業社會中村民的最遠認知空間。

趕集這點事，置身其中，一切再尋常不過，並無神祕之處，但是仔細推敲，經過理性的邏輯分析，會發現原來人類的行為是有序可循的，在尋常的生活中獲得大家未注意到的地理發現，正是學術研究真正的樂趣。

23 英雄城——江孜

二十世紀初，爲何英國要入侵江孜？

英國爲了維護其在亞洲的既得利益，提出「三個緩衝區，兩個同心圓和一個內湖」的戰略，而在此戰略中，每個環節都與西藏有關。

你看過中國電影《紅河谷》嗎？還記得那場激盪人心、扣人心弦的抗英之戰嗎？那場戰爭就發生在江孜，一座位在青藏高原上的英雄城。

打開地圖，從日喀則向東南，沿雅魯藏布江支流年楚河順流而下，就會在群山之中看到江孜縣。江孜縣的背後就是喜馬拉雅山的雪山冰峰，穿過喜馬拉雅山，一條道路從江孜通向亞東，伸向域外，連通尼泊爾、錫金（現屬印度）、印度。無論在哪個時代，江孜的地理位置都有著不同尋常的意義，這是一處向內經日喀則可達拉薩、向外經亞東可進入南亞各國的交通要衝，同時年楚河形成的沖積平原又為流域沿線的河谷地帶提供了肥沃的土壤，從古至今，江孜都是高原上的一顆明珠（圖7-6）。

江孜建城有六百多年歷史，成書於明代的《後藏志》中有這樣的記載：江孜一帶的地形有吉祥相，「東坡恰似羊馱米，南坡狀似獅子騰空，潔白綢幔張西坡，霍爾兒童敬禮像北坡」。十四世紀，元順帝冊封絳曲堅贊為大司徒，掌統全藏大權，絳曲堅贊將藏區劃分為十三個大宗，江孜宗就在其中。那時的「宗」相當於縣一級的行政建制，出於防禦考慮，幾乎所有的宗都將宗堡修建在山岡上；從那時起，江孜宗堡就聳立在宗山之上了。

江孜宗堡是西藏現存地勢最險要的宗堡建築。宗堡覆蓋了整個山頂，內外分為

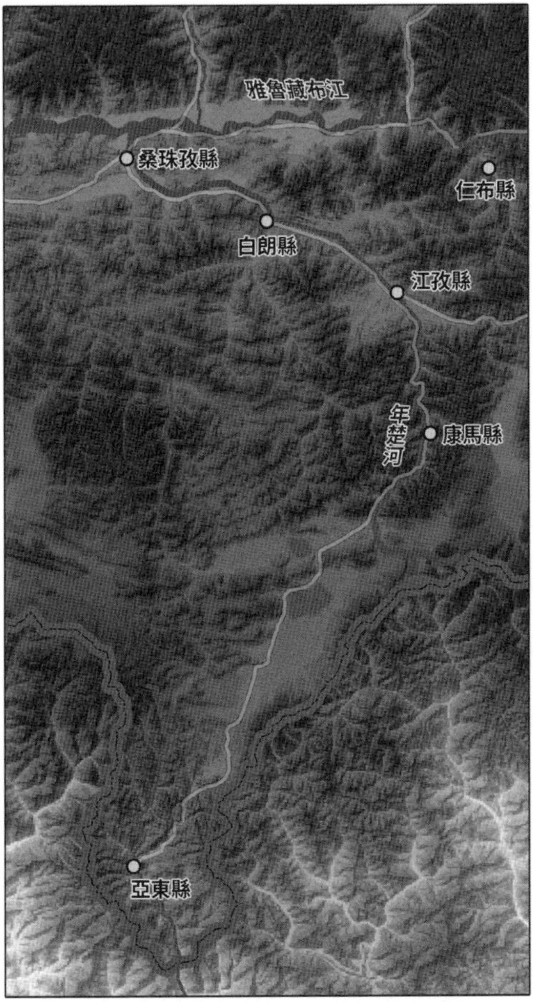

圖 7-6：亞東至江孜地形

三層，包括：宗本辦公室、住宅、經堂、佛殿、倉庫等。站在縣城仰望宗山，藍天白雲之下，宗堡更顯雄偉。

宗山西面為老城區，北面為白居寺。從宗山向白居寺方向走，會經過江孜古城。古城街巷兩側布滿民房，建築帶有西藏地方特色，白牆、紅簷、窗櫺、門楣、幔帳，都透著古樸與溫情。站在江孜城的每一條街巷，抬頭都可以看到宗山的雄姿，只是從不同角度看到的是宗山不同側面的巍峨形象，城與山就這樣和諧地成為一體。古城巷陌，彌漫著酥油茶的濃香，踏著石板路，閒閒散散地步行；若是清晨，街道上只有修路面的工人，偶爾也會遇到背著白鐵皮水桶的老人緩緩經過；打破古巷寂靜的是大踏步走來、身著樸素布裙的女子，她們是去上班，還是趕集？再過一會兒，迎來的是滿街的學生——這是二十一世紀江孜古城的清晨，入時卻又浸潤著濃濃的歷史氣息（圖7-7）。

江孜古城的那端就是白居寺，這座寺院與江孜古城有著同樣久遠的歷史，大約明代宣德年間，白居寺開始興建，至今已經有近六百年。白居寺鼎盛時期，寺院為三層平頂藏式建築，由大殿、法王殿、金剛界殿、護法神殿、道果殿、羅漢殿、無量宮殿和轉經回廊等建築組成，在這座宏偉巨大的寺院周邊是一圈紅色圍牆。而今，白居寺只留存下措欽大殿與十萬佛塔這兩處建築，但仍然不失當年的氣派。

今天的古城、古寺，和諧而靜謐，古城人民幸福祥和，但在一百多年前，這裡卻經

圖 7-7：仰望江孜宗山

歷了一場腥風血雨，那是英勇的藏族同胞抗擊英國侵略者的浴血奮戰。

說起那場戰爭，要從十七世紀英國在印度建立東印度公司開始。透過東印度公司，英國將印度納入了殖民統治的範圍內，此後為了維護其在亞洲的既得利益，提出了「三個緩衝區，兩個同心圓和一個內湖」的戰略。

三個緩衝區中，第一個是英國管理下的西藏，保證印度不受中國「威脅」；第二個是印度洋，保障印度洋沿岸的國家都在英國的控制之下；第三個是阿富汗，它擋住了沙皇俄國的南下。兩個同心圓的內圓是指印度西北邊境—尼泊爾—錫金—不丹—阿薩姆邦—印度東北邊境一線，外圓則由波斯灣酋長國—波斯—阿富汗—西藏—泰國組成。一個內湖，就是英國控制下的印度洋。

在英國人這份用野心繪製的藍圖中，每一個環節都涉及到西藏。本著這一戰略意圖，英國人為了獲取在西藏的利益，先後採取各種措施，從周圍鄰近國家入手逐步進入西藏。至十九世紀中期，英國已經完成了對尼泊爾、不丹這兩個大清藩屬國的控制，成功包圍了西藏。

一八九〇年《中英藏印條約》簽訂，這項條約將屬於西藏的日納宗劃入英國保護下的錫金（古稱哲孟雄）。一九〇二年，英國人以察看一八九〇年條約所訂疆界為藉口，派駐錫金行政官懷特（J. C. White）赴藏、哲邊界的嘉崗，迫使西藏邊境藏兵撤退，就此拉開了英國人入侵江孜的序幕。

從錫金出山，無論經由乃堆拉山口，還是則里拉山口，侵略軍最後都要匯集至亞東，再從亞東經帕里直指江孜。一九〇三年十二月十二日，英軍少將麥克唐納（D. MacDonald）率一千多名侵略軍，攜火炮四門、馬克沁機槍四挺，越過則里拉山口，打著談判的旗號，突然入侵西藏，進軍仁進崗、春丕、帕里，並推進到堆拉。一九〇四年初，英軍進駐到堆拉以北的曲美辛古，利用談判之名欺騙當地藏軍熄滅火槍的火繩，發動突襲。已經熄滅火繩的藏軍在毫無反抗能力的情況下，遭受英軍猛烈的炮火轟擊，一時之間幾百人瞬間倒在血泊中，這就是「曲美辛古大屠殺」。這次大屠殺中，藏軍陣亡一千四百多人，談判代表拉丁色及隨員也慘遭不幸。曲美辛古大屠殺，是英國侵略者在中國土地上對西藏人民做出的最野蠻的行為。

離開曲美辛古，英軍下一步的計畫是直接推入江孜。那時的江孜宗，包括現在的亞東縣、康馬縣、江孜縣、白朗縣、浪卡子縣部分地區是一片廣大的土地。江孜抗英戰役由發生在雜昌、紫奎莊園、帕拉莊園、乃尼寺、紫金寺的幾場保衛戰組成；從地理位置來看，這些戰事地點都處在由亞東通向江孜的路途上。英軍試圖透過江孜，撲向日喀則，直指拉薩，而藏軍的一次次阻擊，是要將英軍擋在通向拉薩的路上。

雜昌位於康馬境內，這是一條約三公里長的峽谷，高山峭壁之間的一條窄道，藏軍利用地形，迎擊進入山谷的英軍先行部隊，獲得了成功，但英軍後續部隊強大的炮火，迫使藏軍退守山谷。紫奎莊園位於江孜城東郊約四公里處，地處英軍的運輸補給線上。藏軍手持火繩槍，血戰英軍，終因武器落後失去陣地，全力退向宗山附近。宗山附近的戰鬥，繼續在帕拉莊園進行，莊園內一百多位守兵奮力抗擊，因孤立無援被迫撤退到白居寺，併入宗山部隊。英軍攻入帕拉莊園後，大肆燒搶，莊園上空濃煙滾滾，一片火海。

還有一場戰事發生在乃尼寺。這是距江孜城約十公里的一處寺院，位於江孜東南至亞東的道路上。守護在這裡的藏軍手持大刀與英軍決戰，經過兩個小時的肉搏戰，藏軍寡不敵眾退向宗山。乃尼失陷後，圍繞江孜宗山的下一場阻擊戰發生在紫金寺。紫金寺位於江孜城以西十公里處，也是江孜週邊的前哨。為了爭奪此地，英軍組織了二百多名騎兵和一千多名步兵開到紫金寺山腳下。

面對英軍的大炮，藏軍打得非常英勇。英軍先用大炮猛轟紫金寺建築物，寺內的九個紮倉（佛學研究院）、擁有四十根柱子的大殿、九座樓房和六十所僧舍，均毀於英軍的炮火之下。為了占領寺院，一部分英軍迂迴到紫金山後，攻奪寺後的山頂，兩面夾擊，同時向寺廟進攻，紫金寺失守。英軍進入寺院，將寺內珍貴文物洗劫一空。

為了抗擊英軍入侵，從亞東通向江孜的道路上，灑滿了藏族同胞的熱血。每一場阻擊戰中，參戰的同胞都付出了巨大犧牲，甚至連乃尼寺、紫金寺這些佛門聖地也沒有躲過侵略者的屠殺。

紫金寺失守後，江孜宗堡周邊的防禦據點幾乎都被攻占了，宗山守軍陷入孤立無援的困境。從四月中旬英軍侵入江孜以來，三個月中，宗山守軍一直堅守宗堡。藏軍的堅守讓英軍十分惱怒，他們急於奔向拉薩，需要盡快攻下宗山。七月五日凌晨，英軍分三路開始進攻，一路攻打江孜城街，激戰至晚上七時，江孜城淪陷；另外兩路英軍在大炮的掩護下，猛攻宗山。這是江孜保衛戰的最後關頭，數千名藏軍堅守堡壘，用土炮、土槍、弓箭、抛石器等打退了英軍一次次進攻。

山上的藏軍駐守數月，缺糧缺水，不少士兵只得以尿止渴，一些士兵嚼羊毛、乾草充饑。七月六日，英軍使用大口徑火炮，將江孜宗城堡轟開一個缺口，守護宗山的藏軍和民兵彈盡糧絕，以刀、矛、棍棒等與英軍展開白刃搏鬥。但終因傷亡過重，一部分藏軍不得不從西南方向的懸崖上用繩子吊下來，突出英軍的重圍，轉移到白居寺繼續投入戰鬥，另一部分來不及突圍的勇士全部跳崖殉國，壯烈犧牲。宗山淪陷。

奮戰三天三夜，藏族軍民以血肉之軀抗擊英國侵略者，英勇、悲壯的江孜保衛戰結束了。江孜失陷，八月，英軍占領拉薩。

一百多年前的那段抗英戰鬥早已成為往事，但我們都沒有忘記這段可歌可泣的抵禦外辱的歷史。走進江孜、仰望宗山，當年的刀光血影依稀浮現在眼前，震天動地的炮火餘音未絕，一座英雄城成為永遠的紀念碑，聳立在雪域高原之上。

第八章

近現代

24 守江必守淮

淮河流域不南不北的地域特徵，造就了什麼歷史結果？

細數歷代的南北交戰，若淮河流域由南方政權控制，結果會是南北分治；反之，若北方政權控制此區，則南北統一。

「守江必守淮」是一個歷史軍事地理話題，創造出這個話題的背景，則是歷史上的南北之爭，以及由此導致的統一與分裂。

追溯中國歷史上南北之間的軍事交鋒，雖然無法找出清楚的起始時間，但可以確定分別以黃河流域、長江流域為核心形成北、南兩大政治地域，是在魏晉南北朝時期。在這三百多年間，基於兩條大河的地域空間與經濟基礎，在政治、軍事力量的推動下，不僅北方移民不斷遷入南方，且南北之間的軍事交鋒也頻繁出現在歷史舞臺上。

閱讀歷史，與人相關的事總會受到關注，與地相關的事卻往往被忽略。那麼，撇開人事，南北交戰時的戰場設在什麼地方？這正是我們關注的問題，同時也會在關注中解讀，為什麼戰場會在那裡。

若將魏晉南北朝時期南北交戰的地點落在地圖上，會看到戰場正位於江淮地帶。當代地理學告訴我們，「秦嶺—淮河」一線是中國南北方的地理分界線，這裡也是年降雨量八百公釐等值線、一月份攝氏零度等溫線、亞熱帶和溫帶分界等重要的地理界限。難道早在千餘年前，人們就已經意識到這樣的地理差異，並用來界分南北，在此設定戰場嗎？事實並非如此。

探討這一問題的關鍵點，在於淮河流域自身。無論文化表現還是經濟發展進程，淮河流域均與長江、黃河流域不同，總的來看，這一地區經歷了從「文化獨立」到「經濟邊緣」的變化歷程，正是這樣的變革，導致南北之間的戰場從長江一線轉至淮河一線。

先秦時期，出現了江、河、淮、濟為「四瀆」的理念，這說明淮河流域獲得了與江、河同等重要的地位。古人認為，「瀆，獨也。各獨出其所而入海也」，所謂「四瀆」，即四條獨流入海的江河。淮河躋身於「四瀆」之中，在古人觀念中不僅有著與黃河、長江同樣尊貴的地位，且具有十足的地區獨立性，對此，可以從史前文化類型獲得證據。

淮河流域重要的史前時期考古文化類型為青蓮崗文化（距今約七千四百至六千四百年），主要分布在山東省中部、南部，以及江蘇省北部汶、泗、沂、沭諸水與淮河交匯地區，而中心則位於淮河下游平原。與青蓮崗文化形成空間對應的是仰韶文化，前者主要分布於以淮河下游為中心的東部地區，後者則分布在以豫西、關中為中心的黃河中游及毗鄰地區。青蓮崗文化不僅形成了獨立的分布空間，同時具有獨立的文化特徵，是不同於黃河中游的考古文化類型。此後，龍山文化（距今四千年）誕生於東方，經歷了自東向西的空間擴展歷程，最終龍山文化分布範圍覆蓋了仰韶文化的大部分區域，但東西之間文化特色的差異性仍然十分明顯。從史前時期進入國家階段，值得關注的是西周初期武王、周公兩次大規模分封諸侯，其分封地從晉南、豫北、豫中向東方延伸。周公輔政時期，在淮水上游出現諸侯國的同時，今山東境內也有了齊、魯等國，而分布在淮河中下游地區的土著則與部分東夷結合，構成被中原稱為「淮夷」的文化人群，成為西周時期立足於淮河流域、獨立於西周之外的重要勢力。

一個地區要保持文化的獨立性，離不開地理基礎的支持。成文於戰國初期的《禹貢》記載，大禹把天下分為九州，九州中，「海、岱及淮惟徐州」。淮河流域屬於徐州，而徐州即淮夷所在之處，其貢物「淮夷蠙珠暨魚」。唐人孔穎達在《尚書正義》中說：「蠙是蚌之別名，此蚌出珠，遂以蠙為珠名。」將蠙珠與魚作為貢物，說明淮夷所在之處，是一處水文環境十分突出的地方。與水文環境對應，《禹貢》說，徐州的土壤屬於墳土，這類土壤存在積水，但水退之後仍然可以選擇性地發展農業，這是不同於黃河中游的豫州、雍州，也不同於黃河下游兗州的土壤與環境條件。正是如此，淮夷所在的淮河流域，屬於漁獵占主導地位的區域。地理環境是一個獨立文化人群立足的基礎，以黃河中下游為核心的中原王朝對於淮河流域的控制，在政治、軍事征服的同時，還存在環境適應問題，也許正是由於這樣的原因，淮河流域才得以在相當長的時段保持文化的獨立性與空間的完整性。

淮河流域之所以失去文化獨立性走向經濟邊緣性，與黃河、長江兩大流域的發展有關。伴隨黃河中下游地區的強大，中原政權在南向發展中將控制範圍逐漸從黃河流域延伸至淮河流域。淮河流域被納入中原勢力範圍的初期，在空間上處於中原政權政治、經濟、文化的邊緣，此後若中原政權繼續依照淮河流域、長江流域，自北向南完成政治擴展，那麼淮河流域將逐漸從地理邊緣變為腹心，但這樣的空間發展至春秋時期便中斷了——崛起於長江流域的楚國、吳國擋住了中原政權南下的步伐。楚國核心在長江中游，吳國核心在長江下游，春秋戰國時期兩國先後向北發展，且楚國勢力在北向發展中一度將政治、經濟核心轉向淮河流域，尤其戰國後期楚都遷陳、遷壽春對於沿淮地帶發展都發揮了重要的推動作用。但這樣的時段並不占主流，多數時期淮河一帶都處於長江流域政權的邊緣。

在秦漢兩朝統一帝國之下，淮河流域邊緣化的特點有所消弭，但在漢武帝元光年間，「河決於瓠子，東南注鉅野，通於淮、泗」[1]，此次黃河決口氾濫二十餘年。新莽時期，「河決魏郡，泛清河以東數郡」[2]，這就是後人所認定的黃河第二次重大改道，此次河水奪淮氾濫達六十年。黃河數次決口，長期氾濫於淮河流域，不僅中斷了這一地區的農業發展進程，也再次強化了其邊緣區特徵。黃泛區的存在並不能改變淮河流域介於河、江之間的地理位置，但自然災害使這裡成為農業生產不連續分布的區域。

兩漢時期，中國古代經濟重心位於黃河中下游地區，至魏晉南北朝時期，黃河、長江流域政治上的對立，為長江下游經濟崛起創造了機會。隨著唐宋時期中國古代經濟重心轉向長江下游地區，淮河流域邊緣性的地位基本成型。北方黃河流域歷代都是國家的政治中心，長江下游平原地帶則具有經濟中心的地位，淮河流域處於南北兩大區域之交，介於政治與經濟中心之間，不僅邊緣性越來越突出，而且對於河、江兩大區域的依賴性也越來越明顯。正是出於這樣的原因，秦漢以後，淮河流域沒有成為任何一個政權的都城所在地，且在清代的行政區劃中，這裡也無法繼續保持流域的完整，而分屬於江蘇、安徽、山東、河南四省。

淮河流域或「從屬於河」或「從屬於江」的邊緣性特徵，不僅由於其介於黃河、長江兩大區域之間的地理位置，也與自身的地貌特徵有關。翻開地圖，會看到在淮河流域的南北兩側，與長江、黃河幾乎沒有完整的分水嶺。流域整體地勢自西北向東南傾斜，上游有桐柏山脈、大別山脈與伏牛山脈構成的江淮、河淮的分水嶺，而中下游地區則是平原，沒有自然地物界分江淮、河淮。平原上較高的地物就是河流兩岸的人工堤，比如，黃河南岸大堤為河淮之間的分水嶺，大別山以東崗丘連綿，向東北延伸至洪澤湖以南，高程平均在五十至一百公尺，洪澤湖以南的人工堤，也發揮著江淮分水嶺的作用。淮河流域地理邊界條件模糊，若將這裡作為政治空間，幾乎沒有可以依憑的天然屏障，這樣的地理形式不僅不具備古人所強調的形勝理念，也失去了自身的獨立性。淮河流域北部與黃河連為一體，南部則與長江連為一體，因此無論黃河還是長江，都可將其看作本流域的自然延伸部分。當代地理學用淮河界分南北，然而事實上，若從政治、軍事著眼，淮河流域屬於真正的「不南不北」之地（圖8-1）。

不南不北的地域特徵，使得它既是南北政權的緩衝地帶，也是雙方交戰的戰場。以黃河、長江流域為各自中心的地區，不僅在地理上構成了兩大區域，政治上也往往分為兩大集團，每當南北政治集團分裂時，交戰地自然就在不南不北的淮河流域。

然而，最令人關注的不是南北交戰以淮為戰場，而是戰後的結局。歷史告訴我們，決定戰爭結局的是戰前淮河流域的歸屬。明末清初的沿革地理學家顧祖禹著有《讀史方輿紀要》一書，歷數了江淮地理與戰守關係。其中，以北方政權而論，三國時期孫吳與曹魏以江為界，孫吳未經營淮河流域，曹魏鄧

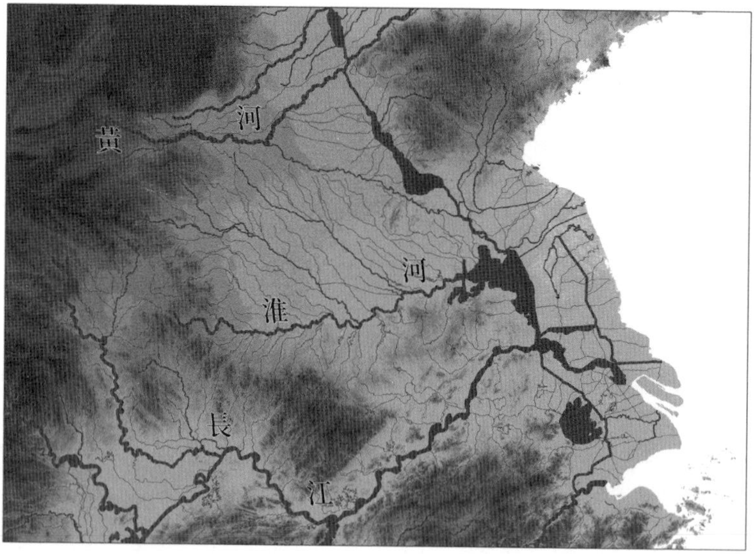

圖 8-1：淮河流域地形

艾卻在此屯田駐守，最終魏勝而吳亡。再看南方政權，東晉、宋、齊、梁，乃至五代十國時期的吳，均擁有淮地，因此得以長久與北方政權抗衡。東晉與前秦的淝水之戰，五代十國時期楊行密與朱全忠的清口之役，在這些以少勝多的戰例中，獲勝關鍵也在於控制淮河流域的關要地帶。進一步討論這些戰例可以發現，長江流域出現政權中心的孫吳時期，僅是農業開發的初期，尚沒有能力治江又理淮，於是戰線處於長江一線，而此時的淮河流域既是黃河流域的延伸地帶，也是軍事上的屏障。此後，隨著北方人南下數量增加，以及移民自北向南遷移路徑的形成，東晉南朝時期，江淮聯為一體，淮河流域成為長江流域的延伸部分，於是南方政權不但得以支撐且在戰事上獲得了勝利。

回顧南北交戰的戰例，顧祖禹認為，「江南以江淮為險，而守江莫如守淮」，且根據戰前淮河流域的南北歸屬對於雙方戰後結局的影響，最終形成了「南得淮則足以拒北，北得淮則南不可復保」的結論。這一結論的精闢之處在於它道出了一個事實：南北交戰，若淮河流域在南方政權控制中，則南方獲勝可以實現南北政權分治；若淮河流域在北方政權手中，則獲勝後的結果是南北統一。

「守江必守淮」是古人形成的結論，它幾乎成為後世軍事戰略的主旨。淮海戰役是解放戰爭三大戰役之一，同時也是國共雙方投入軍事力量最大的一次戰役。整個戰役經歷了碾莊、雙堆集、陳官莊三個階段。翻開地圖，這三個地方均位於平原之上，幾乎不存在戰術爭奪的價值，但是每個階段交戰都發生在淮河流域，而淮河流域自身不僅存在重要的戰術價值，且有著非同尋常的戰略意義。

淮海戰役開戰之前，南京方面希望劃江為界，營建新的南北朝，而遠在西柏坡的中共戰略家們怎能不知「南得淮則足以拒北，北得淮則南不可復保」的道理。淮海戰役打響之前，國共兩黨最高統帥部都意識到此戰關係重大。一九四八年十一月十六日，毛澤東致電總前委說：「此戰勝利，不但長江以北局面大定，即全國局面亦可基本上解決。[3]」

此前，蔣介石也致函黃百韜說：「此次徐淮會戰，實為我革命成敗，國家存亡最大之關鍵。」[4]為了贏得淮海戰役，華野、中野兩支部隊付出了極大犧牲，經過兩個月的激戰，最終拿下淮河流域。中國共產黨領導的軍隊贏得了這一戰事，不僅打破了蔣介石劃江為界、建立又一個南北朝的美夢，且隨著淮海戰役的勝利，渡江南下，將革命進行到底，解放全中國，也只是時間問題。因此，從戰略角度審視，淮海戰役是決定中國革命成功與否的關鍵之戰。

淮河流域地處四戰之地，不是因為險，而是因其屬於長江、黃河流域的自然延伸地帶，不南不北，南北互相以淮為屏障，一旦交戰，關鍵地帶不在於河，也不在於江，只在於淮。

歷史上的戰爭風雲早已遠去，如今行走在淮河兩岸，周圍的農田、村落看上去尋常而寧靜。設置在淮河上的南北分界線凸顯著這裡不尋常的自然地理特徵，但政治、軍事視角之下的淮河流域，卻是既不南也不北之地。

25 四合院——東西南北的「家」

四合院式的建築究竟有多久的歷史？

陝西關中平原發現的三千年前周朝宮殿遺址，就可見四合院式建築的特徵，之後歷經漢代、唐代的演變，逐漸變成今日所見的模樣。

誰沒有家呢？家，是個溫暖的小窩，暖在心裡的是濃濃的親情，遮風避雨的是磚石泥瓦的房屋。家的溫暖長在人心上，就像牽動風箏的那根線，無論廝守故土，還是飄遊萬里，歸途有短有長，不變的是回家的心願。

家，是那麼重要，人們對於留住親情的房屋自然也分外在意，在意它的樣式、在意它的用材、在意它的顏色，更在意磚石泥瓦間透出的內涵。於是，建築不僅有著遮風避雨的功能，也成為一種文化。文化是一種講究，院落中一磚一石、一花一木，都在習慣中成為了規矩，又在輩輩相傳中被承襲下來成為固定的偏好。

中國這麼大，從南到北五千多公里，從東到西五千多公里，一方水土養一方人，每方土地上的人們在營造自己的家時，總會注入家鄉特色——或粉壁烏瓦，或木梯板壁，或依山開窯，或臨江吊腳……，山南地北的人們根據家鄉的環境，精心營造出各式民居。然而，儘管各地未經商量，也沒有相互仿效，不同的民居中卻暗含著建築布局的一致性，這就是四合院的基本特徵。

四合院的定義

什麼是四合院呢？這是個聽著熟悉卻需要解讀的問題。建築學早就為四合院類型的建築做出了定義：只要一處院落具有四周封閉，沿中軸線對稱的布局，就具有四合院的基本特徵。真正的四合，不僅指院子是四方的，更關鍵的是院內四個方向都有房屋，占全東、西、南、北，進而才能稱為四合。

有人會問，既然古人沒有任何資訊溝通，各地卻幾乎都將四合院建築要素包含在自己的院落中，這是為什麼？解讀這個問題，就要涉及古代的規矩與講究，而《禮記》這部古代文獻留下了有關記載。《禮記》由西漢時期的戴聖編纂完成，書中彙編了戰國至漢初的儒家禮儀與中國古代的典章制度，其中〈內則〉一篇中有這樣的記載：「為宮室，辨外內。男子居外，女子居內。」將這句話變為白話文，講的是這樣的規矩：修建宮室或房屋，一定要嚴格區分內外；即使是一家人，也要男子居外，女子居內。那麼怎樣才能做到內外有別呢？在四方的院落圍上院牆，再將院子分成內院、外院，有了這一切還不夠，為了充分利用空間，院落中四個方向都需要安置房屋，這就是四合院格局的由來。

《禮記》的那個時代距離今天太遠了，其中有很多講究的東西，今天的我們並不認同，但古人卻一直奉其為經典並視為做人做事的準則。於是本著「內外有別」的規則，各地的房屋雖樣式大相徑庭，卻不約而同都採用了四合院的建築形制。

歐美人喜歡將自己的家建在一片綠地上，周圍只有矮矮的籬笆、低低的柵欄，孩子的嬉戲、大人的忙碌，都在路人的視線中。西方人的開敞與東方人的內斂，兩者截然不同，是歷史與文化讓我們之間有了這樣的差別。

四合院的歷史

四合院這種建築形式並不專屬於一地，也不專屬於一時，我們稱其為「中國四合院」，就包括了時空的雙重含義。那麼，我們的先祖採用四合院式的建築，究竟有多久的歷史呢？

說起這個問題，就要從中國歷史早期入手。在距今七千至五千年前，甚至更早，中國大地上就已經發展出燦爛的史前文明，先祖根據各地的自然環境條件營造自己的家。

考古學的成果告訴我們，那時北方黃河中下游地區採用的是半穴式民居，以適應北方冬季寒冷、夏季炎熱的氣候。半穴式民居的特點就是房屋一半在地下，一半在地上，有經驗的老者告訴我們，這樣的房屋冬暖夏涼。在黃河中下游地區的考古遺址發掘現場中，我們可以看到的是房屋地下的那一半。那時的古人在地表之下挖出凹陷的坑，這就是地穴，地穴的南側往往有一道斜坡通往外面，地穴內部有燒飯的灶，地面被處理成硬土，鋪上草就可以休息了。靠近地穴邊緣處均勻分布著幾個柱子洞，當年有柱子佇立在這裡，用來支撐草棚屋頂，於是就有了地上那部分。現在，根據遺址繪製而成的復原圖（圖8-2），讓我們看到了那時黃河流域先祖「家」的面貌。

圖 8-2：史前時期黃河中下游地區半穴式民居

圖 8-3：史前時期長江中下游地區干欄式建築

與黃河流域不同，長江流域不僅氣候濕熱，還分布著密集的河流、湖泊、沼澤。針對這裡的環境，至少距今七千年前，人們已經發明了干欄式建築，浙江餘姚市河姆渡遺址就留下了大片干欄式建築的遺跡。那麼，什麼是干欄式建築？只要去過雲南西雙版納的人，一定注意到了傣族的竹樓，這就是干欄式建築。這種建築最大的特點是用豎立的木樁或竹樁將屋底架起，懸空的地板不直接接觸潮濕的地面，如此能有效地避免潮濕所帶來的疾病與野獸蟲蛇的侵擾（圖8-3）。

這時，無論北方還是南方，都還沒有出現四合院。隨著時間的推移流轉，人們適應自然環境的能力不斷增強，黃河流域的半穴式建築逐漸上升到地面之上，長江流域的干欄式建築也落到了地表，四合院終於躍入我們的視野中。

我們看到最早的四合院，位於陝西關中平原西部的周原。周原地處岐山與扶風兩縣之間，《詩經》中的「周原膴膴，堇荼如飴」，稱頌的就是這裡。那是一片肥沃且寬廣的平原，即使是苦菜也有著蜜糖一樣的味道。早在三千多年前，周人就生活在這裡，並留下大片的宮殿遺址。考古發現，岐山縣鳳雛村的一處宮殿建築基址，建築前後形成兩進院落，沿中軸線自南而北布置了廣場、照壁、門道，以及兩側左右對稱分布的堂屋。由此進入庭院，內有坐北朝南的殿堂，再向內是第二進院落，被分割為東西兩個小院。這處宮殿基址坐北朝南，以中軸線形成對稱，且整個院落四周用迴廊環繞，具有標準的四合院建築特徵。根據這處基址考古學家繪製了建築復原圖（圖8-4），一處距今三千多年的四合

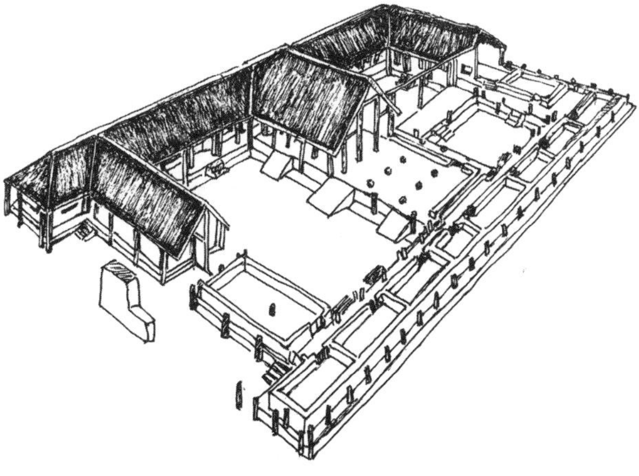

圖 8-4：岐山縣鳳雛村一處宮殿建築基址復原圖

院，就展現在我們面前了。周原考古只是揭開四合院歷史的開端，此後各個歷史階段均有遺址與文物見證了四合院發展的歷史。

漢代距今兩千年，考古工作者在那個時代的墓葬中，發現了大量畫像石與陶製建築模型，正是這些漢代的畫像石與出土的建築模型，向我們展示了各種四合院建築。其中，陝西扶風縣官務村出土的漢代院落陶器（圖8-5），沿中軸線通過門樓、門廳進入院內，庭院內的正房、東西廂房構成一組建築，二進院落的建築則是一處兩層小樓——看得出來，這是一種庭院式的四合院。除了庭院式的四合院，漢代還另有一種稱為「塢壁」的院落；什麼是塢壁？生活於宋元之交的歷史學家胡三省稱：「城之小者曰塢，天下兵爭，聚眾築塢以自守。」塢壁如同小城，圍牆環繞，前後開門，塢內有望樓，四邊建角樓。整個家族都居住在塢壁之內，白天出外從事農業生產，夜晚回到塢壁裡。這是在漢代，尤其是社會動盪的東漢年間，大戶人家為了安全所興建的建築。儘管興建塢壁出於自衛，但院內的建築布局仍有四合

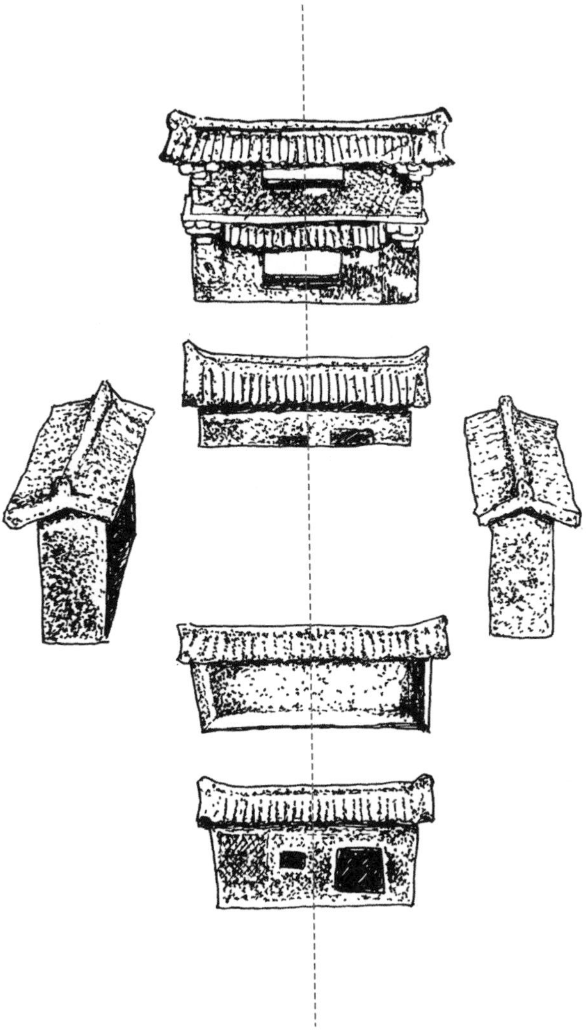

圖 8-5：陝西扶風官務村出土的漢代院落陶器

之勢。漢代的塢壁誰也沒見過，但很多人去過福建參觀過當地的土樓，雖然時代不同、規模不同，不過在聚族而居、堅固而封閉這一點上，兩者有很多相同之處。

唐代是中國歷史上一個盛大的王朝，我們每個人都讀過唐詩，李白詩中有云，「長安一片月，萬戶擣衣聲」，月下的長安城，那些家、那些院兒，會是什麼樣呢？對此，考古學又給我們提供了想像的依據。唐代四合院模型保存下來的更多了，陝西商洛市、西安市西郊中堡村、長安區靈沼鄉出土的三彩庭院都是四合院，其中陝西商洛市的那組「三彩院落」的特點尤其鮮明（圖8-6）。這組三彩共有三進院落，沿中軸線有大門、影壁，隨後是一進、二進院落，每個院落均由正房、東西廂房構成，三進院落為一排後罩房，這樣的建築布局已經與後世的四合院沒有什麼區別了。西安市出土的幾組四合院模型，有著與商洛市相同的院落，那時的長安城有萬戶、十萬戶，也就是萬家、十萬家四合院。

宋代詩詞中同樣有對城市的描述，例如：蘇軾詞中「半壕春水一城花，煙雨暗千家」的密州，柳永詞中「煙柳畫橋，風簾翠幕，參差十萬人家」的杭州，司馬光詩中「洛陽春日最繁華，紅綠陰中十萬家」的洛陽，千家、萬家、每戶人家也應是四合院。宋代的繪畫描繪了許多房屋建築，《清明上河圖》（見彩圖12）畫面中的一街一景，都能看到四合院的邊角。

城裡的建築是四合院，鄉下呢？北宋時期留下的另一幅名畫《千里江山圖》，畫面中群山層巒起伏，江河煙波浩渺，山水之交也繪有幾處茅庵草舍，仔細看竹籬所在之處，四面皆有茅舍，自成四合院格

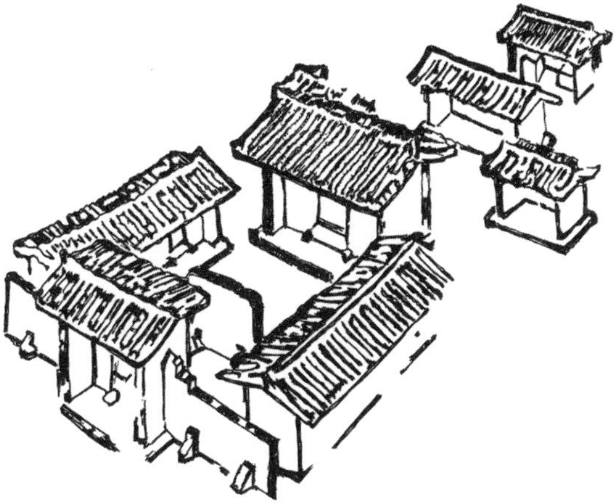

圖 8-6：陝西商洛出土唐代四合院模型

局（見彩圖13、14）。

明清時期距離我們今天已經很近了，各地都留下一些老宅、老屋，不再需要文物來提醒我們。這些飽經風霜的宅院，早已褪下明麗的色彩，但殘垣斷壁間仍然不失東、西、南、北四面皆有建築的特點，成為現實中最老的四合院。比如：河南商丘富商穆氏家族四合院、河北省定州市「中華平民教育總會辦事處」舊址、浙江東陽盧宅明清古建築群、浙江紹興周恩來總理祖居、江蘇常州瞿秋白故居、北京門頭溝爨底下明代村落……，儘管歲月的流逝會淹沒許多往事，但這些老房子讓我們得以就近觸摸到歷史，觸摸到往日的「家」。

無論文物、遺址，還是保存至今的老房子，共同將四合院的歷史串成了一條脈絡，從往古邁入當代。尤為不尋常的是，在四合院數千年的歷史中，人們並不是只將這種建築形式用作民居，舉凡宮殿、官衙、佛寺、道觀……，幾乎所有功能的建築都採用了四合院形式；宏偉的紫禁城，散布在全國各地的千百座寺廟，無一不是四合院。於是，四合成一統，悠悠傳古今，四合院成為我們應用最久、最具傳統的建築形式。

四合院的地理分布

四合院的歷史讓我們看到文明的積累沉澱，四合院的地理分布則顯示出空間的廣博。中國很大，各地營造的四合院隨著鄉土所宜，各有差別。我們講述四合院的地理分布，同時也展示各地四合院的特徵。

一部名為《大紅燈籠高高掛》的中國電影，吸引了海內外遊客來到山西，探訪那段悲劇人生的上演之地。當然，故事中的人與事或許都是虛構的，唯有精緻且幽深的山西大院是真真切切地坐落在那裡。山西留下來的老宅、大院不止祁縣喬家大院一處，幾乎每縣都有幾套老宅子，或顯於鬧市，或隱在鄉村。在過往的時光中，院落的主人們走過了不一樣的人生，但他們的院落卻有著統一的樣式。山西四合院以兩進為多，院落為長方形，無論正房、廂房，一般人家多採用平房，大戶人家則建起上下兩層，樓上樓下，磚木雕飾精細而富有內涵。山西一年的雨水不多，屋頂多選擇一面坡，單向傾斜的屋頂將雨水引導流入院內，講究的是肥水不外流。有人說，山西大院像一座城，有堅實的院牆，高聳的門樓，外加屋頂上的望樓，確有城的規模。走進院內時會發現大院套小院，許多四合小院組合為一體，構成了大院。也許節儉的山西人沒有想到，正是當地的習俗，為我們留下了大片擁有歷史內涵的民居建築（圖8-7）。

接下來我們又要說到一部中國電影《五朵金花》。這是一九六〇年代初家喻戶曉的作品，五朵金花是五位美麗的白族姑娘，她們勤勞、善良。電影中一位金花婚禮的拍攝地點就在大理喜洲白族傳統民居內。白族的傳統民居也屬於四合院，建築學將這類民居稱為「一顆印」式建築。院落大門位居中軸線上，走進院落，通常正房三間，左右各有兩間廂房，當地人稱這樣的布局為「三間四耳」。耳，說的是左右廂房，臨街一面為倒座房；倒座房外，三面房屋均建為兩層，宅院外面環以高牆，外觀方方正正，與古代官印十分相似，故有「一顆印」之稱。我們在電影中看到的故事源於白族，其實，在雲南中部這類民居十分盛行——白族、彝族、納西族、漢族都喜歡這種建築形式（圖8-8）。

長江流域的四合院被稱為「四水歸堂」。建築學認為，最典型的四水歸堂民居在徽州。徽州位於安徽南部，地處地少

圖 8-7：山西四合院

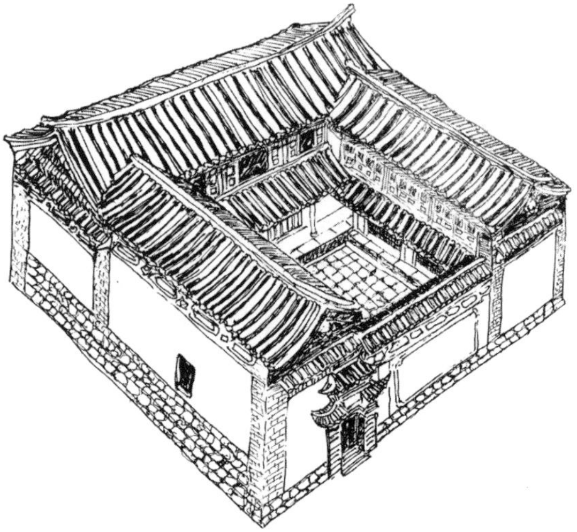

圖 8-8：雲南白族一顆印式民居

圖 8-9：四水歸堂民居的屋頂

形狹的丘陵山區。也許正是這樣的環境，那裡的民居布局緊湊，占地面積也不大，走進大門，迎面正房為大廳，後面院內常建為兩層樓房。當然，整套民居最受關注的是院落，當地人將院落稱為「天井」，東南西北四個方向的屋頂彼此相連，雨水順著內斜的屋頂從四面流入天井，寓意「四水歸堂、水聚天心」。江南一帶夏季十分炎熱，以遮陰為故，天井都不大，四周高屋圍堵，狀如深井。走進靜謐的古村，伏在老屋的窗口，遠處是石板小街，低頭則是自家的方寸天地，時光似乎將昨天與今天鎖在了同一片屋瓦之下。徽州的民居可稱為四水歸堂類型四合院的代表，但是這樣的民居並不限於一地，沿長江水路一路東下，川、渝、湘、鄂、贛，直至皖、蘇、浙，都採用了四水歸堂的建築形式——小橋流水人家，同樣的天地、同樣的老屋，卻有著不一樣的人生（圖8-9、圖8-10）。

從江南到西北，那是完全不同的風光，在乾旱少雨的黃土高原，窯洞幾乎成為人們記憶中最深刻的西北民居。一九八〇年代流行過一首名為《黃土高坡》的歌

圖 8-10：江南民居內部天井

曲，在高亢、蒼涼的曲調中追尋著往日的回憶：「我家住在黃土高坡，日頭從坡上走過，照著我的窯洞，曬著我的胳臂，還有我的牛跟著我。」窯洞是黃土高原往日生活的一部分，但是就其挖鑿方式而言也有不同類型，順著黃土坡修造的稱為「靠山式窯洞」，依託埋藏深厚的黃土向下挖掘的稱為「下沉式窯洞」。下沉式窯洞具備完整的四合院布局特點，每一處挖掘而成的院落都是四方形，院落四壁各開鑿出幾孔窯，四合而圍，儼然四合院之型。

家的故事是各種各樣的，而為家營造的房屋卻有著建築格局上的一致性，均呈現四合院的特徵。無論東西，以至南北，四合而居成為中國大地上分布最廣的民居形式。若想獲得真實的體驗，行走在各處時，一定不要忘記看看那些有年月的老屋。四合院歷史之久遠，早已讓它走出了民居這層價值，一個個春秋，讓一輩輩人的生活融入院落中。仔細想想，追尋四合院的前生今世，既是建築史的命題，也是對於曾經經歷過的人生的回顧。

26 北京四合院與四合院文化

北京的四合院有什麼講究與不同之處？

百年前的北京，無論貴族或平民都住在四合院，爲了區分宅院主人的社會地位，宅門的形制、顏色、裝飾，是北京四合院最講究之處。

四合院對於建築學而言，只是民居中的一種類型，而對於一塊土地上的人們，它既是家，也是文化。「一方水土養一方人」，其中，所謂的「一方水土」指的就是我們腳下的土地與頭頂的藍天，大自然的稟賦讓我們獲得了生存的基礎，也讓我們有了打造自己家園的靈感。坐落在各地的四合院，每塊磚瓦都銘刻著家鄉土地的烙印，無論是建築本身還是建築文化，各地不分伯仲，不過為人們提起最多的仍是「北京的四合院」。也許是因為北京是中國帝王留下的最後一處都城，也許是因為北京特有的帝都風俗，進而使得北京四合院成為中國四合院建築的代表。

中國作家張恨水在《五月的北平》中這樣說起北京，說起北京的四合院：「北平的房子，大概都是四合院。這個院子，就可以雄視全國建築。洋樓帶花園，這是最令人羨慕的新式住房。可是在北平人看來，那太不算一回事了。北平所謂大宅門，哪家不是七八上下十個院子？哪個院子裡不是花果扶疏？這且不談，就是中產之家，除了大院一個，總還有一兩個小院相配合。」

誰說不是呢，如果時光倒流，回到一百年前的北京，我們會看到，無論貴族還是平民大都住在四合院內，區別只在於，紅牆黃瓦的宮殿住的是皇上，青磚灰瓦的院落屬於百姓。四合院既是北京的建築基本形式，也是城市構成的單元，因此很難說清，究竟是北京的四合院？還是四合院式的北京？

元大都的街道

北京的四合院與北京城幾乎同步建成，元大都是北京城作為統一王朝國都的起點，北京四合院也在大都的建設中一一落在了自己的位置上。

元代詩句「雲開閶闔三千丈，霧暗樓臺百萬家」講的就是北京，這「百萬家」的住宅，便是如今所說的四合院。住宅、院落都分布在街道兩側，因此說起北京四合院一定離不開北京的街道，而北京現今街道的格局都是從元大都起步的。

大都興建之初由元朝政治家劉秉忠主持設計，從那時起對於城內大街小巷的尺量就做出了規定。根據《析津志》記載：元大都街制，「大街二十四步闊，小街十二步闊」，比小街更低一階的街道是胡同，大約六步寬。一步大約一公尺，這樣一算，大街寬約二十五公尺，小街十三公尺，胡同寬約六至七公尺。無論大街、小街、胡同，都是走車、走人的道路，民居建築就建在街道兩側。大都城內大街、小巷大多成東西南北直角相交，構成棋盤狀格局。從北京城的建設史來看，元、明、清幾代，大街小巷的格局基本沒有大的變化（見彩圖16），因此留給街道、胡同兩側的四合院的建築空間也沒有改變。如此一來，自然提出一個問題：大小不同的院落既不能破壞預留的建築空間，又要確保各自的用地需求，它們會以怎樣的方式互相搭配組合呢？

北京四合院的組合方式

一座城市，各個家庭的財力、人口一定是不同的，因此作為「家」的院落也有大小之分。街道、胡同兩側的建築用地是固定的，因此欲合理利用這些土地，必然存在大院子、小院子互相搭配的問題。說起這個問題，首先要從確定院子的「進深」開始。

北京四合院的進深依院落的數目而定，一般分為一進、二進、三進、四進，每一進院落都擁有一個完整的閉合空間，每增加一進意味著多了一個封閉的院落。由於胡同間的建築空間是固定的，一般二進與二進院落背對背組合，分布在兩條胡同之間，一進與三進院落背對背組合，四進院落則獨自占用兩條胡同之間的建築用地。由於四進四合院的大門開在前面胡同，後牆在背後的胡同，有時為了方便，也會在後牆開一扇後門。

說到這裡，不由得想起，早年革命者的回憶以及影視作品中的故事場景：被特務緊緊跟蹤的革命者走進一處人家，守在門口的特務左右等不到人出來，衝進去搜查，才發現院落有後門，他們跟蹤的對象早從後門走了。至於要開設後門，只有四進四合院有這個可能（圖8-11）。

因為都城的地位，聚攏在北京的不只平民與官員，還有皇室貴族。貴族的府第規模很大，往往不只四進四合，也有五進、七進的，不斷往縱向發展。於是問題就

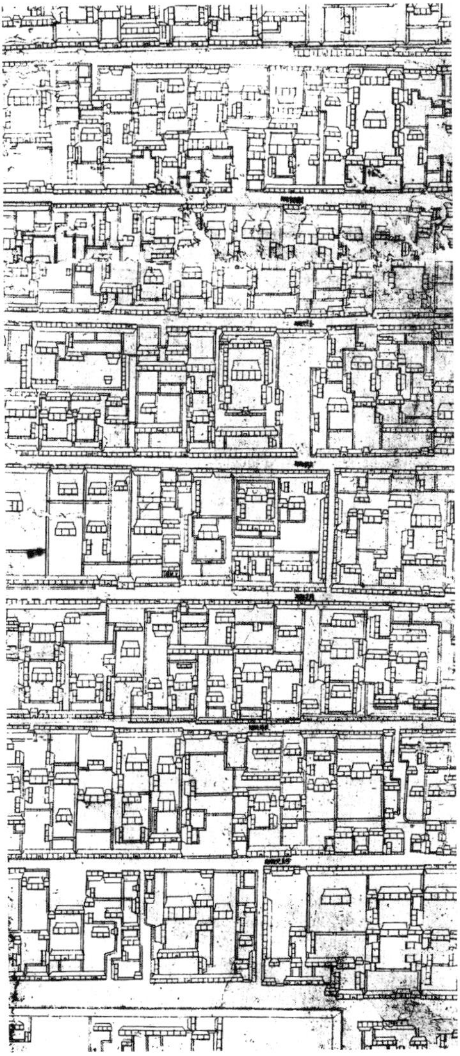

圖 8-11：《乾隆京城全圖》局部，現藏於北京故宮博物院

來了，這些超出兩條胡同間建築用地的院落，執意建在胡同中必然破壞原有的交通格局，那麼它們會建在什麼地方呢？

貴族府第的用地選擇

貴族的府第屬於大型四合院，這些超出胡同間建築用地的院落，是整座城市統籌規劃中的大事。

關於這一話題要從明朝說起。一三六八年大明王朝建立，立都南京。明成祖時期確立了南、北兩京制，國家的政治中心轉向北京。都城建立在北京，所以防範蒙古人從北方草原南下，就成為保障城市安全的大事。為此，北京城內的北部、西部均駐有軍隊，一些地段被闢為練兵場、武器庫等軍事用地。明朝終結，清朝建立，滿蒙之間的關係完全不一樣了。早在清人入關之前，滿蒙就已建立了穩定的聯盟關係，清人入關進入北京，用聯盟取代了明朝的敵對，北京城內防範蒙古人的駐軍自然撤出，騰出大片空地，那麼，這些空地用作什麼呢？

明朝的王爺們均封在外地，皇室貴族一旦授封為王，必須到北京以外的封地就藩，北京城內一般不設大型王府。到了清朝，皇室親貴均留在北京，為了保持城內交通格局，同時滿足貴族建設大型府第的占地要求，城市北部、西部與明朝駐軍相關的用地，就被部分王府利用起來。固然清代北京西城、東城都有王府，但就規模、數量而言，還是西城更突出，於是清末就出現了「西城貴，東城富」的說法。西城貴，貴在王府多，那麼東城富從何說起呢？元代運河從東便門進入北京，沿東皇城根流入積水潭，為了運輸方便，東城修建了許多官倉，今日的地名中仍然可以見到南門倉、北門倉、海運倉、北新倉、祿米倉等名，這正是清人震鈞在《天咫偶聞》中提到的「京師有諺云：『東富西貴』，蓋貴人多住西城，而倉庫皆在東城」。利用明朝留下的空地，大型王府幽深曲折，不僅進深多達五進、七進，同時也在橫向發展，構成由中路、東路、西路組合的大型四合院建築群。

連片的四合院之外，貴族府第還往往帶有花園。坐落在北京前海西街十七號的恭王府花園，原本為乾隆年間權臣和珅的宅第，和珅獲罪後幾易其主，咸豐初年被改賜給恭親王奕訢。恭親王調集百名能工巧匠重建花園，增置山石林木，再繪五彩遍裝，融江南園林、西洋建築為一園，建成後被譽為「京師王府花園之冠」。

如果說恭王府花園為園中翹楚，那麼位於金魚胡同的那家花園也可歸入園中精品之列。那家花園的主人為晚清重臣那桐，其園子建造亦仿江南園林，東西布局，層層相套，形成大小意境各異的空間。這處園子以精巧別致獲譽，晚清時期成為達官顯貴相聚的場所，那時的名伶梅蘭芳、楊小樓也曾屢屢在此獻藝。

如今，恭王府花園還在，而那家花園早已被拆除。細細想來，宋人歐陽修詞中的「庭院深深深幾許」，描述的也許不僅是深宅大院的規模，幽深之處還有著更多的繁華與衰敗之變。

北京四合院的內部布局

文化這個詞有很多含義，我們這裡談到的北京四合院文化，講的就是北京四合院的講究。每個地方都有生活中的講究，何況是作為八百年帝都的北京呢，這些講究不僅表現在言談話語間，也落在衣食住行各個環節上。家是長年居住的地方，自然少不了講究。

說起北京四合院文化，要先從院落構成開始。進入四合院大門向裡，一左一右各有一扇相同的月亮門，向右是一個不大的小院，一排間量（編按：北平、天津方言，指房間的面積）不大的倒座房；向左，則進入主院落，若院子坐北朝南，左手處便有一排倒座房。中國北方就著採光方便，建築講究坐北朝南，但四合院構成房屋四合之勢，必有一處房屋坐南朝北，這就是倒座之意。若以三進四合院而論，外院狹長，穿過二門，便從外院進入了內院，內院是四方的院落，北面有正房，東西兩側分別為東廂房、西廂房，院子四周憑藉廊子相互連通。三進四合院最裡面的院落依然狹長，修建在那裡的房屋進深不大，被稱為後罩房（圖8-12）。

一座座四合院組合成一座北京城，這些看著相似的院落，內含的講究卻是十分豐富。我們就從四合院的大門開始，一一道來。

北京四合院大門上的文化

北京人話語中有個詞叫「門臉」，其中就包含了四合院大門的意思。門臉如同一個人的臉面，臉面既是別人識別自己的標識，又能彰顯著自己的個性，於是塗脂抹粉、百般打扮都在臉上——院落的大門也是如此。再來說打扮，自己的一張臉如何裝扮，既可追逐時尚，也可隨個人意願，但是住宅的門臉如何裝飾卻不能全隨人意。在歷史時期有皇上的時代，誰家的大門想弄成什麼樣子，並不取決於自己的偏好，在很大程度上要服從朝廷的規定。朝廷根據人們的身分、地位規定了大門的形制、顏色、裝飾。正是如此，沿街走來，不管陌生還是熟悉，看看大門的樣子，就能大致識別主人的身分地位。

北京城是一座擁有八百多年歷史的古都，天子腳下雲集的不只百姓，還有達官顯貴。對於不同身分、不同階層的人，宅門上的講究成為四合院文化中最重要的一筆。

先從貴族的宅門說起。

圖 8-12：北京三進四合院

清朝，宗室貴族的地位最尊貴，依照朝廷規定分為十二級爵位：和碩親王、多羅郡王、多羅貝勒、固山貝子、奉恩鎮國公、奉恩輔國公、不入八分鎮國公、不入八分輔國公、鎮國將軍、輔國將軍、奉國將軍、奉恩將軍。這許多的級別，在住宅的大門上自然有所體現。《大清會典》是一部經康熙、雍正、乾隆、嘉慶、光緒五朝修訂的法律彙編，其中就有關於貴族府第與宅門形制的規定。

《大清會典》規定：親王「正門廣五間，啟門三」，「門釘縱九橫七」。這是什麼意思？廣五間，就是五開間。中國傳統建築將兩根柱子之間的距離稱為「一開間」，正門廣五間就是由六根柱子構成五開間的大門，「啟門三」就是中間三間開啟為門，左右兩間不走門。大門上有縱九橫七，六十三顆門釘。郡王府第的大門同樣「廣五間，啟門三」，但門釘之數是「減親王七分之二」，只剩四十五顆。如今留下的王府不多，位於北京後海的醇親王府保存得比較完整，尤其面街而設的五開間的大門，依然能夠喚起人們對歷史的追索，以及對於王府主人的種種想像。

另外朝廷規定，貝勒、貝子等級別的貴族府地大門均為三間一啟，四根柱子構成三開間的大門，只有中間一間走門。為了區別等級，「公門鐵釘縱橫皆七。侯以下遞減至五」，爵位為「公」者，門釘四十九顆，為「侯」者，遞減五顆門釘。乍看之下，公爵的門釘比郡王爺還多了四顆，但彼此用材卻不同，王爺府大門上的是金釘（銅制），公侯府門上的則是鐵釘。貴族宅門上門釘數有如此區別，大家一定想知道，皇上住的紫禁城大門上有多少顆門釘吧？那是九九八十一顆金釘。現存貝勒府，以位於西城區柳蔭街的載濤府第最完整，這處宅院早已成為北京市十三中的校舍，但遊廊樓亭之間，仍然留有關於這位傳奇貴族的印記（圖8-13）。

在朝廷對貴族府第大門做的種種規定中，還有一項不能忽略，即大門的顏色，「均紅青油飾」，就是說可以用朱紅油漆粉飾大門。說到這裡，我們想起唐朝詩人杜甫「朱門酒肉臭，路有凍死骨」詩句中的朱門；看來以朱紅色油漆大門代表貴族身分，早已有之。

《大清會典》對於貴族以外的官民住宅大門，同樣做出了規定，均為一間一啟，即兩根柱子構成的一開間大門，且「門用黑飾」。然而，這些黑漆大門不是大家的喜好，於是人們很快找到了變通的辦法——北京四合院大門出現了「黑漆紅心」，這是說，一般人家在黑漆大門表面刷上一副紅漆對聯，這樣做既不違背朝廷的規矩，又為黑漆大門添了一些喜慶。

按照清朝的規定，大門代表著主人的社會地位，這不僅表現在貴族

圖 8-13：醇親王府大門（今中國國家宗教局）

的府第中，貴族以下的官民住宅，同樣將身分寫在了「門臉」上。北京城內，貴族以下，宅門等級最高的有廣亮門、金柱門、蠻子門，這三類大門均為一開間，上方帶屋頂，屬於屋宇型大門。這三類門依宅門主人的身分，等級也有高低之分，其中的區別在於大門安放在哪根柱子上。北京人也將兩扇門稱為門扇，門扇的位置是區別的關鍵。

「廣亮門」的門扇安放在門廳兩根中柱間，處於正當中，將門廳一分

圖 8-14：廣亮門

為二，門裡、門外的空間一樣大。大門的前簷柱上裝有雀替、三幅雲，雀替本是在梁與柱交接處起承重作用的附件，同時也成為官品的象徵。那些年，這類宅院的主人多屬官居高位的大員。西城區什剎海白米斜街十一號曾是晚清重臣張之洞的故居，宅門就用的是廣亮門。張之洞在中國近代史上赫赫有名，不但在地方充任總督、巡撫，也在朝中擔任軍機大臣，官居從一品，在晚清歷史上占有重要一席。東四三條三十五號的主人為晚清時期喀爾喀蒙古土謝圖汗部車

圖 8-15：金柱門

郡王車林巴布的府第，採用的也是廣亮門（圖 8-14）。

「金柱門」形制上略低於廣亮門，門扇安放在門廳前方的兩根金柱間。大門外，面對街道的門洞較淺，占四分之一，而門裡的門洞較深，占四分之三。與廣亮門相同，以金柱門作為宅門的也都屬於官宦人家。東城區趙堂子胡同三號，曾是朱啟鈐故居，這是一位光緒年間的舉人，擔任過北洋政府的官員，也是中國營造學社的創始人，宅院採用的就是金柱門（圖 8-15）。

圖 8-16：蠻子門

「鑾子門」的門扇安裝在前簷柱上，大門外面不留任何空間，門洞全部置於大門裡側。鑾子門沒有雀替，也沒有安裝雀替的位置。這類大門，官可以用，民也可以用，形制低於廣亮門與金柱門。據說，當年在北京經商的南方人偏好這類大門，由此而得名（圖8-16）。這些一開間屋宇型大門，彼此間本身就有著不同，若大門上再配一對條幅，「忠厚傳家久，詩書繼世長」、「生意興隆通四海，財源茂盛達三江」，那麼主人的身分、職業也可看出七八分了。

「如意門」是北京四合院最常見的宅門，這類大門安置在前簷柱上，雖然也屬於屋宇型大門，但門扇沒有占滿整個門洞，兩側砌有磚牆，大門顯得比較狹窄。如意門上面的兩隻門簪，多刻有「如意」二字而由此而得名。這種宅門形式，多為一般百姓採用，形制不高。今日西城區（前宣武區）山西街甲十三號是一座坐北朝南帶花園的二進院落，本為一家山西商人所有，後被著名京劇演員荀慧生購得，大門即為如意門。無論商人，還是演員，或有錢，或有名，但在舊日社會均沒有社會地位，自然就選擇了如意門。當然，在我們能看到的宅院中，也不乏高官宅邸使用如意門。東四二條一號、三號、五號三處院子的主人為清代重臣松筠，這位出任過陝甘總督、伊犁將軍、戶部尚書等要職的大員，住著坐北朝南的四進院落，卻採用了如意門。含蓄、內斂、低調，也許是高門低就的本意；另一種可能是家道中落，後人失去了高門大戶的氣派（圖8-17）。

此外，還有「隨牆小門」，其利用牆垣造門，只有門樓沒有屋頂。雖然院落的主人依心願打造了不同造型的門樓，但

圖 8-17：如意門

若論等級這類院門級別仍屬最低，住在院內的多數屬於北京城的勞動大眾。老舍的文學作品中寫了很多人物，《四世同堂》中祁家祖孫四代、剃頭匠孫七、棚匠劉師傅、洋車夫小崔、馬寡婦和他的外孫程長順，他們住的院子大門都應屬於隨牆小門（圖8-18）。

再來說說「西洋門」，這是北京四合院中最具特色的大門，大門的建築設計往往包含非中國傳統的建築要素。晚清以來，伴隨著西方

圖 8-18：隨牆小門

文化傳入中國，率先接受西方建築影響的往往是政府外交官員，以及與洋人做買賣的商人，他們或將西洋柱安放在自家大門處，或將門洞修成拱券式，進而形成了與傳統四合院大門完全不同的風格。無論大門上的文化要素來自歐洲，還是西亞，總之均被歸為西洋門（圖8-19）。

舊日北京四合院大門的這些講究，往往成為辨別宅院主人身分、職業的標誌，中國作家鄧友梅在題為《四合院「入門」》的散文中，

圖 8-19：西洋門

就為我們描述了大門的講究與宅院主人的關係：

您因事初次拜訪一戶人家。順著胡同由遠而近走過來，迎面看見這一家宅門，左邊是八字形又高又大的影壁，影壁頂上是黑色筒瓦元寶脊，影壁下面是漢白玉的須彌座。影壁四邊是萬字不到頭的邊框，往裡又是磚雕梅蘭竹菊花卉。影壁中心磚雕匾牌大書「戩穀」（ㄐㄧㄢˇ ㄍㄨˇ，取自《詩經》，福、祿之意）二字。往右看好大一個門樓，門樓頂上起脊，屋角卻沒有仙人走獸。便知道這一戶不是王府貝勒。可是往下一看，房檐下卻是彩畫的雀替，三幅雲緊挨著走馬板上懸掛的匾額，黑匾金字上寫的是「化被草木」、「勤政愛民」，便知絕不是百姓，而是位官員的府邸了。再往下看，果然烏漆大門上獸面門環，門環旁漆書門對。上聯寫「詩書繼世」，下聯對「忠厚傳家」。門框兩側楹聯用的是「書為至寶一生用，心

作良田萬世耕」，便進一步知道這是位科舉出身文官。門上方兩側伸出精雕彩繪的門簪，簪上刻著吉祥如意；門下邊兩邊石獅把門，漢白玉石階一直鋪到當街。街邊又有上馬石拴馬樁。大門兩側凸出的山牆腿子磨磚對縫，上下都有雕花。

這一番描述將「門第」的文化內涵，說得再清楚不過了。

北京四合院大門的位置

北京四合院大門的那些講究，門第只是其中之一，大門的位置也是一個重要話題。提起這個話題，要從鄧友梅的另一篇文章《大門以裡，二門之外》說起。

鄧友梅講到，邁進四合院大門，左右兩側各有一個月亮門，若家裡來了位客，又是南方人，必然有點猶豫，該向左走還是向右走？

北京貴族府第的大門都開在正中，貴族以下四合院大門基本都安置在角落。若院子坐落在路南，大門往往安放在院落的東南角；坐落在路北的人家，大門則在西北角，從大門進內院，向左曲折而入。

其實，四合院大門處於院子的角落，不只北京，整個華北地區都有這樣的規矩；這是為什麼呢？據說，華北地區將住宅大門安放在一個角落的做法，已經有一千多年了。古人的宅院講究「藏風聚氣」，大門若在正南北，氣太直，不符合曲則全的原則。受這一說法的影響，燕山以南，淮河以北，包括北京、天津、河北、山西、陝西、河南、山東的四合院，都將大門放在一個角落。

燕山以北的地區，淮河以南的各地，則沒有這樣的講究，大門依然安放在正中間，因此，南方人初次來到北京，踏入大門，面對兩側的月亮門往往左右為難。其實，無論宅院位於路南還是路北，向左都是沒錯的。

門墩

「小小子兒，坐門墩兒……」這是當年流行在北京的歌謠，門墩是什麼？北京四合院無論大小，幾乎大門前面都有門墩，門墩又叫門座、抱鼓石。看到門墩，大家似乎以為那僅僅是裝飾，其實用處可大了。以往的住宅院門都是舊式大門，大門及閘軸由同一塊木板製作而成，門軸就是門板兩端突出的部分，下端的門軸就插在門枕石上的窩兒裡，而門枕石突出於門外的部分，就是門墩（圖8-20）。

圖 8-20：不同樣式的門墩

門墩不僅有用，也經過主人精心設計，就形狀而言，主要有立柱形、抱鼓形，還有獅子形、箱形等等。門墩上的雕刻紋樣通常有人物、草木、動物，藉由這些圖案表達主人嚮往美好的心願。

大門裡外的影壁

說起影壁，大家首先會想到紫禁城內的九龍壁。皇家建築擁有影壁，百姓的院子也少不了這類建築附件。

影壁雖然屬於建築附件，但也體現著傳統文化的意涵。影壁由來已久，古代諸侯府第在大門內築小牆作遮罩之用，稱為「內屏」。東漢時期的學者鄭玄對此進一步做出說明：「禮，天子外屏，諸侯內屏，大夫以簾，士以帷。」屏，就是影壁，而這句話是說，只有天子有資格在門外建造影壁，諸侯營建影壁就要推至門內，至於大夫、士只能用簾、用布帷遮罩內外。北京城內留下的傳統四合院均為明清時期的建築，這時候規矩已經不那麼嚴格了，不僅官民都能建造影壁，且不分內外，於是影壁成了四合院裡必不可少的建築附件。

北京四合院的影壁依照位置可分為三類：大門內的影壁、大門兩側的八字影壁、大門對面的跨街影壁。

有個成語叫「禍起蕭牆」，什麼是蕭牆？大門內的影壁即稱「蕭牆」。中國人的生活內斂而含蓄，影壁置放在大門內，既是為了遮擋隱私，具有事實上與理念上的安全感，也是一種裝飾。影壁通常用磚砌成，由座、身、頂三部分組成，其中影壁芯往往由方磚斜鋪磨磚對縫砌成，再加上松鶴同春、蓮花牡丹、松竹梅歲寒三友、福祿壽喜這類吉祥圖案的磚雕，既氣派又舒心。

當然，每戶人家都有自己不同的經濟考量，換言之，大家的財力不一樣，大門內的影壁自然也不同，不過大致來說一般可分為兩類：一類直接在正對大門的東廂房山牆上做些裝飾，當作影壁；另一類為獨立建造。顯然，前一類人家院子不寬綽，財力也不足，後一類屬於住著寬大院子、不差錢的人家。

八字影壁位於大門的東西兩側，與大門成一百二十度或一百三十五度夾角，從平面上看呈八字形。由於這種大門外的影壁需要占用空間，為此大門要向院內退幾公尺，門前自然開闊起來，在八字影壁的襯托下，宅門顯得氣派、豁亮，既提升了住宅的氣勢，也擴展了大門的視覺空間，因此修建這樣影壁的多是官宦人家（圖8-21）。

圖 8-21：大門外的八字影壁

大門對面的跨街影壁，正對著大門，在胡同的另一側，這就是古人所說的「外屏」。儘管明清時期已經不再堅持「天子外屏」的講究了，但能夠擁有這類影壁的多為貴族或朝中重臣。跨街影壁不僅代表著宅院主人的身分、地位，也有實際的作用和價值。正對著宅門的影壁，不僅能遮住對面人家新舊不等的屋瓦，也擋住了官運、財運外流。

外院的房屋與用途

走進位於四合院一角的大門，跨入左側的月亮門，便進入了主院落。

第一進院落，北京人稱為「外院」。外院是狹長的，只有一列坐南朝北的倒座房，北方人住房講究採光，倒座房的方向嚴重影響了屋內光線。若這家人住房寬敞，倒座房即南屋，往往成為接待生客的客廳。

阜成門西三條二十一號曾為魯迅故居，外院那兩間南屋同樣也作客廳用。當年曹靖華、孫伏園，臺靜農，這些在現代文學史上留名的文學家都是南屋的常客。

界定內外的二門

北京四合院的二門又稱「垂花門」（圖8-22），這道門既是外院、內院的界限，也是整個院落中最搶眼的建築。

二門開在內外院之間的隔牆上，位於院落的中軸線處。二門的搶眼既表現在色彩上，也離不開造型各異的垂花柱。以往，朝廷對於公侯以下官民的大門顏色，做出一律黑色油漆粉刷的嚴格規定，但沒有規定二門的用色，於是，二門往往被裝飾得五彩斑斕。

二門的垂花柱也是一種裝飾，懸在中柱的橫木上，稱為垂柱，垂柱下端有一

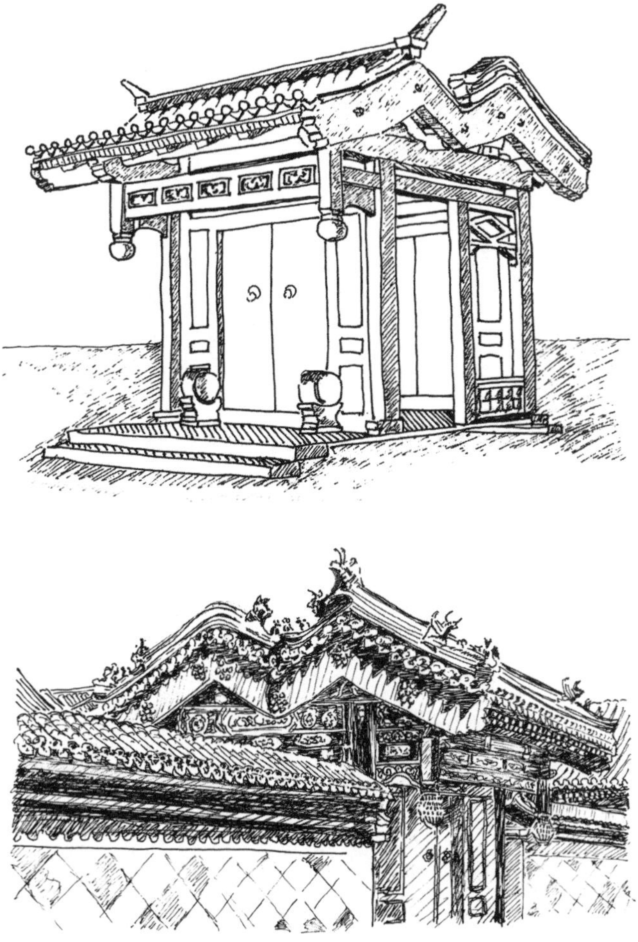

圖 8-22：不同樣式的垂花門

垂珠，通常為花瓣、串珠、花萼雲或石榴頭等造型，因此被稱為垂花門。在一片青磚、灰瓦的院落中，二門的裝飾格外別致，既顯富麗，又不失變化。

二門不僅界分內外，還充作內外院之間的遮罩。正是因為這一功能，二門由內外兩道門組成，兩道門自然有兩道門脊，外門往往為清水脊，內門為卷棚脊，通稱「一殿一卷」式，從側面看，很像英文字母M。

內外兩道門，外門白天開啟，夜間關閉；內門是屏門，平時關著，有遮罩內院的作用。就是說，坐在外院南屋的生客，若想打量主人的日常生活場景，那是不可能的。平日裡人們出入二門，不走屏門，而是走兩邊的側門，通過抄手遊廊到達內宅。這道屏門只有貴客光臨，或婚喪嫁娶時才會開放，圖的是喜氣請進來，喪氣走出去。

往日大戶人家的女眷，講究「大門不出，二門不邁」，就是說二門以裡的內宅才是她們的活動空間。

內院與內院各屋

二門裡面，就是內院，這裡是主人的生活空間，也是整套住宅的主院落。

北京四合院的內院青磚鋪地，四四方方，院子的長與寬比例基本為一比一，近似正方形。與北京不同的是山西四合院，院落長寬比例為二比一；陝西關中四合院院落長寬比例為三比一，都屬於長方形院落。明朝永樂年間，為了提高北京附近人口，朝廷從其他省遷移了不少民戶至北京，至今在京郊一帶，仍能看到具有山西風格的四合院，應該與當年的山西移民有關。

當年的北京人口不多，大家都住在四合院裡不說，每個院落都是一家人或是一院人的共用空間，夏天藤蘿架下搖著蒲扇乘涼，春秋賞花、散步、逗鳥，冬天在雪地上堆個雪人，溫馨、舒暢。

院內正中的房屋為正房，兩側分別為東、西廂房。不同方向的房屋，建築規格與使用方式也不一樣。正房坐北朝南，是一院中採光最好的，不僅建築規格高，在一院中的地位也最高。無論貴族還是尋常百姓的院落，正房都有著不尋常的意義，正是如此，《大清會典》也對貴族住宅的正殿，即銀安殿的規格做出了規定：親王府，正殿七間，基高四尺五寸，可覆綠琉璃瓦；郡王府，正殿五間，基高三尺五寸，亦可覆綠琉璃瓦；貝勒府，堂屋廣五間，基高二尺，可覆筒瓦。

今天北京四合院建築固然沒有消失，但當年的居住環境已經很難見到了，好在文學作品為我們留下了記載。我們就看看《紅樓夢》中如何描述大宅門內院的景致吧！黛玉的轎子由「眾婆子步下圍隨，至一垂花門前落下。眾小廝退出，眾婆子上來打起轎簾，扶黛玉下轎。林黛玉扶著婆子的手，進了垂花門，兩邊是抄手遊廊，當中是穿堂，當地放著一個紫檀架子大理石的大插屏。轉過插屏，小小的三間廳，廳後就是後面的正房大院。正面五間上房，皆雕梁畫棟，兩邊穿山遊廊廂房，掛著各色鸚鵡，畫眉等鳥雀。臺磯之上，坐著幾個穿紅著綠的丫頭，一見他們來了，便忙都笑迎上來，說：『剛才老太太還念呢，可巧就來了。』於是三四人爭著打起簾籠，一面聽得人回話：『林姑娘到了。』黛玉方進入房時，只見兩個人攙著一位鬢髮如銀的老母迎上來，黛玉便知是他外祖母」。

當然，像榮國府這樣的貴族，不止一重院落，也不止一路院落，因此正房也不止一處。賈母所住之處只是日常起居之地，而黛玉進府之後，另一處院落是什麼呢？「一時黛玉進了榮府，下了車。眾嬤嬤引著，便往東轉彎，穿過一個東西的穿堂，向南大廳之後，儀門內大院落，上面五間大正房，兩邊廂房鹿頂耳房鑽山，四通八達，軒昂壯麗，比賈母處不同。黛玉便知這方是正經正內室，一條大甬路，直接出大門的。」一看得出來，這處院落處於中路，而正對大門的正房，間量最大，一般不住人只做禮儀場所，相當於王府中的銀安殿。

正殿在貴族宅院中最尊貴，正房在普通人家也不尋常。北京普通人家的四合院，固然沒有貴族府第這番氣派，但正房的間量與進深同樣高於東西廂房，根據四合院的規模，正房一般為三間，兩側各帶耳房一間。受儒家文化的影響，尊卑有別，長幼有序，有資格住在正房的也是家中的長輩。東、西廂房是晚輩居住的地方，長子住東廂，次子住西廂。廂房也是一明兩暗，正中一間為起居室，兩側為臥室。梁實秋在《疲馬戀舊秣，羈禽思故棲》一文中曾提到：「進了垂花門便是內院……內院上房三間，左右各有套間兩間，祖父在的時候，他坐在炕上，隔著玻璃窗子外望，我們在院裡跑都不敢跑……父母帶著我們孩子住西廂房……我生在西廂房，長在西廂房，回憶兒時生活大半在西廂房的那個大炕上。」

梁實秋長在西廂房，那東廂房呢？固然東廂房似乎比西廂房要尊貴一點，但在北方大地上，冬天迎著西北風，一屋子沙土；夏天過午陽光直射東屋，那叫熱。於是，民間留下了一句老話「有錢莫住東廂房，冬不暖、夏不涼」。以往，若家裡住房寬敞，廚房會選在院落的東面，當年老百姓供奉的諸神之一灶王爺，職守就在廚房，其神位圖上明確注有「東廚司命」。

三進院落屬於標準四合院，坐落在最後一重院落的是後罩房或後罩樓，未出嫁的女兒往往住在那裡。很多明清小說，只要談到嚮往自由的女孩兒的故事，往往會提到後罩樓。

北京四合院的花草

青磚、灰瓦成為四合院建築的本色，而花草則為院落植入一片綠意。中國作家張恨水說過：「在五月裡，你如登景山之巔，對北平城做個鳥瞰，你就看到北平市房舍全參差在綠海裡。」這綠海說的既是種植在街道兩側的樹木，也包括每個院落中的花草。

如同四合院每處建築都有著講究一樣，庭院中的花草同樣不可隨意。按照早年的講究，院內除通向各房的十字形磚路外，其餘土地都用來植樹、栽花、種草。十

圖 8-23：紫籐花

圖 8-24：石榴花

圖 8-25：玉簪棒

字形甬路的中心常放一隻荷花缸或魚缸，正房前的綠地上，最不能少的是藤蘿架或葡萄架，夏日裡滿架紫色的花朵，帶著香、帶著彩，鋪下一片蔭涼。院子裡通常種植的樹木有丁香、海棠、槐樹、榆樹、石榴、玉蘭等，牡丹、大麗花、芍藥、玉簪棒、美人蕉則是種植最多的花草。石榴子多，象徵著多子多福，而玉蘭、海棠、牡丹、大麗花的組合則寓意「玉堂富麗」。生活中大家都有自己的心願，花草植物的選擇同樣透著主人的一番心思（圖8-23、圖8-24、圖8-25）。

青磚、灰瓦、綠庭，無論坐在北屋，還是東、西廂房，透過窗子望去，庭院中生機勃勃。

北京的四合院文化是從那些講究裡來的，盛行那些講究的時代早已過去，留給我們的不僅是鑲砌在老宅子中的磚瓦，還有對歷史的回味。

後記

很多年前就有朋友勸我，能否將歷史地理有關研究推向社會，讓更多人瞭解我們研究的問題，瞭解地理自身的魅力與歷史作用，但平日忙於手頭的研究，幾乎無暇寫輕鬆一點的東西。

今年疫情，北京大學前後一個多月無法進入校園，放在辦公室的各類書籍以及存在電腦中的資料無法帶到家中，這一個多月自然不能荒廢，於是本書就在原有幾篇文章的基礎上完成了。

文中的插圖得到許多朋友的幫助，非常感謝廣東工業大學譚竹鈞教授，繪製了文中所有的插圖；感謝北京大學畢業的研究生李晶、張丹、譚世鑫，還有梁天成，文中的地圖都是由他們繪製的，有了這些圖，所有的文字才有了地理的樣子。

感謝上海新經典文化的年輕編輯們，正是她們的努力，才使這本書走向讀者。

我也希望，以後的日子，在這本書之後，還會繼續有之二、之三。

二〇二二年六月，於藍旗營家中

附注

第一章

1 Bettinger, R. L. . (1980). Explanatory/predictive models of hunter-gatherer adaptation. *Advances in Archaeological Method & Theory*, 3, 189-255.

2 Lu, Houyuan, Zhang, Jianping, Wu, Naiqin, Liu, Kam-Biu, Xu, Deke, &Li, Quan.(2009). Phytoliths Analysis for the Discrimination of Foxtail Millet (Setaria italica) and Common Millet (Panicum miliaceum). *PLOS ONE*, 4(2).。

3 參見河北省文物考古學會編，《磁山文化論集》，河北人民出版社，一九八九；孫德海、劉勇等，《河北武安磁山遺址》，《考古學報》一九八一年第三期；邯鄲市文物保管所等，《河北磁山新石器遺址試掘》，《考古》一九七七年第六期；佟偉華，《磁山遺址的原始農業遺存及其相關問題》，《農業考古》一九八四年第一期。

4 M. M. 波斯坦 H. J. 哈巴庫克主編，王春法等譯，《劍橋歐洲經濟史》，經濟科學出版社，二〇〇二，頁一四六。

5 劉夙，《水稻起源的戰爭：印度還是中國？》，載於果殼網，二〇一五年十月十五日。

6 丁穎，《中國栽培稻種的起源及其演變》，載於中國農業科學院編《稻作科學論文選集》，農業出版社，一九五九，頁五至二十七。

7 王玉堂、吳仁德等，《農業的起源與發展》，南京大學出版社，一九九六，頁二〇五至二一二。

8 嚴文明，《中國稻作的起源與傳播》，《文物天地》，一九九一，第五、六期。

9 游修齡：《中國稻作史》，中國農業出版社，一九九五，頁五八。

10 鄭雲飛、將樂平等，《浙江跨湖橋遺址的古稻遺存研究》，《中國水稻科學》二〇〇四年第二期。

11 趙曉波，《河姆渡周邊遺址原始稻作農業的研究》，《農業考古》，一九九八年第三期。

12 凱薩琳·赫伯特·豪威爾著，明冠華、李春麗譯，《植物傳奇：改變世界的二十七種植物》，人民郵電出版社，二〇一八，頁四五。

第二章

1 于省吾，《釋中國》，載於王元化主編《釋中國》，上海文藝出版社，一九九八，頁一五一五至一五二三。

2 唐蘭，《何尊銘文解釋》，收錄於《唐蘭先生金文論集》，紫禁城出版社，一九九五，頁一八七至一九三。

3 《春秋左傳注疏．卷五六》，上海古籍出版社，一九八七。

4 泰伯，周人部落首領古公亶父長子，太王欲傳位季歷及其子昌（即周文王），太伯乃與仲雍讓位三弟季歷而出逃至江南，為吳國第一代君主。

5 《通鑑．卷一》，周安王十五年注引。

6 辛德勇，《兩漢州制新考》，載《秦漢政區與邊界地理研究》，中華書局，二〇〇九。

7 《漢書．卷十．成帝紀》。

8 宋．文讜，《詳注昌黎先生文集．卷十．鎮州路上奉酬裴司空相公重見寄》載：「銜命山東撫亂師，日馳三百自嫌遲。風霜滿面無人識，何處如今更有詩。」

【補注】自太行而東皆謂之山東雲。

9 宋・王十朋，《東坡詩集注・卷八・雪浪石》。

第三章

1《史記・卷四・周本紀》。

2 清・曾國藩，《曾文正公奏稿・卷二七・通籌滇黔大局摺》。

3《戰國策・秦策一・蘇秦始將連橫》。

4《戰國策・楚策一・張儀為秦破從連橫》。

5《漢書・卷三一・項籍傳》。

6《漢書・卷四三・婁敬傳》。

7《史記・卷五五・留侯世家》。

8 事蹟見於《史記・卷五三・蕭相國世家》。

9《戰國策・卷十八・趙策一・謂趙王》。

10《戰國策・卷二四・魏策三・秦使趙攻魏》。

11《戰國策・卷五秦策三・范睢至秦》。

第四章

1 參見譚其驤，《雲夢與雲夢澤》，《復旦學報》（社會科學版）歷史地理專輯，一九八〇年；張修桂，《雲夢澤的演變與荊江下游河曲的形成》，《復旦學報》（社會科學版），一九八〇年第二期。

2 徐少華，《從盤龍城遺址看商文化在長江中游地區的發展》，《江漢考古》二〇〇三年第一期。

3《宋書·卷三七·州郡志》。

4 晉·常璩，《華陽國志·卷一·巴志》。

5 王國維，《散氏盤跋》，《觀堂集林·卷十八》，上海古籍書店，一九八三。

6〈隆中對〉載：「荊州北據漢、沔，利盡南海，東聯吳會，西通巴、蜀，此用武之國，而其主不能守，此殆天所以資將軍，將軍豈有意乎？益州險塞，沃野千里，天府之土，高祖因之以成帝業。劉璋暗弱，張魯在北，民殷國富而不知存恤，智能之士思得明君。將軍既帝室之胄，信義著於四海，總攬英雄，思賢如渴，若跨有荊、益，保其巖阻，西和諸戎，南撫彝越，外結好孫權，內修政理；

天下有變，則命一上將將荊州之軍以向宛、洛，將軍身率益州之眾出於秦川，百姓孰敢不簞食壺漿以迎將軍者乎？誠如是，則霸業可成，漢室可興矣。」

7 《三國志．卷十七．張郃傳》載：「諸葛亮出祁山，加郃位特進，遣督諸軍，拒亮將馬謖於街亭。謖依阻南山，不下據城，郃絕其汲道，擊，大破之。」《三國志．卷四三．王平傳》載：「建興六年，屬參軍馬謖先鋒。謖舍水上山，舉措煩擾，平連規諫謖，謖不能用，大敗於街亭，眾盡星散。」

8 《三國志．卷四十．蜀書》引《魏略》曰：「夏侯楙為安西將軍，鎮長安。亮於南鄭與群下計議，延曰：聞夏侯楙少主婿也，怯而無謀。今假延精兵五千，負糧五千，直從褒中出，循秦嶺而東，當子午而北，不過十日可到長安。楙聞延奄至，必乘船逃走，長安中惟有御史京兆太守耳，橫門邸閣與散民之谷足周食也，比東方相合聚尚二十許日，而公從斜谷來必足以達，如此則一舉而咸陽以西可定矣。亮以為此懸危，不如安從坦道，可以平取隴右，十全必克而無虞，故不用延計。」

9 《資治通鑑．梁紀八》。

第五章

1《漢書・卷二八上・地理志》載：「房陵……東山，沮水所出，東至郢入江」。

2《史記・卷二九・河渠書》。

3《隋書・卷二四・食貨志》載：「宇文愷率水工鑿渠，引渭水，自大興城東至潼關，三百餘里，名曰廣通渠。轉運通利，關內賴之。」

4《隋書・卷一・高祖紀上》。

5 史念海，《中國的運河》，陝西人民出版社，一九八八，頁一五五至一六七。

6《太平寰宇記・卷一・河南道》載：「隋大業元年，以汴水迂曲，回復稍難，自大梁城西鑿渠，引汴水入，號通濟渠。」

7《元和郡縣志・卷五・河南道》載：「隋煬帝大業元年更令開導，名通濟渠。自洛陽西苑引谷、洛水，達於河。自板渚引河入汴口，又從大梁之東引汴水入於泗，達於淮。」史念海在《中國的運河》提出：「隋及唐初，運道仍以溯泗入汴為常。唐中葉以後，新道才暢通無阻。」

8《隋書・卷三・煬帝紀》載：「四年春正月乙巳，詔發河北諸郡男女百餘萬開永濟渠，引沁水南達於河，北通涿郡。」

9《資治通鑑・卷一八一》，隋煬皇帝大業六年冬十二月己未，「敕穿江南河，自京口至餘杭，八百餘里」。
10 唐・皮日休，《汴河懷古》，《文苑英華・卷三〇八》。
11 唐・秦韜玉，《隋堤》，《全唐詩・卷六七〇》。
12《資治通鑑》卷一七七，高祖文皇帝上之上十年。
13 同上。
14《宋書・卷五四・沈曇慶傳》。
15 鄒逸麟，《從含嘉倉的發掘談隋唐時期的漕運和糧倉》，《文物》一九七四年第二期。
16《資治通鑑・卷二二六》，唐德宗建中元年六月甲午。
17《通典・卷七・食貨七》。
18 宋・周南，《山房集・卷一・偕蹈中過書塢歸二十韻》，文淵閣四庫全書。
19 萬國鼎，《陳旉農書校注・卷上》，農業出版社，一九六五，頁三一。
20 宋・楊萬里，《誠齋集・卷十三・江山道中蠶麥大熟》。
21 宋・陳造，《江湖長翁集・卷九・田家謠》。

第六章

1 明．姜南，《蓉塘詩話．卷十六．嶺南八州》。
2 宋．周去非，《嶺外代答．卷四．風土門》。
3 同上。
4 宋．周密，《癸辛雜識．前集．改春州為縣》。
5 宋．周去非，《嶺外代答．卷四．風土門》。
6 宋．范成大，《桂海虞衡志．雜志》。
7《續資治通鑑長編．卷九五》，天禧四年六月甲申。
8《續資治通鑑長編．卷一一八》，景祐三年四月辛亥。
9 宋．余靖，《武溪集．卷十五．韶州真水館記》。
10 宋．陳源，《默堂集．卷二一．陳伯瑜宣義行狀》。
11 宋．周去非，《嶺外代答．卷四．風土門》。
12 宋．范成大，《桂海虞衡志．雜志》。
13 宋．鄒浩，《道鄉集．卷二四．袁州與監司啟》。
14 宋．胡寅，《斐然集．卷二．贈朱推》。

15 元．王惲，《秋澗先生大全文集．卷一〇〇．紀行》。

16 馬可．波羅著，馮承鈞譯，《馬可波羅行紀》，商務印書館，二〇一二，頁二三八。

17 克里斯多福．道森（Christopher Dawson）編，呂浦譯，《出使蒙古記》，載於《魯不魯乞東遊記》，中國社會科學出版社，一九八三，頁一〇七至二五七。

18 張秉鐸，《畜牧業經濟詞典》，內蒙古人民出版社，一九八七，頁一〇二。

19《元史．卷一一七．特薛禪傳》。

20 崔明德，《蒙元與弘吉剌、斡亦剌、亦乞列思部聯姻簡表》，《煙臺大學學報》二〇〇四年第一期。

21《清史稿．卷三〇五．藩部一》。

第七章

1 清．托津，《平定教匪紀略．卷三八》。

2 同治《洵陽縣志．卷十一．物產》。

3 清・嚴如，《三省邊防備覽・卷十一・策略》。
4 嘉慶《宜章縣志・卷七・風俗志》。
5 同治《黔陽縣志・卷一八・戶書》和卷五《物產》。
6 嘉慶《餘杭縣志・卷三八》。
7 乾隆《鎮海縣志・卷四・物產》。
8 光緒《寧海縣志・卷二・地裡志》和卷二《物產》。
9 乾隆《鄞縣志・卷二八・物產》。
10 光緒《邳志補・卷二四・物產》。
11 道光《永州府志・卷七上・食貨志》。
12 道光《思南府續志・卷二・地理志》。
13 光緒《梧州府州・卷三・輿地志》。
14 光緒《文登縣志・卷一三・土產》。
15 西漢・賈讓《治河三策》載：「蓋堤防之作，近起戰國。雍防百川，各以自利。齊與趙魏，以河為竟，趙魏瀕山，齊地卑下，作堤去河二十五里。河水東抵齊堤，則西泛趙魏。趙魏亦為堤，去河二十五里。雖非其正水，尚有所遊蕩，時至而去，則填淤肥美，民耕田之，或久無害。稍築室宅，遂成聚落。大水時至，漂沒，則更起堤防以自救，稍去其城郭，排水澤而居之，湛溺自其宜也。」

16 《宋史・卷九二・河渠志》。

17 《續資治通鑑長編・卷四二〇》，哲宗元祐三年閏十二月戊辰，載：「視東西二河，度地形，究利害，見東流高仰，北流順下，知河決不可回。」

18 《宋史・卷九二・河渠志》。

19 《元史・石盞女魯歡傳》載：「方大兵圍城，議決鳳池大橋水以護城，都水官言，去歲河決敖游堌時，曾以水平量之，其地與城中龍興塔平，果決此口則無城矣。」

20 清・屈大均，《廣東新語・卷二・地語》。

21 楊懋春，《一個中國村莊：山東臺頭》，江蘇人民出版社，二〇一二（成文於一九四五年），頁一六七。

22 韓茂莉，《近代山西鄉村集市的地理空間與社會環境》，《中國經濟史研究》二〇一七年第一期。

23 吳尚時，《湖南臨武縣之墟場》，《嶺南學報》一九四八年第九卷第一期。

24 清·劉鶚：《老殘遊記》第十九回「齊東村重搖鐵鈴串，濟南府巧設金錢套」。

25 楊西靈，《白沙場社會調查的嘗試》，《驢溪月刊》一九三六年四期。

26 施堅雅著，史建雲等譯，《中國農村的市場和社會結構》（*Marketing and Social Structure in Rural China*），中國社會科學出版社，一九九八，頁四一至四二。

27 明恩溥著，午晴、唐軍譯，《中國鄉村生活》，時事出版社，一九九八，頁一四六。

28 楊西靈，《白沙場社會調查的嘗試》，《驢溪月刊》一九三六年四期。

29 吳尚時，《湖南臨武縣之墟場》，《嶺南學報》一九四八年第九卷第一期。

第八章

1 《史記·卷二九·河渠書》。

2 《漢書·卷九九中·王莽傳》。

3 中國人民解放軍歷史資料叢書編審委員會編，《淮海戰役·綜述文獻大事記圖表》，《中央軍委關於成立總前委致劉伯承、陳毅、鄧小平等電（一九四八年十一年月十六日）》，解放軍出版社，一九八九，頁一四九。

4 中共中央文獻研究室第一編研部與中國人民解放軍軍事科學院戰爭理論和戰略研究部編，《軍事統帥毛澤東》，貴州人民出版社，二〇〇七，頁三五四。

地理脈絡下的中國

從地理的邏輯看歷史的另一面原來如此

作　　者　韓茂莉
插　　畫　譚竹鈞
責任編輯　夏于翔
特約編輯　周書宇
內頁構成　周書宇
封面美術　張　巖

總 編 輯　蘇拾平
副總編輯　王辰元
資深主編　夏于翔
主　　編　李明瑾
業　　務　王綬晨、邱紹溢、劉文雅
行　　銷　廖倚萱
出　　版　日出出版
地址：231030 新北市新店區北新路三段 207-3 號 5 樓
電話：02-8913-1005　傳真：02-8913-1056
網址：www.sunrisepress.com.tw
E-mail 信箱：sunrisepress@andbooks.com.tw
發　　行　大雁出版基地
地址：231030 新北市新店區北新路三段 207-3 號 5 樓
電話：02-8913-1005　傳真：02-8913-1056
讀者服務信箱 : andbooks@andbooks.com.tw
劃撥帳號 :19983379　戶名：大雁文化事業股份有限公司

印　　刷　中原造像股份有限公司
初版一刷　2024 年 7 月
定　　價　620 元
I S B N　978-626-7460-55-9

原簡體中文版：《大地中國》
作者：韓茂莉
中文繁體版透過成都天鳶文化傳播有限公司代理，由新經典文化股份有限公司授予日出出版．大雁文化事業股份有限公司獨家出版發行，非經書面同意，不得以任何形式複製轉載。

國家圖書館出版品預行編目 (CIP) 資料

地理脈絡下的中國 : 軍政大事到常民生活 ,26 個主題 , 看見不一樣的歷史 / 韓茂莉著 . -- 初版 . --
新北市 : 日出出版 : 大雁出版基地發行 , 2024.07
432 面 ; 15x21 公分
ISBN 978-626-7460-55-9(平裝)
1.CST: 中國史 2.CST: 中國地理

610　　113007517

圖書許可發行核准字號：文化部部版臺陸字第 112313 號
出版說明：本書由簡體版圖書《大地中國》以中文正體字在臺灣重製發行。